新/闻/传/播/学/丛/书

■主编■李珮■

城市社区居民参与机制研究

申可君/著

中国传媒大学出版社
·北京·

总　　序

西南政法大学新闻传播学院是重庆市第一所经教育部正式批准建设的新闻学院，筹建于 1994 年，1995 年开始面向全国招生。

学院在办学之初提出了“主新辅法”的培养模式，形成新闻学和法学相结合的独特学科交叉优势，并整合了法学、哲学、文学、管理学等学科资源，形成“媒介视野、法律正义、社会责任”三者并重的办学特色。

学院 2010 年更名为“全球新闻与传播学院”，这是学院保持发展法制新闻特色办学 15 年之后的一次理性拓展，力求充分整合国际国内优势资源，培养具有全球视野的新闻与传播人才。

2015 年是学院成立二十周年，为总结我院办学经验，醇化学术氛围，提升学术影响力，从 2014 年起，我院陆续向社会呈献西南政法大学“新闻传播学系列丛书”。

第一套丛书共 11 部作品，已经于 2014 年 5 月由法律出版社出版。这 11 部作品分别为：《新闻侵害人格权研究》（蒙晓阳教授著）、《中国电视娱乐文化批评》（李林容教授著）、《法律的电视虚构生产——中国当代法律题材电视剧研究》（陈笑春教授著）、《1903 年：上海苏报案与清末司法转型》（蔡斐副教授著）、《中国出版物版权输出竞争策略研究》（裴永刚副教授著）、《媒体是信任危机的帮凶吗?》（郭晓科副教授著）、《关于“家”的想象与叙述：20 世纪 90 年代以来家庭伦理电视剧的叙事文化研究》（贺艳副教授著）、《三峡工程纪实影像传播史》（郑微波副教授著）、《重庆都市报发展史》（赵文丹副教授著）、讲师所著的《关注热点：特定议题新闻报道研究》（陈丽丹副教授著）、《地理影响与文化表征——重庆电视纪录片研究》（周松博士著）。

这 11 部作品分别代表了我院教师，尤其是青年教师在新闻与法治研究、国际新闻研究、影视与新媒体研究、政治传播研究等四个研究方向的代表性成果，也是我院新生代学术实力的一次整体亮相。

即将面世的这套丛书共 15 本，是我院面向社会推出的第二套丛书。该套丛书的作者主要以我院的青年博士为主，也是我院青年教师在新闻与法治研究、国际新闻研究、影视与新媒体研究、政治传播研究等四个研究方向所取得的最新成果。

李珮教授等所著的《网络环境下突发事件传播与管理研究》，旨在通过对我国网络环境下突发事件案例的剖解、反思，以及引入政治经济学、社会心理学等学科的研究方法，从系统论视角出发，勾勒突发事件在网络环境下的“异化”以及不同诉求传播主体间的博弈、妥协与共谋。根据网络环境下突发性事件发展的新形势，提出“网络舆情事件”的概念，并据此指出相应管理制度的缺失和法制建设的盲区。在此基础上，深度思辨突发事件政府应急管理陷入的误区，并尝试在“中国特色”框架之下给出网络环境下加强突发事件管理的对策建议。

陈笑春教授所著的《影视作品里的中国法治进程》，主要以法治题材的电影电视作品探讨了虚构的影视作品对于现实法治进程的再现及其社会语境。该书以法治题材影视作品发展的滥觞、发轫、兴起、多元和转型这五个时期为分野，每一个部分中选取了具有典型意义的影视作品进行具体分析。影视作品对个体生活的再现，令法治领域与其他社会领域之间的关系在微观故事中变得具体而多样，诠释了法治内涵的现实性和丰富性。

贺艳副教授所著的《媒介表征与城市形象：以重庆为例》以重庆为研究个案，从较为宽泛的媒介界定出发，试图探讨以下问题：在文学作品、报纸、电视、电影、网络等多种媒介所传播的内容之中，重庆呈现为怎样的形象？重庆的这些形象又是怎样被建构的？媒介所呈现的重庆形象还存在着哪些问题？

蔡斐副教授所著的《戈公振新闻思想研究》，以中国新闻传播史奠基人戈公振先生为研究对象，以历史的眼光和翔实的史料剖析了戈公振新闻本位、新闻法制、新闻教育、自由主义、新闻编辑、媒体经管等新闻思想的各个维度，全面展示了戈公振新闻思想的丰富内涵和时代特征。

谷李副教授所著的 *Intellectual Constellations*（1980—2008），提出文学、电影文本和文化经济政策及其讨论、批评作为知识分子聚集并集中表达和建构自身与世界关系的场域。通过对上世纪 80 年代初到 21 世纪初的个案分析，该书勾勒出一种可称之为后社会主义情感结构的现象的一些侧面。

杨婷副教授所著的 *Effects of SNS Uses on International Students' Socialization: Focusing on Chinese Students In Korea*，研究了在韩中国留学生的社会化状况。分成两个阶段，第一阶段为定量研究阶段，通过自填式问卷调查，对社会化结果（包括学习动机、社会融入程度等六个变量）以及社交媒体的使用对于各个变量产生的影响进行了调查；在第二个阶段，运用深层访问法，分三个阶段（期盼阶段、遭遇阶段、习得与改变阶段）对被访者的社会化状况进行了分析。

刘娟副教授所著的《疫病防治与健康传播：重庆的天花灭绝实践（1891—1952）》，在挖掘大量民国时期原始材料的基础上，从阶级基础、社会组织、文化建构及行为模式等方面，以 19 世纪以来天花防治为背景，截取重庆开埠直至宣告天花灭绝为时间切片（1891—1952），描述牛痘接种的信息从传播到扩散，最终改变民众防疫行为的过程。本研究的价值在于以历史的视角拓展了"创新扩散理论"在健康传播中的运用，认为阶级基础是重庆乃至新中国成立后迅速扑灭以天花为代表的烈性传染病的重要原因，以期为当下疫病防控提供本土经验。

屈永刚博士所著的《儒家政治正当性观念发展研究——从孔子到董仲舒》，以西汉初期之前儒家政治正当性观念为研究对象，以孔、孟、荀正当性观念为基点，上溯殷周时期，下及西汉初期（以董仲舒为代表），对西汉初期以前儒家政治正当性观念的渊源和发展作出了系统的梳理。

刘大明博士所著的《宋代新闻传播与政治文化研究》，主要介绍了宋代在新闻传播、政治文化等诸领域获得的前所未有的发展，重点阐述了宋代邸报的新闻活动、宋代出版传播活动和宋代文人谈兵论战及其兵学文化繁荣等系列议题。

申可君博士所著的《城市社区居民参与机制研究》，试图通过分析居民参与要素的新特点，构建一套有效促进居民参与社区建设的六个二级参与机制，并剖析该机制的形成、分类及其影响因素。同时，提出推动居民参与机制运行的保障条件，以期能助力基层政府摆脱长久以来居民参与不足的困境。

廖宇翃博士所著的《大众传媒对城乡统筹发展的作用研究》从经济学、管理学和传播学相结合的新角度研究了城乡二元结构和城乡统筹发展的问题，通过实证研究发现了知识和信息在城乡之间的不均衡分布是城乡差异的基本原因，提出了缩小城乡差异的新途径是改变知识和信息在城乡之间的供需失衡状态。

刘必华博士所著的《转型社会中的大众传媒与公共利益》提出当代中国社会转型的复杂性与矛盾冲突的尖锐性，要求建立以公共利益为基本取向的传媒体系。该书从体制、话语与实践三个层面考察了中国传媒服务于公共利益的表现，并从传媒治理、职业道德和受众参与等方面提出了建议。

任正安讲师所著的《走出现代的尴尬——边缘民族传统文化与现代传播的土家族样本》观察了在新传播环境下西部少数民族地区社会沟通与媒介使用现状与变迁，将文化传播和媒介教育相结合，以少数民族媒介素养教育为出发点，探讨如何更好地在少数民族集中的西南地区提升媒介教育，进而提高其媒介素养，传播本民族文化，以对传受双方及其与社会文化环境的多元互动的高度重视探索传播效果的有效提升。

徐金讲师所著的《解码与编码——广告创意实务》旨在运用符号学和结构学视角对经典广告进行分解，寻找出独特可行的广告创作思路，总结出广告思维及创作规律，并通过广告创作实例展示广告创意及创作方法的运用。

这套丛书集中体现了西南政法大学新闻传播学的传承和创新，也是我院新生代学术实力的再一次整体亮相。

甲戌年间建经纬，荏苒岁月二十载。

日钟两江之灵秀，月沐法府之鸿光。

法治新闻创特色，全球视野开新章。

心系天下得清誉，五湖九州望徜徉。

我们真诚地期待着学术界对我院新闻传播学系列丛书提出宝贵的意见和建议。

是为序。

李珮

2015 年 12 月于毓秀园

目　录

第一章 绪论

第一节 研究缘起与研究意义

一、研究缘起

改革开放30多年来，随着政治和经济体制改革的不断深入，我国的社会结构、社会生活都发生了深刻的变化，尤其是城市经济的飞速发展与逐步转型，使得基层社会管理体制开启了改革之路。在这一过程中，变革最深刻的方面就是城市管理体制中的“单位制”逐步被“社区制”所取代，[①]“单位人”逐步转变为“社区人”，社区建设便应运而生。民政部从1986年推行社区服务到1991年5月明确提出“社区建设”这一概念，再到2000年全面推进城市社区建设，社区建设的实践与理论研究已在全国各城市逐渐兴起。党的“十八大”报告提出，要加强和创新社会管理，加强基层社会管理和服务体系建设，充分发挥群众参与社会管理的基础作用。社区成为管理社会的一个重要载体，居民对于社区公共事务的管理和各项活动的有序参与便成为发挥群众参与社会管理作用以提高整个社会自治水平的基础和关键。至此，无论是在社会实践的发展领域还是在理论研究的探索领域，如何推进居民参与社区建设的发展已经成为一个亟待深入讨论的议题。

（一）城市社区居民参与的理论与实践需要

十几年来，伴随着社区服务和社区建设的不断发展，政府的新型管理与服务体制已初步建立起来，公共服务正面向社区覆盖，城市社区重塑和城市管理体制改革的动力使得居民的社区参与程度在日益加深。然而，我国城市社区居民参与在总体上来看仍处于起步阶

① 参见魏娜：《我国城市社区治理模式：发展演变与制度创新》，载《中国人民大学学报》，2003（1）。

段，[①] 居民参与不足是一个不争的事实。从实践发展来看，尽管如北京、上海、武汉等地已通过深入变革社区管理的方式来解决居民参与不足的问题，并在社区居民参政议政方面做出了许多有意义的尝试，但到目前为止从居民的参与主体结构和参与意识到参与的内容与途径，全国城市社区居民的参与状态相去甚远。可以说，我国城市大量的社区事务管理和活动开展都离不开居民的支持与协助，而目前居民的社区参与状况没能适应社区建设的发展，亦无法满足社区居民的参与需求。在一定意义上，社区居民参与社区建设的程度将成为决定社区建设成败的重要因素之一。从理论研究来看，作为社区建设重要内在推动力的居民参与日益引起了学界的高度关注。当前，推动居民参与社区建设的力量来源有两种，即政府推动的作用力和基层社会自身参与的动力，而这两种力量的作用发挥都离不开居民的参与。[②] 一方面，随着政府管理体制的改革和管理职能的转变，在社区建设中遇到了很多瓶颈，仅仅依靠政府的力量来搞好社区建设工作的难度在日益增大，越来越多的社区公共事务管理工作都离不开居民的配合与支持，这样做可以提高政府的工作效率，降低管理成本；另一方面，随着社会经济的蓬勃发展，居民的社区归属感与社区意识在逐渐增强，拥有一定的意愿参与到社区建设与社会发展中来，最终推动社区的各方面建设。面对这样的情形，要能进一步适应社会主义市场经济的快速发展，以及社区治理主体与利益诉求的多元化趋势，更加需要大力发挥居民参与对社区建设的积极作用，激活社区的自治功能，探讨城市社区建设中的居民参与问题，这不仅已成为一种共识，更是目前社区研究的重点和难点。综上可见，居民参与城市社区建设的研究是目前居民参与理论发展与实践探索的迫切需要。

（二） 个人的研究经历

作为我国市场经济最为发达的地区之一，广东省近年来在积极推动基层社会管理创新方面，做了不少有益的探索和创新。笔者有幸参加了关于该地区社区建设的相关研究。2010 年 11 月，笔者加入到“城乡社区服务均等化研究”课题小组，到广东省佛山市 NH 区进行调研，这不仅是笔者所参与的关于社区建设的第一次田野调查，也是对笔者触动很深的一次调研经历。当走进 L 街道的三个城市社区时，笔者看到居民代表们在会议室共商社区事务，居民们在活动中心运动健身，志愿者们走进居民家中慰问帮扶孤寡老人，社区生活很丰富，居民的参与积极性比较高。于是，笔者就在思考，L 街道的居民参与热情如此之高，街道的领导干部们是怎么做到的呢？经过与干部座谈和个案深度访谈，我们了解到 L 街道在 2007 年成为 NH 区首批社区改革试点单位之一，在完成“政社分离”之后，居委会的工作职能得到彻底的转变，由原来单一的行政管理模式转为社区服务优先的管理新模式。同时，领导十分注重借鉴各地的先进经验，通过到新加坡学习，在每个社区成立了社区理事会，制定了社区联席会议制度，最大限度地整合社区资源，调动辖区内的企事业单位和居民一起为社区居民提供服务，一起协商社区事务，投入到“共建美好家园”的社区建设中。对此，笔者很受启发，撰写了一篇从公民参与网络视角来分析佛山市 NH 区 L 街道社区居民自治经验的文章。该文章用帕特南对社会资本理论阐述中所提出的“公民参与网络”这一概念诠释了 L 街道居委会如何通过“去行政、搞活动”来构建起居民的密集横向参与网络，并使其发挥有效作用，从而调动居民参与社区事务管理的积极性，以此

① 参见陈雅丽：《城市社区发展中的居民参与问题》，载《科学·经济·社会》，2002 (3)。

② 参见罗晓蓉、郑传贵：《中国城市社区参与研究综述》，载《社会工作》，2004 (12)。

推动社区自治的发展。虽然，当时调研的主题是关于城乡公共服务均等问题，但与此同时，笔者已经开始关注并研究社区建设与居民参与的相关问题。

2011 年 7 月，西南政法大学全球新闻与传播学院和佛山市 NH 区合作共建了社会管理创新博士后研究基地。同年 10 月，笔者有幸被选派到该研究基地参与驻站调研工作。期间，研究小组就农村综合体制改革、城市社区整合、社会组织培育、社区理事会建设等研究内容走访了 NH 区八个镇街中的近 20 个城市社区和 30 多个村居，不仅全面掌握了 NH 区基层社会管理创新的做法和成效，还深入分析并探讨了如何破解在改革中所遇到的难题。通过一系列关于社区建设问题的调研，笔者深刻地感受到 NH 区政府相关部门的领导特别重视与社区居民的沟通与交流，对居民的意见或建议都认真对待，并且尽其所能地采用各种方法邀请居民为社区建设献计献策。其中，笔者主要负责跟进的“完善 L 社区理事会建设”的研究使自己获得了一次非常宝贵的机会，能够再次以社区理事会建设为切入点，深入研究社区建设的难点问题之一，即如何调动并整合社区资源，使辖区居民以及企事业单位的代表参与社区建设，为社区建设服务。调研小组在完善社区理事会组织架构、理顺社区内各组织关系以及制定相关制度等方面给当地政府提出了切实可行的意见和建议。同时，我们也发现，社区理事会的发展存在成员的参与热情还不够高，参与效果无法达到预期效果等问题。于是，除了参加座谈会之外，笔者又找到一年前做过访谈的社区干部和居民代表，与他们细致地聊起社区理事会这一年多以来的运作情况和他们参与其中的体会和感受。笔者发现有相当一部分居民都有参与社区事务的意愿，对社区理事会的评价也不错，但是很多主客观原因限制了他们的参与行为。其中，人口结构和生活方式是居民们提到最多的关键点。由于工业化和城市化进程的加快，城市社区的人口密度越来越高，外来人口的进入导致人口异质化程度也越来越高，加之生活方式的多样性，邻里之间的交往非常少，全靠社区居委会组织活动把大家聚在一起。对此，L 街道的领导干部对已经取得的成绩并不满意，他们在实际工作中非常重视居民参与的问题，所做的一切工作几乎也都是在如何最有效地激发居民参与社区事务管理和社区建设的热情上，以期能引导居民有更多的参与行为，促进社区建设的发展。

然而，在推动居民参与社区建设的工作中，当地区镇领导与社区干部着实遇到了很多困扰，如何激发个体公民的参与热情？如何扩大居民参与的主体以及增强其主体的代表性？如何建立多种渠道来推动居民参与社区公共事务的管理和各项活动？如何通过制度设计来培育民间组织的发展以推动居民参与？等等，这一系列亟待解决的现实问题引发了笔者深深的思考。在城市社区建设过程中，不论是国家的社区建设政策目标，还是城市地方政府的治理方式都发生了主动性变革，这为广大居民参与社区建设提供了广阔的空间。事实上，居民参与的路径与方式也发生了较大变化，为社区建设的推进注入了诸多动力。

故此，笔者选“城市社区建设中的居民参与研究”这个题目作为本书的选题，正是基于对城市社区建设实践的思考，并借鉴学者们已取得的丰硕研究成果，对目前政府部门在开展社区建设工作中所面临的现实困境作一个学术回应。

二、研究意义

（一）实践意义

当前，随着社区建设工作进入了新的发展阶段，居民参与社区建设的状态也在发生变化。随着工业化、信息化和城镇化的步伐加快，基层社会结构与利益关系也经历着深刻的转变。[①] 社区作为社会建设和管理的基础平台，承担的社会管理事务越来越繁重，需要提供给居民群众的公共服务越来越多，利益协调、化解矛盾、维护社会稳定的事务也会越来越繁杂。面对越来越突出的社区治理水平与日趋繁重的基层社会管理任务的矛盾、社区服务与居民群众日益增长的物质文化生活需求的矛盾[②]，居民参与机制亟待大力培育。对此，居民参与城市社区建设已经面临新的社会挑战与机遇，它的发展具有深刻的实践意义，同时对于城市社区发展而言也具有巨大的作用。

第一，居民参与可以使社区建设中的公共决策更加科学和民主，使居委会处理好社区事务，减轻工作负担，降低政府的运行成本，提高政府工作效率。一方面，基层政府通过倾听居民的心声，了解他们在社区生活中的切实需求，收集他们对社区工作的意见和建议，并根据这些意见来调整有关政策，从而促进居民对社区公共事务管理的深度参与，改变以往影响公共生活的方式与内容，提升基层政府的社区工作成效；另一方面，居民通过直接参与到社区公共事务管理的决策过程中去，还能在一定程度上避免政府决策的失误与偏差，增加基层政府行政工作的准确度，减少了不必要的行政资源浪费。因此，居民对社区建设的参与将有助于提高基层政府社区管理工作的水平，不仅为居民提供了更加优质的社区公共服务，也进一步促进了政府职能的转变，是转变基层政府社会治理模式的新举措之一。

第二，通过居民的社区参与，能够有效协调各种利益关系，缓和基层社会矛盾。居民协力参与社区建设能够促进社会生活的和谐与安定，尽可能地满足各群体的利益诉求，居民之间以及居民与政府之间就不容易产生矛盾。可以说，政府公共政策的制定是对于社会利益分配和调整进行一定协调之后的结果。[③] 一旦某项政策或制度的制定引起了不公平的利益分配局面，那么受损的利益方将不会认同该项公共政策，其会采取抵触的手段，甚至是与其他既得利益者发生矛盾与冲突，使得社会秩序受到威胁。不难想象，公共政策与制度的有效制定与实施需要体现公平和正义的同时，还需要被大众所认可。对此，可以通过民众的积极参与，对政府提议建言献策，达到政策为大众所接受的目的，进而实现各种利益关系的有效协调。故此，如果居民的参与机制不健全，那么居民参与的内容与方式都将会失去控制，极可能导致正常的参与行为演变为破坏社会秩序的政治事件，危害社会的正常秩序和稳定。

第三，居民参与是公民的价值体现，可以促进我国市民社会的成长。由于我国市民社会的历史还不长，无论是在其生存的政治和经济环境，还是在其内部的结构和职能等方面都存在着不少的问题，这就亟须从基层做起，努力推动居民参与到社区管理和建设中来，唤醒百姓的权利意识和民主意识，实现居民在社区建设中的价值，通过参与经验与参与能力的提升，逐步培养起居民的公共精神，这极大地有利于促进市民社会的最终形成。概言之，居民参与社区公共事务的管理和各项活动不仅体现了相应的政治与社会价值，更体现了一种公民精神。

---

① 参见李琼、李洪强：《转型期利益冲突的边界划分与整合》，载《求实》，2011 (9)。

② 参见民政部基层政权和社区建设司组织编写：《全国和谐社区建设理论与实践：社区居民自治与社会组织创新》，北京：中国社会出版社，2009 年，第 2 页。

③ 参见李学：《公共政策中的政府利益分析》，载《行政论坛》，2002 (1)。

总而言之，我国城市社区建设中的居民参与尚处于不断探索与推进的起步阶段，通过较为深入的实证研究总结与分析居民参与的现状，构建居民参与机制，并对居民参与机制的影响因素与保障条件进行阐释，这对于加强居民在社区建设中的作用，提升基层政府的管理水平，推动居民与基层政府的互信与协作，促进社区的自治发展等都有重要的现实意义。

（二） 理论意义

随着居民社区参与的日益发展，学术界对城市社区居民参与的研究也越来越丰富，在参与不足的表现、原因及对策方面都有了较为成熟的结论，并达成了很多共识，尤其是在宏观层面上对社区管理体制创新进行了大量的研究。然而，城市社区建设在转型期，管理体制的彻底改革需要经历一个调整变化的过程。在调整变化中，居民参与的发展需要得到政府的积极引导和有效保障。实践证明，居民参与度的提升更多的是需要形成一整套的参与机制，这样基层政府可以高效地去规范居民的社区参与行为，并形成一套稳定的参与方式。对此，学者们提出要建立一套有效的参与机制，给予居民参与社区建设制度化保障。面对这一问题，本书通过社会学的视角探讨了城市社区建设中居民参与的状态，从理论上分析了居民参与的基本要素及其特点，即在新的时代背景下，居民参与的主体、内容和方式等方面所发生的深刻变化，并总结了居民参与机制的形成、运作及影响因素，理清了政府与社区社会组织在推动居民参与城市社区建设中的作用和相互关系，深入分析了个体居民如何通过加入社区民间组织去实现参与社区公共事务管理和各项活动，从而平衡一系列利益诉求。换言之，本书主张通过构建居民参与机制，使居民参与社区建设时拥有一整套规范化、制度化的方式作为保障，从而可以拓展居民参与的有效途径，对强化居民的社区意识和公民意识，提高居民参与社区建设的程度，具有重要的理论意义。

第二节 国内外研究现状与理论视角

关于城市社区建设中的居民参与问题，国内外学者都对此进行过深入广泛的研究，并取得了一定的成果。现将国内外学术界对于居民参与城市社区建设的相关研究进行梳理，并对其进行客观总结。

一、国内外研究现状及评述

（一） 国外研究现状

与我国的社区建设历程相比，西方发达国家的社区建设是基于社区复兴与重建的理念，并受到工业化影响而逐步发展起来的。[①] 总体而言，从19世纪末起，西方发达国家的社区建设历经了三个主要发展阶段，其分别以社区救助、社区发展以及社区治理为主要内

① 参见陈文茹：《西方发达国家城市社区建设的现状及发展趋势分析》，载《前沿》，2007（2）。

容。尽管每个阶段的社区建设内容与重点各有不同，但它们都通过对社区民间资源的利用，团结社区内的不同组织，建立社区福利中心等方法，来提升社区自助力量，并体现了政府相关机构与社区内的民间团体、合作组织、互助组织等各方力量的配合与协作。[①] 它们将社区内的不同部门、社区社会组织、中介组织以及各类志愿者团体的力量都发动起来，促进公民自发地投入到社区共建中去，实现了依靠社区自身的力量与资源来提升大众生活质量的效果。由此，不仅提高了社区的公共服务水平，还科学地对公民参与社区建设进行了定位，有利于培养公民的社区归属感与认同感，加大公民参与社区治理的力度。可以说，西方发达国家在社区内培育的公民参与与我国目前培育的社区居民参与在内涵上是一致的。

直到20世纪初，英、法、美等国掀起了“社区福利中心”（Community Welfare Centers）运动和“睦邻运动”（Settlements and Neighborhood Movement），更加深入地推动了社区建设中的公民参与。可见，从西方社区建设发展的实践来看，社区治理的过程也是公民参与社会管理的过程，并在这一过程中与地方政府形成良好的合作关系。对此，公民参与城市社区建设一直是西方学者研究的热点，其对居民参与的条件与影响因素进行了研究，如社会科学家大卫·希尔斯（David Sills）指出了促使社区居民自愿参与社区发展的重要因素是居民自身是否具有“义务”感，即是说他们是否认为自己有责任参与到社区建设中去，一旦他们拥有了这样的自我要求，他们就会积极、主动地参与社区发展的相关事务；[②] 菲力普·隆（Philips Long）在研究如何激励公民主动参与社区公共事务管理时则提出了六大条件，即适当的组织、获取相关的效益、在组织中的舒适感、丰富的社会知识、义务与责任感以及过往的生活方式需要调整；[③] 麦考·克拉斯基（Mc Clusky）则认为居民对社区事务的参与需要对社区建设的相关问题有足够的了解，这需要政府部门做好充足的宣传与准备工作；[④] 马修·费勒（Matthew Filner）则指出第三方组织在政府与公民之间的关系建立过程中将发挥极为重要的桥梁作用，并主张通过培育和发展第三方组织来提升公众的参与热情。[⑤] 而关于公民参与社区建设的经典代表作则是帕特南（Putnam）的《使民主运转起来》和《独自打保龄》两本著作。前一本著作从社会资本与治理的理论视角出发，采用实证研究方法，对意大利各地区公民生活的基本方面进行了个案分析，阐释了意大利民主机制的构建；后一本著作提出了可以根据公民社会的情况来评价民主质量或民主制度的绩效，如研究公民意识、公民组织、公民行为等内容的变化。此外，值得称颂的就是美国学者凯勒（Keller）通过实证研究对新泽西州双子河（Twin Rivers）社区业主自治权获得的探讨，并研究了社区领袖、社区积极分子和普通居民参与维权的斗争情况，指出社区自治的实现需要公民参与社区的政治博弈。

随着公民资格理论与治理理论的兴起，西方学者关于居民参与的最新研究热点一是通

① 参见夏晓丽：《城市社区治理中的公民参与问题研究》，山东大学博士论文，2011。

② 参见 David Sills，Creating Good Communities and Good Societies，*Contemporary Sociology*，1966，Vol. 29 (No. 1).

③ 参见 Philips Long，Neighborhood Interaction in a Homogeneous Community，*American Sociological Review*，1978，pp. 357－366.

④ 参见 Clusky. *The Social Construction of Community*，Chicago：University of Chicago Press，1980.

⑤ 参见 Matthew Filner，On the limits of community development ：participations power and growth in urban American，*the Department of Political Serene Indian University of Denver*，2001，pp. 22－25.

过社区治理的机制构建来推动居民参与，或者说参与将作为其社区治理中的重要机制；二是通过在社区治理过程中的分权来实现公民参与社区的发展建设。由此，为数不少的学者与政府管理者都开始关注地方公共治理中公民参与的作用，并在实践中进行探索。如弗兰克·贝内斯特（Benest Frank）探讨了如何重建公民间的联系，并主张地方政府应该扮演应有的角色，发展调节机构和邻里组织，以重要的社会问题为中心组建机构，以促使邻里组织开展自我服务，重建代际关系；[①] 艾梅·L·富兰克林（Aimee. L. Franklin）和卡罗尔·埃布登（Carol Ebdon）探索了城市预算过程中实现公民参与的途径、效能及模式，并指出了由机构、参与者、过程和参与机制组成的四个公认的影响性因素；[②] 勒妮·A·欧文（Renee. A. Erwin）和约翰·斯坦斯伯里（John Stansbury）分析了公民参与的代表性问题，认为公民委员会的决策意志往往受到狂热参与者和有产阶级这两类人群的政策偏好的严重影响；[③] 艾尔弗雷德·何（Aelfred He）和保罗·科茨（Paul Coates）讨论并主张公民参与地方政府的绩效评估工作中，并提出一种"公民发起的绩效评估"模型。

此外，西方学者研究了社区公民参与的功能与作用，如美国学者罗斯（E. A. Ross）进一步强调了社区公共服务中公民参与的重要性，主张居民在社区工作的过程中要对自我的需求作决定，并通过寻找相关的资源去满足需要；[④] 还有学者对社区治理模式与公民参与的相互关系进行研究，如理查德·C·博克斯（Richard C. Box）则在《公民治理：引领21世纪的美国社区》一书中主张通过建立社区治理模型（community governance model）来改变传统的角色定位，赋予公民决策者的身份与权利；[⑤] 还有学者倡导通过立法去保障社区居民的需求，如乔治·S·布莱尔（George S. Blair）的《社区权利与公民参与》。[⑥]

（二） 国内研究现状

在我国全面推进城市社区建设十多年的历程里，随着经济体制改革的深入推进，以往城市基层社会的治理模式已难以适应基层社会生活的需要，社区建设亟须向自治的方向发展，居民参与社区建设的研究也越来越受到相关学科的重视。有的学者就主要从基层民主自治的角度，分析政府在进行社区治理与推动公民政治参与等方面所取得的成绩和存在的问题；[⑦] 而社会学者从国家与社会的关系视角，运用社会结构与社区组织等理论，分析居民的社区意识和社区情感，探讨他们在从单位人转变为社区人之后，如何参与社区公共事

---

① 参见 Benest Frank, Reconnecting Citizens with Citizens: What is the Role of Local Government? Public Management, 1999 (81.1): pp. 6 - 11.

② 参见 Franklin, Aimee L., Carol Ebdon, Are We all Touching the Same Camel? Exploring A Model of Participation in Budgeting, *American Review of Public Administration*, Vol. 35 No. 2, June 2005, pp. 168 - 185.

③ 参见 Irvin, R. A., John Stansbury, Citizen Participation in Decision Making: Is It Worth the Effort? *Public Administration Reviews*, 2004, 64 (1) pp. 55 - 65.

④ 参见 He, Aelfred, Paul Coates, Citizen - initiated Performance Assessment: The Initial Lowa Experience, *Public Performance & Management Review*, 2004, 27 (3) pp. 29 - 50.

⑤ 参见〔美〕理查德·C·博克斯著，孙柏瑛等译：《公民治理：引领21世纪的美国社区》(中文修订版)，北京：中国人民大学出版社，2013年，第32页。

⑥ 参见〔美〕乔治·S·布莱尔著，伊佩庄、张雅竹编译：《社区权利与公民参与》，北京：中国社会出版社，2003年，第87页。

⑦ 参见梁莹、王飞：《居民社区志愿服务参与中的参与式民主》，载《求实》，2010 (3)。

务的管理及社区权力秩序的重建。[1][2][3] 同时，从理论研究的角度看，学术界大多用西方的理论范式来解读和分析中国的实践，主要的研究视角及其所运用的理论大致有社会管理体制变革、自治制度变迁、民间组织发育、内外权力关系、社区民主居民参与、社区服务体系建构和社区公共产品供给等方面。其中，城市社区建设中的居民参与是近几年来我国社区建设中受到高度关注的问题，研究成果颇丰，大致可以从以下几个方面来进行总结：

（1）对居民参与的要素研究

关于居民参与的要素研究，主要从参与主体、参与内容、参与方式三个方面来总结我国城市社区居民参与的程度与水平，即由哪些居民参与，参与社区建设什么，以什么样的方式或渠道进行社区参与。

第一，对居民参与主体的研究。胡慧指出，目前居民参与的主体结构不均衡，在许多社区参加活动的主要是“一老一少”，并且其实际参与率也较低。[4] 白柯认为，作为社区成员主体中的中青年人具有较高的参与意识，但由于工作生活繁忙和社区参与渠道不健全，致使这部分居民很少参与社区组织的活动，由此导致社区居民的总体参与率偏低。[5] 彭惠青通过对城市社区建设中居民参与的历程进行分析，提出了参与主体的多元化构成，并强调通过理性行动增加参与主体的互信与合作。[6] 陈文指出居民的社区参与存在性别失衡现象，由于社区领导的性别意识和社区资源的性别差异，女性居民的参与率远高于男性。[7]

第二，对居民参与内容与领域的研究。孙柏瑛和陈雅丽将社区居民参与的内容划分为社区政治参与、社区经济参与、社区文化参与（含体育、教育等精神参与）、社区社会参与（生活参与、环境参与等）等方面。[8][9] 张亮和陈笑则认为居民社区参与在大多数情况下只是参与社区事务的运作，而很少参与决策和管理。[10][11]

第三，对居民参与方式和途径的研究。孙柏瑛等将居民参与的途径分为了三类，即以个体的身份参与社区选举或建设规划，以组织或单位成员的身份参与社区建设，以非正式组织的形式参与社区事务，如志愿者团体或其他中介性机构参与社区的福利服务和保障性工作。[12] 杨贵华指出，目前居民的自组织参与还主要局限于社会空间相对较小的社区民间组织、业主组织以及地域空间较小、人数较少的居民楼栋单元或院落，公共性程度还不够高，呈现社会化程度不高、制度化渠道不畅的局面，这就需要实现居民社区参与方式由他

① 参见郑杭生：《和谐社会与新型现代性》，载《学会》，2005（4）。

② 参见杨敏：《公民参与、群众参与与社区参与》，载《社会》，2005（5）。

③ 参见张虎祥：《社区治理与权力秩序的重构对上海市KJ社区的研究》，载《社会》，2005（6）。

④ 参见胡慧：《社区自治视角下的居民参与有效性探析》，载《社会主义研究》，2006（4）。

⑤ 参见白柯：《成都市居民社区参与行为及其方法研究》，西南交通大学硕士论文，2005。

⑥ 参见彭惠青：《城市社区居民参与研究》，武汉：华中科技大学出版社，2009年。

⑦ 参见陈文：《城市居民社区参与中的性别失衡——基于武汉市百步亭社区的个案研究》，载《江汉大学学报（社会科学版）》，2010（4）。

⑧ 参见孙柏瑛、游祥斌、彭磊：《社区民主参与：任重道远——北京市区居民参与社区决策情况的调查与评析》，载《国家行政学院学报》，2001（2）。

⑨ 参见陈雅丽：《城市社区发展中的居民参与问题》，载《科学·经济·社会》，2002（3）。

⑩ 参见张亮：《上海社区建设面临困境：居民参与不足》，《社会》，2001（1）。

⑪ 参见陈笑：《居民参与社区治理问题探析——以北京市为研究样本》，《人民论坛·学术前沿》，2010（8）。

⑫ 参见孙柏瑛、游祥斌、彭磊：《社区民主参与：任重道远——北京市区居民参与社区决策情况的调查与评析》，载《国家行政学院学报》，2001（2）。

组织为主导向自组织为基础的整体转换。[①]

概言之，学界就我国目前城市社区的居民参与水平基本达成了共识，如陈伟东、高永久等认为，目前我国城市社区居民的参与程度与水平还远不能适应社区建设的需要，居民参与呈现出了总体参与率低、参与主体构成不均衡、参与途径单一以及参与数量较少等特征，而社区居民在大多数情况下的参与行为都只是参与较低层次的社区事务运作，例如社区的公共环境卫生保护和治安管理等。[②③]

（2）制约居民参与的因素分析

城市居民社区参与受限的原因是多方面的，有宏观和微观方面的原因，即社区管理体制落后、社区组织发育不足、居民自身素质较低等；也有客观和主观方面的原因，即社区公共设施建设不足、居民参与意识较低等。

首先，单位体制的持续影响、社区管理体制及管理方式的缺陷、经济体制转轨对社会生活的冲击等都是居民社区参与不足的主要原因。姚华、王亚南认为，改革措施不配套是居民社区参与不足的深层次原因，只有真正恢复居委会“基层群众性自治组织”的社会属性，使其能够在社区自治中发挥主体组织的作用，才能推进居民的社区参与。[④] 黎熙元、童晓频则认为，社区制度设置与资源调配方式将影响居民的社区参与积极性，而参与的方式要在社区重建非私人性质的邻里关系上，才能真正有效。[⑤]

其次，李建斌和李寒指出，在社会转型期，由于社区自治组织的“准行政化”及社区内的社会关联度较低，致使社区参与严重不足。[⑥] 胡慧认为，居民参与不足的原因是由于缺乏便捷有效的居民参与机制，目前的社区参与机制还没有从实质上将居民行为完全纳入进来，居民从一定意义上讲仍然游离于这一机制之外。[⑦] 焦莉莉认为，社区公共产品供给不足、居民的利益及社区认同的不足是导致居民参与效果不佳的原因。[⑧]

最后，涂晓芳和汪双凤研究指出，居民参与社区事务需要拥有一定的条件，这既包括一定的时间、知识、能力，还包括一定的经济基础和基于信任、合作的社区资本量。[⑨] 孙柏瑛、游祥斌以及彭磊则认为，社区居民受教育程度与社区参与意识呈正相关性，但与对社区居委会的认同呈负相关性。[⑩]

概言之，原有体制下形成的“单位参与意识”、行政化的社区管理方式、社区居民参

---

① 参见杨贵华：《转换居民的社区参与方式，提升居民的自组织参与能力——城市社区自组织能力建设路径研究》，载《复旦学报（社会科学版）》，2009（1）。

② 参见张大维、陈伟东：《城市社区居民参与的目标模式、现状问题及路径选择》，载《中州学刊》，2008（2）。

③ 参见高永久、刘庸：《西北民族地区城市社区建设中的各族居民参与研究》，载《西北民族研究》，2006（1）。

④ 参见姚华、王亚南：《社区自治：自主性空间的缺失居民参与的困境——以上海市J居委会“议行分设”的实践过程为个案》，载《社会科学战线》，2010（8）。

⑤ 参见黎熙元、童晓频：《我国城市社区建设的资源调动实践模式比较——上海外滩街与广州逢源街的个案比较》，载《学术研究》，2005（1）。

⑥ 参见李建斌、李寒《转型期我国城市社区自治的参与不足：困境与突破》，载《江西社会科学》，2005（6）。

⑦ 参见胡慧：《社区自治视角下的居民参与有效性探析》，载《社会主义研究》，2006（4）。

⑧ 参见焦莉莉：《城市居民社区参与动力及影响因素研究——以包头市S社区为个案研究》，重庆大学硕士论文，2007。

⑨ 参见涂晓芳、汪双凤：《社会资本视域下的社区居民参与研究》，载《政治学研究》，2008（3）。

⑩ 参见孙柏瑛、游祥斌、彭磊：《社区民主参与：任重道远——北京市区居民参与社区决策情况的调查与评析》，载《国家行政学院学报》，2001（2）。

与意识与条件不足、与社区利益相关程度低等因素是造成居民社区参与不足的主要原因。①然而，居民社区场域的客观存在消解了凝聚社区居民的共同利益，导致了社区参与的冷漠。加之单位人惯习与社区居民的文化资本差异制约了居民社区参与的积极性，影响了居民社区参与的价值取向和主动性。② 此外，梁莹指出，由于基层政府信任与居民参与社区社会政策之间存在着矛盾和冲突的困境，使当前充分实现社区“参与式民主”似乎还比较理想化。③

（3）激励居民参与的对策研究

为了提升居民参与的程度与水平，需要从参与内容与渠道、组织化程度、法律制度、社会资本、福利体系、政府和社区的回应度及效率等方面进行探讨。彭惠青认为，公共服务型政府的塑造、非营利组织的发展以及自治组织的成长将推动居民参与的提升，进一步扩大参与的广度与深度。④ 张伟兵认为，积极探索社区服务营运的模式，在保证服务机构生存的同时，不断提高社区服务同公众生活的关联度，这是实现居民参与运作的政策调整。⑤ 崔彩周指出，要从发挥政府主导作用、社区体制、社区整合、改善社区生存环境、解决居民实际问题等方面着手解决居民社区参与不足的问题。⑥ 张晓霞认为，需要从培养和塑造居民社区意识，完善社区参与机制和渠道，改革社区管理体制，强化社区居委会的自治职能和人才队伍建设，鼓励和提倡社区精英的带动和示范作用等方面着手去提升社区居民的参与行为和效果。⑦ 周璇指出，完善以居委会为主的组织机制和政府的引导机制，将有助于居民参与的积极性增加，有利于社区建设。⑧

总之，研究者们针对居民参与不足所提出的对策都是综合的，涉及从社区管理体制改革到社区民间组织的培育，从社区建设的配套政策到居民参与的法律保障、从居民参与的条件创造到社区教育的深入开展等各个方面。

（4）居民参与社区建设的功能与意义

徐永祥认为，参与是社区发展与居民安居之间的联系桥梁，通过居民对社区公共事务的管理和各项活动的直接参与，不仅整合了社区内的各项资源，还逐步培育起居民的社区归属感与认同感，促使社区居民的参与力量成为社区建设的一股动力源泉。⑨ 张伟兵指出，提高居民参与的程度将极大地推动社区公共服务社会化的形成，同时居民积极、广泛地参与社区建设事宜是衡量社区服务建设成效的重要依据之一。⑩ 杨荣认为，居民的社区参与是推动社区发展的重要力量之一，是促进社区自治的有效保证，它是确保社区稳步、健康发展的重要标志之一。⑪ 潘小娟认为，居民的有效参与将对社区发展的各方面都起到十分

---

① 参见张苏辉：《社区居委会行政化的社会学微观视角》，载《求索》，2006（5）。

② 参见黄荣英：《我国城市社区参与不足的一种理论解读》，载《求索》，2010（3）。

③ 参见梁莹：《困境中的社区“参与式民主”——基层政府信任与居民参与社区社会政策的困境之思》，载《学海》，2009（3）。

④ 参见彭惠青：《城市社区自治中居民参与的时空变迁与内源性发展探索》，载《当代世界与社会主义》，2008（3）。

⑤ 参见张伟兵：《社区服务发展中“居民参与”问题的思考》，载《科学·经济·社会》，2002（2）。

⑥ 参见崔彩周：《试论中国经济体制转轨时期的社区参与》，载《广东社会科学》，2002（6）。

⑦ 参见张晓霞：《城市居民社区参与模式及动员机制研究》，吉林大学博士论文，2010。

⑧ 参见周璇：《我国社区建设中的居民参与问题研究——以H市新建住电E社区为例》，东北师范大学硕士论文，2010。

⑨ 参见徐永祥：《试论我国社区社会工作的职业化与专业化》，载《华东理工大学学报（社会科学版）》，2000（4）。

⑩ 参见张伟兵：《社区服务发展中“居民参与”问题的思考》，载《科学·经济·社会》，2002（2）。

⑪ 参见杨荣：《浅论社区建设中的居民参与》，载《北京工业大学学报（社会科学版）》，2002（2）。

重要的推动作用，如社区民主政治建设、社区精神文明建设、社区公共服务提升等。①

（5）居民参与的动力、模式及机制研究

关于居民参与的动力，刘华安和孙璐认为，居民参与社区事务管理与各项活动的内在动力源主要来自两个方面，一是对共同利益的追求；二是对社区情感、归属感的价值认同，即是利益驱动与认同驱动。②③ 张宝锋也认为，居民参与社区事务多半出于对切身利益的保护和通过参与获得更大利益的预期。④

关于城市社区建设中的参与模式研究及政策建议，杨敏指出，由于不同阶层居民的社区生活需求各不相同，居民的参与动机与策略也存在差异，这直接导致了四种居民参与的行为模式，即依附性参与、志愿性参与、身体参与以及权益性参与。⑤ 另外，姜晓萍和衡霞主张从参与机制的成熟度与居民参与自主性的关系出发，将居民参与社区治理的模式分为机制完善的自主参与、机制完善的假性参与、机制不完善的自发参与等。⑥

关于参与机制，孙清、李波提出了构建城市社区治理多元参与机制的设想，并从模式选择、网络构建、权力分配、制度建设四个方面进行了阐述，提出需要政府、居民、居委会、社会组织、团体等社区各主体的共同努力。⑦⑧ 杨乐则指出，从培养居民参与意识、加强社区服务建设、激励居民参与社区建设等方面来构建居民参与机制。⑨

（三）简要评述

综上所述，西方学者在公民参与社区治理方面的研究起步较早，理论成果及实践经验都颇为丰厚，实证研究也非常成熟。可以说，这些学术成就和西方社会实践的成功密不可分。其公民参与研究与实践都远远地走在我国前面，但根据我国的现实国情，很多研究理论虽可以借鉴，却绝不能照搬照抄，不然不仅没有任何现实效果，反而事倍功半。故此，我们要批判地吸纳西方在推动社区建设中的公民参与方面所取得的研究成果。不可否认，西方目前比较成熟的做法，也是我们将来要去完成的改革和转变。同时，国内学术界对于城市社区建设中的居民参与研究也取得了丰硕的成果，对我们更加深入地研究该问题具有重要的参考作用与借鉴意义，但在以往的研究中也存在着一些问题，值得进一步探讨：目前学者们对社区居民参与不足的认识是一致的，都指出了居民参与存在参与主体的结构不均衡、参与的内容局限于休闲娱乐和社区公益服务范围、参与的方式和途径较为单一、尚没有形成较为成熟的组织参与方式、参与意识不强等问题；而分析到影响居民参与的因素时，大致都从社区管理体制、社区组织成长、法律法规制定、基层政治信任等方面着手，并针对上述方面提出相应的对策和建议。其中，也有研究者提出了完善参与机制，但所述内容都显得较为空泛，仅仅从社区管理制度、居委会职能转变、社区组织发展、培养居民参与意识等几个层面泛泛而谈。当然，也有研究者提到完善居民参与的立法与监督机制，

① 参见潘小娟：《参与和自治的本质精神》，载《社区》，2005（10）。

② 参见刘华安：《城市社区建设与居民参与》，载《学习论坛》，2002（10）。

③ 参见孙璐：《利益、认同、制度安排——论城市居民社区参与的影响因素》，载《云南社会科学》，2006（5）。

④ 参见张宝锋：《商品房小区居民参与的微观机制——对三个小区的实证研究》，载《甘肃社会科学》，2006（2）。

⑤ 参见杨敏：《公民参与、群众参与与社区参与》，载《社会》，2005（5）。

⑥ 参见姜晓萍、衡霞：《社区治理中的公民参与》，载《湖南社会科学》，2007（1）。

⑦ 参见孙清：《城市社区治理的多元参与机制研究——以浦江镇社区为例》，上海交通大学硕士论文，2012。

⑧ 参见李波：《我国社会转型期社区参与的动力机制探析》，吉林大学硕士论文，2008。

⑨ 参见杨乐：《我国城市社区自治中居民参与研究》，郑州大学硕士论文，2011。

但这将是一个需要经历更为长久的过程才能实现的目标。

二、理论视角

对于社区建设中的居民参与研究，首先，要突破社会治理的制度性障碍，在构建符合社会经济发展的社会治理模式基础上，发展基层社会的民主自治，提升整个社会的自治水平，为社区居民参与提供制度性的保障；其次，对居民参与进行要素分析、路径分析以及功能与作用分析等，都离不开西方较为成熟的公民参与理论。在我国，居民参与社区建设的广泛提升可以看作是对公民参与的一种基础培育。可以说，从治理理论与公民参与理论的理论视角出发，可以较为准确地剖析城市社区居民参与的现状，构建出具有理论与实践价值的居民参与机制，并有利于分析影响居民参与机制构建的因素。

（一）治理理论

随着社会管理模式的调整与转变，21 世纪的社会变革更加深刻，公民意识在大众心中开始萌发并逐渐增强。在我国，自古以来的社会管理都是以社会稳定为最大的目标设定。在这个过程中，我国的社会管理模式长期以来都呈现出自上而下的精英统治格局，而极其缺乏自下而上的群众参与。但随着社会治理的复杂性与重要性日益凸显，政府通过单位制度和国家行政权力对基层社会进行的控制和管理方式已逐渐失去作用，需要提升整个社会的自治水平。那么，社区建设中居民参与的逐步扩大与发展，将从根本上改善我国目前的基层社会治理现状。而西方的治理理论恰好是在政府管理与市场运作双重失效的情形下提出的，它从制度设置的角度出发，对如何提升居民的社区参与水平提供了理论支撑。

治理理论始于 20 世纪 80 年代末期，起源于对政府、市场与社会之间交互关系的重新思考，现已逐渐成为一种公共管理的重要价值理念。而“治理”一词则兴起于 20 世纪 90 年代，全球治理委员会于 1995 年在《我们的全球之家》的研究报告中指出，治理是各种公共的或私人的机构在管理共同事务时所采用的方式的总和，也是在调和各种冲突和利益矛盾时采取联合行动的持续过程。① 治理的过程既包括通过权力迫使人们服从的正式制度和规则，也包括各种符合人们利益满足的非正式制度安排。在格里·斯托克（Gerry Stoker）看来，治理所追求的终归是创造条件以保证社会秩序和集体行动。② 治理强调政府与社会的互动与多元管理，是社会公共机构和行动者在为社会和经济问题寻求解答时形成的一套策略集合。同时，治理主体在这一过程中拥有各自明确的界线和责任划分，公众利益得到重视的同时并不约束政府行为，而是需要政府与其他社会组织和机构通力协作，在公共问题上达成一致。③ 随着治理理论的发展，善治作为一种对治理理念较为成熟的应用概念，它主张社会治理的过程应该是一种使公共利益最大化的过程，其本质特征在于强调政府与公民在面对公共生活管理时的共同责任，并致力于通过双方的良好合作以及公民的积极参与，实现管理的民主化，其基本要素包括四个方面，即合法性与法治、公众的深度参

---

① 参见全球治理委员会编写：《我们的全球之家》，伦敦：牛津大学出版社，1995。转引自俞可平：《全球治理引论》，载《马克思主义与现实》，2002（1）。

② 参见格里·斯托克：《作为理论的治理：五个论点》，载《国际社会科学杂志（中文版）》，1999（1）。

③ 参见丁元竹：《社区的基本理论与方法》，北京：北京师范大学出版社，2009 年，第 171 页。

与、公开与透明和优质的公共服务。[①]

可见，治理理论包含两个重点：一是参与，尤其是利益相关主体对于决策的参与将成为政策获得民众支持与认可的基本条件之一，这也是治理理论的核心所在[②]；二是秩序，社会秩序是衡量善治实现与否的重要依据，没有长期的、稳定的政局，就无法真正实现社会的善治。[③] 在实践过程中，治理理论被应用于社会发展的各个领域，而解决基层社会问题、扩大居民的社区参与、提供优质的公共产品就是以善治为宗旨的社会治理。只有居民更多地、有序地参与到社区建设中的各种公共事务中去，发挥推动社区发展的积极作用，才能提升社区公共服务的质量，有效地避免失控的居民参与给基层社会稳定造成的不良影响。

（二） 公民参与理论

公民参与行为的广泛兴起始于 20 世纪 60 年代美国的“新公民参与运动”。该运动强调公民在城市规划和项目管理中的参与权力，而这一权力的使用离不开非政府组织的发展，并且指出了公民参与在大量公共事务、社区事务上和政府的合作以及共同管理中的作用。[④] 从理论渊源上看，最早的公民参与概念是由一些研究比较政治的西方学者于第二次世界大战前后提出的，而现代意义上的公民参与思想则源于古希腊雅典的直接民主模式。从 18 世纪起，洛克（John Locke）和密尔（John Stuart Mill）倡导的民主理论、黑格尔（Georg Wihelm Friedrich Hegel）主张的“公民社会观”、哈贝马斯（Jüergen Habermas）持有的“公共领域”论点等都是比较具有代表性的公民理论。

虽然西方学者对公民参与的理解各有不同，但有三点认识是一致的：首先，公民参与政治生活的行为是自愿选择；其次，影响公民参与行为的方式或直接或间接，大概有投票、组党、加入政治的利益集团等行为；最后，公民参与是参与贯彻公共政策制定的行动。[⑤] 此外，学者们还对公民参与的主体、类型、内容、方式以及作用等进行了研究，如安斯坦（Snery Awstein）、桑利、皮尔斯和斯蒂菲尔（Christian Phil）等。其中安斯坦比较详尽地阐释了公民参与的积极作用，并指出经实践证明，具有良好组织的社区通过居民广泛的社区参与，能自主调动物品，提升服务供给的品质，以满足居民的社区生活需求。[⑥]

安斯坦的公民参与阶梯理论中，对公民参与的种类、方式及作用做了深入的剖析，根据公民权利对决策的影响程度将公民参与划分了八种类型，并按照阶梯模式从低到高进行排列，从中可以发现，公民参与与社区参与之间存在的一些基础性联系[⑦]，呈现出公民在何种情况下才有足够的权力保证当权者能够听进去他们的想法。换言之，居民参与可以理解为公民参与的一个基础层级，或者说是一个发展的阶段。另外，香港学者莫泰基从参与的范围、程度和层面三个方面对“参与”的含义进行了概念的分层分析，并指出了居民的

---

① 参见俞可平：《治理与善治》，北京：社会科学文献出版社，2000 年，第 9 页。

② 参见何增科：《公民社会与民主治理》，北京：中央编译出版社，2007 年，第 174 页。

③ 同上书，第 175 页。

④ 参见〔美〕约翰·克莱顿·托马斯著，孙柏瑛译：《公共决策中的公民参与》，北京：中国人民大学出版社，2010 年，第 10 页。

⑤ 参见陶东明、陈明明：《当代中国政治参与》，杭州：浙江人民出版社，1998 年，第 102 页。

⑥ See Hollnseiner, M. R., Citizen Participation and Social Planning, in *Assignment Children*, UNICEF. 1982, pp. 57 -58.

⑦ See Arnstein, S. R., A Ladder of Citizen Participation. *Journal of the American Institute of Planners*, 1969, (35), pp. 216 - 224.

社区参与是有力推动基层社会民主发展的重要基础之一，亦是社会底层群体参与公共事务的重要途径之一。[①] 徐善登认为可以通过社区参与的外部视角，阐释社区作为国家与社会良性互动的载体如何引导居民的参与行为。此外，居民参与社区公共事务的自治组织并非社区内唯一的自治组织；从内部视角来理解居民参与行为，可以促使社区逐渐摆脱政府的全面控制，逐步培养居民的公共精神，有利于促进社区公民社会的发展。[②] 可见，居民参与是公民参与在基层社会的表现形式，高度的居民参与是公民参与发展的基础，是公民参与在我国走向成熟的路径选择。

第三节 核心概念界定与研究对象简介

一、核心概念的界定

（一）居民参与的概念界定

居民参与是指社区居民自觉自愿参加社区各种公共事务与活动的过程。一般情况下，把社区居民作为社区参与的主体。社区参与是一种公众参与的过程，参与社区的各种决策及其贯彻、执行，参与社区的民主管理，这种参与不仅源于居民实现自我价值的需求和发挥自身潜能的要求，还源于居民对社区与社区内公共利益的认同。社区参与可以促进居民共同承担社区发展的责任，形成一股集体力量去推动社区建设，并共享社区发展的成果。[③] 社区居民通过一定的途径和形式参与社区事务的决策、管理和监督的过程，它表现为居民与各利益主体互动中所采取的制度化、合法化的参与方法和策略。[④] 居民参与实际上就是一种在社区范围内的、区域性的公众参与，强调的是居民拥有一定的公共参与精神作为心理动机，与社区、社区组织之间良性互动，通过信息交换，增进了解，共同利用社区资源，共享社区建设成果。在社会学领域，公民参与的这一概念被更多地阐释为居民参与或社区参与，它被视为西方社会民主自治精神的一种体现，意味着社区居民的社区义务与权利，其使用范围较为具体、微观，包括了基层政治参与、社区环境参与、社区经济参与、社区教育参与以及社区文体参与等多方面内容。

本书的居民参与是指居民通过各种正当、合法的方式，直接或间接地影响基层政府在社区建设过程中的公共政策决策，以及自身公共生活的一切行为。在此，需要指出的是，居民参与的主体是拥有参与需求的社区居民，既包括作为个体的居民，也包括由个体居民组成的各种社区民间组织。

（二）社区与城市社区建设的概念界定

第一，关于社区的概念。社区作为社会学的一个基本概念，由德国社会学家滕尼斯

---

① 参见莫泰基：《公民参与：社会政策的基石》，香港：中华书局，1995 年，第 7 页。

② 参见徐善登：《社区公民参与特殊性之内外审视——基于治理视阈》，载《云南社会科学》，2009（4）。

③ 参见邓伟志主编：《社会学辞典》，上海：上海辞书出版社，2009 年，第 260 页。

④ 参见张瑜：《和谐社会建设背景下城市居民社区参与的问题与对策研究》，河北经贸大学硕士论文，2011。

(Ferdinand Tonnies) 首次引入社会学界，在其1887年出版的《社区与社会》一书中最早使用“gemeinschaft”(德文)，即“社区”，其意思是“共同的东西”和“亲密伙伴的关系”。他认为，社区应该是由同质人口组成、关系亲密、守望相助、具有人情味的一个团体，这个团体是在长期的社会生活中自然形成的。很显然，滕尼斯对社区的理解与现代的社会生活事实上有明显的差别。据我国社会学家费孝通介绍，“community”一词最初被翻译为“地方社会”，后来在讨论如何翻译帕克 (Robert Park) 的一篇文章中的“community is not society”时，才产生了“社区”一词。① 到1933年，我国燕京大学的费孝通教授等首次认可由吴文藻的学生所做出的“社区”一词的翻译，以至后来成为中国社会学领域内的通用术语。对于社区的理解，费孝通认为，社区是一定地域范围内的社会，是建立在地缘性关系之上的社会。这一理解强调的是社区的地域性，认为区位对社区中的各类社会关系与整个社区的形成都具有决定性作用，并指出社区已成为社会的微型结构，是社会的缩影。而给社区的综合性定义则是，社区是由地缘、人群、社会因素、社区意识、共同约束、文化等要素构成的社会地域生活共同体。

自20世纪50年代以来，我国的城市社区在高度集权的计划经济体制下逐步形成了具有自身独特性的现代社区形态；而这一形态从来就不是根据从西方引进的社区概念而形成的，也不是西方的社区概念可以完全阐释明白的。我们要想真正搞清楚我国的城市社区建设问题，必须要根据实际国情发展西方的社区概念。社区是进行一定的社会活动、具有某种互动关系和共同文化维系力的人类群体及其活动区域。② 而在《民政部关于在全国推进城市社区建设的意见》中指出，社区是聚居一定地域范围内的人们所组成的社会生活共同体。③ 这样，社区的概念就相当具有务实性了，尤其是从指导社区建设的实践层面来讲，民政部给出的社区概念更倾向于实际工作的开展。

那么，社区到底是什么？简单一句话：社区是指具有地域性纽带的社会组织单位；或者说，社区就是具有地域性的利益共同体。从社会学的角度看，社区还必须具备几个基本构成要素，即地域性，公共联系纽带，持续的、亲密的首属关系，归属感和一套社区成员公认的行为规范和秩序。中西方学者对社区的解释具有相似之处，如英国伦敦西安大略大学政治学教授迈克尔·基廷 (Michael Keating) 将社区限定在三种类型上进行解释：一是传统社区，或者称“礼俗社会”；二是作为私人领域的延伸，基于个人的需要产生和再生；三是“作为进行政治交流的社会交往空间”，这种社区“有个人自由的空间，但同时也有在确定问题和构建解决方法时集体行动的能力”④。这三种解释类型中，第一种存在于前工业社会，第三种则是现代西方社会中普遍存在的。而我国学者也将社区概念进行了理论维度的划分，分为类型学理论、人类学传统理论以及区位学的传统认知，他们认为社区可解释为在一定地域范围内形成的具有群体意识和归属感的生活体，并承载着社区的文化价值与功能。⑤

---

① 参见徐中振、李友梅等：《生活家园与社会共同体——“康乐工程”与上海社区实践模式个案研究》，上海：上海大学出版社，2003年，第165页。

② 参见郑杭生主编：《社会学概论新修》(第三版)，北京：中国人民大学出版社，2003年，第272页。

③ 民政部关于在全国推进城市社区建设的意见，2000年11月9日，见 http://zqs.mca.gov.cn/article/sqjs/zcwj/200912/20091200044439.shtml。

④ 参见〔英〕戴维·贾奇、〔英〕格里·斯托克、〔美〕哈罗德·沃尔曼编，刘晔译：《城市政治学理论》，上海：上海人民出版社，2009年，第151—152页。

⑤ 参见徐中振、李友梅等：《生活家园与社会共同体——“康乐工程”与上海社区实践模式个案研究》，上海：上海大学出版社，2003年，第166—168页。

上述对社区理解的方式，在我国特定的国情下有所变化，对社区含义的理解将更加复杂。社区不仅被视为社会的基本构成要素，成为政府治理社会的单元，具有更多的“社会”属性，缺乏“自然”属性。自改革开放以后，政府对社区建设的投入越来越多，步伐加快，正在逐步构建传统的社会资本，培育居民之间的紧密关系，“邻里”“街坊”的概念开始得到认同与强化。① 概言之，社区的内涵主要包括了三个方面的内容：首先从地域上来看，社区是由数量适当的居民在一定空间内所构成的地域范畴；其次从社会关系上来看，社区居民在一定范围内的空间里，通过人际交往形成了多样的社会关系；最后从功能上来看，社区的发展将受到居民群体行为的影响，尤其受居民之间为着共同利益而采取的决策和行为的影响。本书所使用的社区概念主要是指聚居在一定街区或居民住宅区内，并由地缘、人群、社会因素、社区意识、共同约束、文化等多种要素共同构成的具有地域性的社会生活共同体。

第二，关于城市社区建设的概念。相较于社区概念而言，城市社区建设的内涵应该是比较明确的，这一概念由民政部结合国外经验、从本国国情出发于 1991 年 5 月首次提出。② 我国城市社区的建设在政府主导下起步，经过对民间资源的不断开发、利用，逐步形成政府、基层组织与居民通力合作的局面。③ 随着我国城市社会经济的飞速发展与基层社会治理方式的转变，社区服务的深化成为社区建设的主要内容。社区建设一方面可视为城市化发展的产物，换言之，即为城市发展的延续，另一方面也可以看作是市民现代化的继续。④ 1986 年，为了适应城市经济体制改革与居民社会生活的需要，民政部开始倡导社区服务，逐步展开了以民政对象为主的福利服务和便民、利民服务。自此以后，社区服务的工作开展取得了实质性的成效，在一定程度上方便了城市居民的生活，得到了居民的认可。但随着经济体制改革的深化，原有的社区服务项目难以满足群众多样化的社区生活需求，也无法解决好城市基层社会治理的诸多问题，社区卫生、社区文化、社区治安等服务内容亟须丰富起来。自 1996 年江泽民总书记提出了大力加强社区建设之后，全国各地基层政府把社区建设与发展作为推动城市工作的重要内容，通过深入基层，了解群众所需所想，大胆创新改革，初步把握住了社区建设的脉搏，切实提升了社区服务的品质。到 1998 年国务院明确赋予民政部建设社区的职能，开始通过完善城市基层社会管理体制，推动城市社区建设工作，构建社会化服务网络。故此，社区建设是指在党和政府的领导下，通过整合、利用社会资源，推动社区政治、经济、文化的协调和健康发展，不断改善社区成员的生活质量并有利于他们自身发展的活动。⑤ 社区建设是一项新的工作，大力推进社区建设是我国城市经济和社会发展到一定阶段的必然要求，也是面向新世纪我国城市现代化建设的重要途径。城市社区建设的主要内容包括社区服务、社区组织建设、社区教育、社区卫生、社区环境与治安等几大方面。

社区建设是一个长期培育居民自我管理、自我发展、参与城市治理的过程，是使社区逐渐变成一个城市社会组织基础细胞的过程，是以基层民主促进整个社会民主建设的过程。

---

① 参见谢庆奎、商红日主编：《基层民主与社区治理》，北京：北京大学出版社，2011 年，第 1—3 页。

② 参见李宝库：《关于社区建设的几个问题》，载《城市街居通讯》，1999（12）。

③ 参见郑杭生主编：《社会学概论新修》（第三版），北京：中国人民大学出版社，2003 年，第 272 页。

④ 参见费孝通：《对上海社区建设的一点思考》，转引自夏树人、曾海龙：《费孝通九十新语》，重庆：重庆出版社，2005 年，第 180 页。

⑤ 参见王思斌：《体制改革中的城市社区建设的理论分析》，载《北京大学学报》（哲学社会科学版），2000（5）。

二、研究对象简介

L街道归属于佛山市NH区，NH区地处珠江三角洲，是改革开放最早的地区之一，辖区总面积1,074平方公里，人口259万。L街道是NH区下辖的一个街道，位于NH区中部，也属于佛山市的中心组团，辖区总面积44.64平方公里，下辖4个城市社区和10个行政村，户籍人口6.69万人，流动人口8万多人，下辖的4个城市社区，其户籍户数10,409户，户籍人口28,650人。该街道先后获得"全国双拥模范镇""国家卫生镇""广东省教育强镇"以及"佛山文明镇"等荣誉称号。① L街道与NH区的其他镇街相比较，其突出的特点不仅是经济发展水平较高，拥有自己独特的产业优势，更在于街道政府对社区建设工作高度重视，财政投入力度大，加强社区组织建设和活动设施建设，积极培育民间组织以打造居民参与的渠道。自2008年创新社区管理体制以来，L街道便开始探索了一条深化社区服务之路，以构建平安和谐社区为目标，以服务居民为重点，以居民自治为方向，以文化活动为载体，在推动社区居民参政议政、积极投入社区公益及文娱活动等方面大胆尝试，获得了许多宝贵的经验与好评。近几年来，L街道通过发动居民参与社区建设，社区管理在服务、治安、环境和风尚等方面均迈上了一个新的台阶。

本次调查的A、B、C、D 4个社区均为L街道的城市社区②：A社区的地理位置距离L街道中心城区最远，被誉为L街道的东大门，辖区面积1.6平方公里，总人口13,700人，常住户籍人口8,473人，共2,885户，非本地户籍人口4,412人，党员志愿者108人，居民代表60人，街坊组长16人，信息员2人，义工962人，社区内有1个社区服务中心、1个社区理事会、2个邻里中心。该社区的特点在于地处城乡结合部，人口结构中多半都是外来人口，治安与卫生环境等治理工作难度很大，居民的社区融入感较低。B社区总面积1.03平方公里，总人口约为19,300多人，居住户数共5,219户，常住户数3,546户，常住户籍人口9,721人，流动人口约9,586多人，辖区内共有大型花园小区4个，高层楼宇约300栋，党员志愿者117人，居民代表80人，街坊组长20人，信息员20人，义工502人，社区内有社区服务中心1个、文化公园1个、大小活动场所10多个、社区理事会1个、邻里中心1个。该社区是L街道的老城区，社区内居民相互熟悉，社区活动丰富，居民参与积极性相对较高。C社区总面积0.87平方公里，常住户籍人口4,292人，共1,665户，常住人口8,300人，党员志愿者62人，居民代表50人，街坊组长13人，信息员13人，义工780人，社区理事会1个、邻里中心3个。该社区是L街道的传统老城区，其人口特点为老年人居多，在推进居民参与时的项目设置多为提供老年人慰问和探访。同时，该社区通过全方位打造"服务活力型"特色型社区，于2007年成功创建为"广东省城市体育先进社区"，2008年被评为广东省"六好"平安和谐社区，2009年被评为佛山市首批志愿服务爱心社区。D社区现有常住人口10,015人，共3,328户，本地户籍人口5,311人，1,976户，党员志愿者63人，居民代表50人，街坊组长15人，信息员15人，义工850人，社区理事会1个、邻里中心3个。该社区虽然也是外来人口较多的社区，但地处L街道中心城区，外来人口的整体素质较高，参与能力较强，参与热情较高。

---

① 资料来源：L街道办工作资料的街道情况简介。

② 资料来源：L街道社工局工作资料的社区情况简介。

第四节　研究思路与研究方法

一、研究思路与内容

“我国各个地区的城市社区发展是很不平衡的。用社会学的术语来说，各地区在社会转型程度上存在着较大的差异。那么，在我国这样一个地大物博、人文差异巨大的国家，其社会内部形成了一个个内部同质性高而外部异质性高的‘社区’。”[①] 对个别社区的微型研究能否概括说明整体情况呢？答案一定是否定的。然而，正如费孝通先生曾经讲过的那样，受到动物学和解剖学的启示，客观事物的存在都具有类型区别。一切事物几乎都会遵从这样一个规律，那就是在一定条件下存在，若条件相同，出现相同事物的几率就会很高。即是说，我们在对事物进行研究时关键在于抓住该事物类型形成的主要条件，通过类型比较去实现从个别逐步接近整体的研究目的，也可以是个别之间的相互借鉴与成长来实现整体的重塑。类似地，本书对于居民参与的探讨亦是如此，通过对 NH 区 L 街道城市社区居民的参与行为做具体分析，总结出构建居民参与机制的主要内容，以期可以对其他地区推动城市社区居民参与有借鉴意义。本书通过分析社区建设的居民参与要素，即对居民参与的主体、领域与内容以及方式等进行分析与总结，探讨了以社区民间组织发展为支持的居民参与的新路径，构建了由动力机制、整合机制、培养机制、保障机制、激励机制、控制机制等六个二级参与机制组成的居民参与机制，同时深入分析了影响参与机制构建的三大因素，提出了保障参与机制良好运行的条件。本书的具体研究框架如图 1.1 所示：

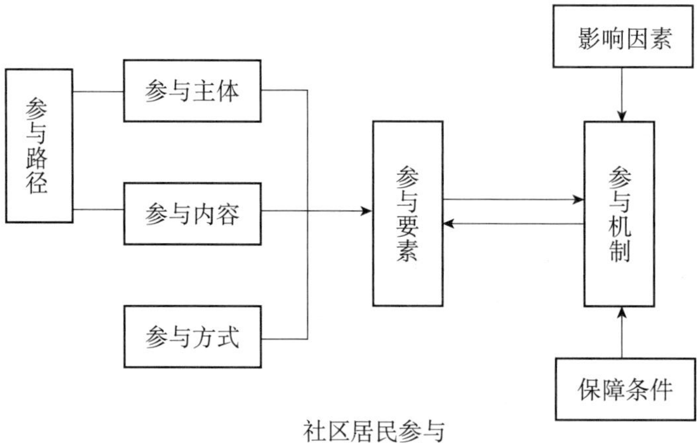

图 1.1　研究框架

本书的基本内容大致分为五个部分：第一是研究作为城市社区建设中居民参与基本要素的居民参与的主体与内容，分析了参与主体的开放性与代表性问题以及参与主体的参与

---

① 参见郑杭生：《中国特色社会学理论的拓展：当代中国社会学的前沿问题》，北京：中国人民大学出版社，2005 年，第 279 页。

意识；第二是重点研究了我国城市社区民间组织的发展，作为居民参与的新路径，社区民间组织的发展扩宽了居民参与的渠道，丰富了居民参与的方式。随着我国社会改革的深入探索，城市社区在建设的变迁过程中，进行了社区管理体制的改革和政府职能的转变，这给居民参与的发展带来了良好机遇。同时，由于近年来人们生活水平的大幅提升及文化素养的增强，其权利意识也在逐渐增加，这都成为促进居民参与的重要因素。加之外来人口的涌入，社区活力也日益加大。在这样的背景下，我国的城市社区居民参与正在发生着积极的变化，通过对居民参与的要素梳理，分析并总结了目前我国城市社区居民的参与现状与水平，进一步分析了我国现有居民参与城市社区建设的意识与行动；第三是通过对居民参与城市社区建设的要素特点进行分析，结合调查地区的城市社区具体做法，探索并总结了城市社区居民参与机制的形成、分类及运行；第四是分析了影响居民参与机制构成的因素，讨论了居民参与机制运行所拥有的优势及挑战；第五是从社区管理体制的改革、社区民间组织的培育和发展、特色社区的建设和社区教育的开展等方面提出了保障居民参与机制运行的条件。

二、研究方法

本书既是对城市社区建设中居民参与的理论分析，也是对我国城市社区建设进程中居民参与现状的考察。在研究过程中主要运用了如下研究方法：

文献研究法。文献研究法是一种通过收集和分析现存的，以文字、数字、符号、画面等信息出现的文献资料，来讨论和分析各种社会行为、社会关系及其他社会现象的研究方法。[①] 本书主要收集并分析了来自两个方面的文献资料：一方面是收集、梳理并总结国内外的相关文献资料，对社区治理、公民参与理论、社会资本理论等有关社区建设和参与的理论、观点和论述进行分析；另一方面是收集了 L 街道 4 个城市社区的档案资料、政府报告、网络文献资料以及有关新闻报道资料，并对这些实际调查资料进行分析，并选用了涉及城市社区建设居民实际参与情况的部分。

访谈法。本书拟采取个案深度访谈与焦点小组座谈两种访谈方式，并且均使用了结构式的访谈提纲，即根据研究内容将访谈提纲结构化，以直接获得有效信息。其中，通过搜集个人特定经验的过程及其动机和情感资料这一深度访问的方式，[②] 共收集了 27 个个案的深度访谈记录和 2 个焦点小组的深度访谈记录，其访谈对象涉及街道社工局干部、社区党支部书记、社区居委会干部及工作人员、社区非正式组织的负责人以及普通的社区居民，并通过访问他们对居民参与的认识与体验，了解和掌握居民参与的主体构成、参与社区建设的领域与内容、具体的参与途径与方式以及对居民参与的认知与建议等，以此来获得本书主要的定性资料。

观察法。本书采用了实地观察法，即在现实生活场景中所进行的直接观察，[③] 是一种观察者和研究对象相互接触和直接体验的收集资料的方法。该方法主要是通过研究者在研究对象生活的地方生活，以被研究者的视角与思维方式来了解被研究者。本书通过在 L 街

① 参见风笑天：《社会学研究方法》（第三版），北京：中国人民大学出版社，2009 年，第 233 页。
② 参见袁方：《社会研究方法教程》，北京：北京大学出版社，1997 年，第 274 页。
③ 参见风笑天：《社会学研究方法》（第三版），北京：中国人民大学出版社，2009 年，第 267 页。

道对居民参与社区建设的过程进行无结构的观察，了解居民参与社区公共事务管理与各项公益、文娱活动的路径与方式以及居民在参与过程中与他人的互动、积极表现和消极表现。

问卷调查法。问卷调查法是现代社会研究中最常用的资料收集方法之一，它是通过结构访谈的形式，对被调研群体进行科学抽样的调查过程。本书通过研究提纲进行操作，将每一部分的内容转化为问卷题目，去测量居民参与城市社区建设的 5 个方面的数据资料：参与主体的基本情况；参与的领域与内容；参与的路径与方式；居民的参与认知与态度；居民的社区意识与基层政治信任。整张问卷共 44 道题目，其中 42 道选择题，2 道填空题；单选题为 36 道，多选题为 6 道（问卷内容见附件）。

数据的收集方法与分析方法。作为我国市场经济最为发达的地区之一，广东省近年来在积极推动基层社会管理创新方面，做了不少有益的探索和创新。从 2010 年 10 月开始，笔者就参加了关于该地区城乡社区服务均等化状况的研究，来到广东省佛山市 NH 区进行调研，掌握了关于社区建设的基本情况。2011 年 7 月，笔者成为学院与佛山市 NH 区合作共建社会管理创新博士后研究基地的研究人员，对 NH 区农村综合体制改革、城市社区整合、社会组织培育、社区理事会建设等进行了深入的调研，走访了 NH 区 8 个镇街中的近 20 个城市社区和 30 多个村居，不仅全面掌握了 NH 区基层社会管理创新的做法和成效，还深入分析并探讨了如何破解在改革中所遇到的难题。2012 年 4 月，笔者再次进入 NH 区在城市社区建设方面做出了突出成绩的镇街进行重点调研。本次问卷调查采取随机抽样的方式，调查对象为 NH 区 L 街道的 4 个城市社区的居民，考虑到被试的代表性，被试者尽量在年龄、户籍、职业等方面有所不同，并通过各社区居委会及社区民间组织以书面问卷的方式发放了调查问卷，问卷共发出 500 份，4 个社区平均分配，回收问卷 485 份，回收率为 97%，其中有效问卷 472 份，有效问卷回收率为 97.3%。有关调查对象的基本情况，如表 1.1 所示：

表 1.1　　调查对象的基本情况（N=472）

	基本资料	人 数	百分比（%）
性别	男	234	49.6
	女	238	50.4
年龄	少年（5～14 岁）	2	0.4
	青年（15～29 岁）	59	12.6
	壮年（30～44 岁）	172	36.4
	中年（45～59 岁）	146	30.9
	老年（60 岁及其以上）	93	19.7
婚姻状况	未婚单身	46	9.7
	已婚无子女	50	10.6
	已婚有子女	356	75.4
	离异	7	1.5
	丧偶	13	2.8
受教育程度	小学及以下	56	11.9
	初中	115	24.3
	高中（中专/中技）	184	39.0
	本科（大专）	115	24.4
	研究生（硕士）及以上	2	0.4

续前表

	基本资料	人 数	百分比（%）
职业	公职人员	19	4.0
	企业管理者	29	6.1
	国企、集体企业员工	44	9.3
	私企业主/股份制企业投资人	13	2.8
	私企员工	75	15.9
	个体经营者	43	9.1
	商业、服务业人员	61	12.9
	离退休人员	108	22.9
	在校学生	11	2.4
	其他	69	14.6
年收入	1万元及以下	46	9.7
	10,001元～2万元	54	11.4
	20,001元～3万元	98	20.8
	30,001元～5万元	140	29.7
	50,001元～10万元	106	22.5
	100,001元～20万元	26	5.5
	20万元以上	2	0.4
户籍情况	本地户籍居民	221	46.8
	非本地户籍居民	251	53.2

从表1.1可见，在调查对象中，年龄在30～59岁的居民占到了67.3%的比例，75.4%的居民已婚有子女，24.8%的居民受过高等教育，除了22.9%的离退休人员之外，15.9%的居民为私企员工，14.6%的居民从事其他职业，年收入普遍在5万元左右，本地户籍的居民与外来人口的比例接近1∶1。从上述社区居民基本情况来看，调查对象多数呈现出年龄结构较均衡、中等收入居多、有子女家庭占绝大多数、在私企工作或自主谋生的生存方式较多等特征，具备这些特征的人群正是在以往研究中所指出的参与积极性、主动性都较差的群体。对该群体的参与认知及行为进行研究，将有效提升居民参与的整体水平。

本书的数据统计工具为SPSS 17.0 for Windows XP软件包，对调查对象的基本信息、参与内容与方式的基本情况等进行了描述性统计分析，并对参与主体的代表性、参与路径的选择、参与认知与态度、社区意识等研究变量进行了人口学变量上的差异分析。

第二章 居民参与的要素

居民参与包括了参与主体、参与方式及参与内容等三个基本要素，即“谁来参与”“如何参与”以及“参与什么”。社区居民，作为完整意义上的市民来参与社区建设的相关事务与活动，他们将构成哪些参与主体，如何认知目前居民参与的行为？在不采取单一行政方式的情况下，个体居民将如何凝聚在一起，又如何以组织的形式实施参与行动？居民参与的内容又有了怎样的新扩展？这些问题在城市社区建设不断推进的过程中出现了新的答案，需要从参与的基本要素出发对居民参与社区事务和共享社区生活进行探讨。对此，本章将对居民参与的主体、形式、途径、领域、特征等进行实证分析。

第一节 居民参与的主体

主体是一个多义词，其解释有各种学科之别，其意向有哲学名词、法学用语及化学术语等。从最基本的哲学层面来看，主体的意义是指对客体有认识和实践能力的人，是客体存在意义的决定者。① 按照社区研究对居民参与主体的一贯理解，它指的是在社区中拥有参与需求的个体居民以及由个体居民组成的各种组织。那么，本章对居民参与主体的研究包括了三个方面：一是在社会流动的背景下探讨居民参与主体的开放性；二是研究目前已确定的居民参与主体的代表性；三是对居民参与主体对社区参与的认知分析。

一、社会流动与居民参与的开放性

（一） 社会流动与城市社区外来人口的增长

随着我国工业化、城镇化进程的加快，社会流动引发的人口迁移日趋活跃。社会流动是指社会成员在社会位置上的变动，它可以是从一个阶级或阶层向另一个阶级或阶层的转

① 参见蒙培元、王粤：《中国哲学主体思维》，北京：人民出版社，1993 年，第 172 页。

移，也可以是同一阶级或阶层内部在职业或一般活动空间等方面的变动。[①] 它是社会结构变化的一种形式，亦是社会阶级、阶层结构的量变过程，可分为横向的水平流动和纵向的垂直流动，即社会位置改变而社会地位不变和社会位置的改变引起社会地位向上或向下移动这两种类型，以此来反映社会的开放程度。社会流动频率的高低、幅度的大小以及速度的快慢都将对个人生活、整个社会结构与运行状态产生比较深远的影响。自改革开放以来，我国经济社会发展进入了新的历史时期，经济体制的转轨与社会的快速转型带来了大、中城市的快速发展，各地政府部门也相继出台了支持政策，这不仅直接为人们提供了大量的发展机会，也使其自身更具有了吸纳各种人力和人才资源的条件。此时的社会流动开始出现原有体制以外的“自由流动空间”[②]：在农村开始的改革表现为，乡镇企业的发展和多种市场经营引发了农村劳动力跨城乡、跨区域和跨行业的流动；在城市改革的表现为，随着经济体制改革的进一步推展，出现了大量跨行业和跨地区的职业流动现象，人们从机关、事业单位流动到企业，从国有、集体企业流动到外资、合资及民营企业。较之于改革开放以前，作为社会结构的动态子系统的社会流动已经呈现出超常态的变化，[③] 可以用“流量大”和“流速高”来总结近 20 年我国社会流动的基本特征。据国家人口计生委发布的《中国流动人口发展报告 2014》指出，到 2013 年末，全国流动人口总量为 2.45 亿，超过全国总人口的 1/6。[④] 可以说，我国目前的流动人口规模达到了历史新高，流动人口的流量、流向、结构和流动人口群体的利益诉求都在发生深刻变化。同时，规模庞大的流动人口群体主要集中流向经济较发达的东部地区，广东、浙江、上海、北京、江苏和福建六省市集中了全国八成以上跨省流入人口。

社会流动无疑带来了一个地区外来人口比例的大幅度提升。对于“外来人口”这个概念，国际学术界多采用“migrant”（移民、移居者）一词，与“流动人口”的含义比较接近。就目前的法律法规界定以及约定俗成的定义与用法，流动人口并不能替代外来人口，尤其是根据逗留时间的长短、对城市的影响以及对城市公共设施的配置要求的不同而有所区别。[⑤] 流动人口更接近于“暂住人口”，但目前各地对于暂住的时间限定尚无统一的规定，如半年以内、3 个月以下或者更短。对一座特定的城市来讲，外来人口是指现住地与户口登记地不一致的人。[⑥] 具体来讲，就是指那些现居住在该市半年以上，但其户口登记在外省市的人口；或现居住在该市不足半年，但离开户口登记地半年以上的外省市的人口。采用这个定义的有天津、上海等城市。关于流动人口的分类，从户籍角度而言，人户分离之后可分为三种类型，[⑦] 第一类是具有蓝印户口，被称为投资移民，这些人的迁移得到了当地政府的默认，他们获得了长期居住资格，具有和当地居民一样的工作、子女受教育的同等权利；第二类是登记的流动人口，他们具有一份临时性工作、合法的临时居留权

① 参见邓伟志主编：《社会学辞典》，上海：上海辞书出版社，2009 年，第 21 页。

② 参见李一：《城市化背景下的社会流动及其社会化管理》，载《中共济南市委党校济南市行政学院济南市社会主义学院学报》，2000 (4)。

③ 参见曹晓峰、张卓民、金泗、杨丽、王纬、李志国：《社会变迁与社会流动——大连市社会流动调查研究》，载《社会科学辑刊》，2001 (1)。

④ 参见国家人口计生委流动人口服务管理司编：《中国流动人口发展报告 2014》，北京：中国人口出版社，2012 年，第 3 页。

⑤ 参见朱乐燕：《简论外来人口的区分标准及社会融入》，载《中共宁波市委党校学报》，2007 (3)。

⑥ 参见张庆五：《当前我国流动人口状况和对策研究》，载《人口与计划生育》，1993 (4)。

⑦ 参见黄润龙、杨来胜：《我国流动人口基本态势研究》，《西北人口》，2000 (4)。

以及基本的临时居住条件和设施，他们的迁移流动得到了社区及附近居民的认可；第三类是未登记的流动人口，他们是城市的过路客，仍在不断寻找新的就业机会，他们的工作、生活都极其不稳定，其中还有一些是三无人员。本书在外来人口上所采用的概念是指非本地户籍的流动人口。截止到2011年，NH区总人口近270万人，其中户籍人口超过113万人，流动人口有近160万人，占总人口的59.2%。L街道下辖的4个城市社区，社区户籍户数10,409户，户籍人数28,650人。[①] 在本次调查中，本地户籍居民占46.8%，非户籍的比例占到了53.2%，具体情况如表2.1所示：

表2.1 非户籍居民的基本情况（N=251）

	基本情况	人数	百分比（%）
性别	男	124	49.4
	女	127	50.6
年龄	少年（5～14岁）	1	0.4
	青年（15～29岁）	41	16.3
	壮年（30～44岁）	115	45.8
	中年（45～59岁）	68	27.1
	老年（60岁及其以上）	26	10.4
受教育程度	小学及以下	24	9.6
	初中	48	19.1
	高中（中专/中技）	105	41.8
	本科（大专）	73	29.1
	研究生（硕士）及以上	1	0.4
职业	公职人员	9	3.6
	企业管理者	16	6.4
	国企、集体企业员工	24	9.6
	私企业主/股份制企业投资人	7	2.8
	私企员工	49	19.5
	个体经营者	25	10.0
	商业、服务业人员	38	15.1
	离退休人员	31	12.4
	在校学生	7	2.8
	其他	45	17.8
年收入	1万元及以下	24	9.6
	10,001元～2万元	22	8.8
	20,001元～3万元	69	27.5
	30,001元～5万元	72	28.6
	50,001元～10万元	49	19.5
	100,001元～20万元	15	6.0
	20万元以上	0	0.0

从表2.1中可见，较之以往的流动人口群体特征，如以青壮年适龄劳动人口为主，具有文化程度普遍较低，流动方式以非举家流动为主，收入水平普遍较低，居住环境和生活条件较差等特点，本次调查的非户籍居民所呈现出的特点有所不同。首先，人口的性别比

① 数据来源：创建和谐社区 共筑美好家园——L街道申报全国和谐社区建设示范街道工作汇报，2009。

接近1∶1，男女性别的居民数量相当，但人口的年龄结构仍不均衡，比较集中在青壮年层次；其次，整体的文化程度有所提升，普遍为高中，其中有29.5%的居民接受过高等教育；最后，从事的职业分布较为均匀，有私企员工、个体经营者、商业及服务业人员和其他行业从业者，年收入集中在5万元左右。从整体上来看，本次调查的非户籍居民呈现出了NH区L街道良好的经济社会发展水平。

（二）居民参与的开放性

转型期不断加强的社会流动使外来人口迅速增长，其本身蕴涵着多方面的发展意义和社会要求：从现象上来看，由社会成员社会位置变动而引发的社会流动所具有的人口数量不确定性，以及人口构成的复杂性给城市的管理增加了难度；从本质上来看，社会流动导致了社会生活的变化以及社会结构的变动，它不仅对于城乡经济社会的发展具有积极的意义，更给城市基层社会管理带来了新的机遇与挑战。社会流动是社会转型的标志和机制，社会流动程度与社会开放乃至社会转型程度成正比，合理的社会流动可形成新陈代谢、拾遗补缺和促优汰劣的社会机制。[①] 对于城市社区建设中的居民参与而言，迅速增长的非户籍人口产生了正负两方面的影响。

一方面，从理论上讲，流动人口有限的生活交往方式与范围阻碍了他们进一步融入城市生活的脚步，增加了政府推动居民参与的难度。首先，流动人口的社会关系网络主要是以血缘、地缘关系为纽带的，加之高度异质性的“陌生人”社会更使得流动人口与所在社区的居民交往存在隔阂。[②] 尽管流动人口通过城乡劳动力转移增加了经济收入，但他们在城市的生活与交往却不尽如人意。在这个过程中，流动人口遭遇了多种形式的社会排斥和社会隔绝，这使他们很难在城市中定居下来并融入城市社会生活，从而完成移民过程。[③] 其次，流动人口的城市融入具有局限性，这一局限性主要体现在社会交往的内倾性和表层性两个方面，即流动人口的交往对象一般为同乡和来自其他地方的流动人口，他们与本地居民的交往过程更多的是只涉及业缘关系，而难有较多的情感交流。最后，流动人口的生活方式不具有纯粹个人的生活形式与特点，它具有鲜明的群体性。流动人口的流出地和流入地的生活方式不同，主要的表现是城乡差异。城市人口的生活方式体系是开放的、多元的和多价值趋向型的。[④] 而流动人口进入到发达地区和大中城市，生活方式自然而然地会发生变化，向城市生活方式靠拢，发生行为方式与生活方式的适应性转变。总之，流动人口缺乏与所在社区居民深入沟通和了解的机会。然而，与所在社区居民的交往与互动又是流动人口融入社区的主要方式，他们的社会交往是基于经济层面融入之上的更高层次的社会融入过程。这个过程会增加流动人口对于所在城市和所在社区的认同感和归属感，而提升社区居民的参与行为在一定程度上又依赖于居民对社区认同感与归属感的提升。

另一方面，从现实情况来看，流动人口的介入却又提升了社区对于居民参与的包容度，展现出了社区参与的开放性，使得社区建设更加具有生机与活力。所谓“开放性”，指的是社区居委会在设计居民参与社区事务的活动时，不仅全面接纳本社区户籍居民的参与，还广

① 参见刘祖云：《社会转型与社会流动：从理论到现实的探讨》，载《华中师范大学学报》（人文社会科学版），1998（5）。

② 参见殷京生：《中国城市流动人口社区化管理保障机制创新研究》，载《广西社会科学》，2003（2）。

③ 参见李春玲：《城乡移民与社会流动》，载《江苏社会科学》，2007（2）。

④ 参见江立华：《城市性与农民工的城市适应》，载《社会科学研究》，2003（5）。

泛鼓励非户籍居民的参与，使居民参与不但有序，而且还有活力。由于长期处于多元文化并存的格局中，L街道城市社区的居民对差异的包容度、对新事物和新观念的开放接受度以及面对新关系的选择能力都得到了锻炼和强化。同时，在这些因素的影响下，他们对于个体的自主与独立、人际间的和谐与理性考量等方面的观念都在不同程度上得到了提升。故此，增强了居民参与的开放性，这一开放性主要表现在观念和行为两个层面上：

第一，在观念层面上，本地居民对外来的流动人口参与社区活动持有一种接纳的态度，并不排斥他们的加入，反而热情邀请他们为社区建设谋划出力。同时，外来人口也在一定程度上有参与热情与意愿，展现出了对融入社区、和睦邻里关系的迫切需求。A社区WQG书记说：

我们社区呢，可以说是新移民的社区，这十几年来一直都是。社区总共2.3万人左右，户籍人口是9,000人，非户籍的8,300人，像买了楼户口不迁过来的，流动人口6,000多人。本土人不多，90%多就是外地人，本地人不到10%吧。但是，其实我们都没分什么外地人或是本地人的，都是我们社区的居民，不分你从哪里来的，内人还是外人。我都不是L人，我是丹灶人。

A社区邻里中心LY副主任也深有感触地说：

我们花园，楼都几十栋哦。都是买房入户的。来自四面八方的。外来人的活跃程度很高，远远高于本地人。我发现，在我们花园里，湖南啊、四川啊，他们的跳舞很厉害，可能以前在家已经跳得很好。很怪的，本地人可能是找吃的、找钱去了，到处找吃的，喜欢吃。外地人可能娱乐多一些。

在A社区的调查过程中，大多数外来人口都表示自己很乐意居住在此地，更加愿意参与本社区的各项活动，并且社区居委会的干部和工作人员经常邀请自己参与社区公共事务的管理工作，认真听取来自居民的意见和建议。同时，本地的居民也表现出了对非本地户籍居民的欢迎和接纳，邻里关系比较和睦，互帮互助的社区生活气氛较为浓厚。D社区理事会成员YRQ激动地说：

我是江西的，来这边也不容易。月姐（居委会主任）也不是说因为我们是外地人，就不让我们参加社区里的活动和提意见之类的事情，反而是很鼓励我们参与，常常问我们需要什么帮助不。因为我们都是从外地来到这里的新L人，融入了这种氛围，然后话题也就多了，大家都是将心比心嘛，需要更多的朋友，都是这种氛围跟心态。其实，说实话，我们也需要在这里找到归属感。

可见，从观念上，本地居民与外来人口对于居民参与社区事务与活动并没有明显的冲突，双方对此的认知应该说是一致的。在L街道，以前很多传统的观念在这里似乎是被颠覆了，实际上，外地人比本地人还要活跃。以往的情形是，刚刚来到一个新地方的外地人，由于羞怯，人际关系少，不太愿意参加社区活动，在本单位的归属感比较强，生活区的活动参与积极性就相对低很多，加之社区建设的初期也没有那么丰富的社区活动，也就使得外地来的居民无法很好地融入社区生活。而现在的状况与以往的状况形成了很大的反差，反而是本地人的积极性远远落后于外地人。除了对于归属感的追求之外，外来人口所带来的不同文化、涌现出的不同人才也是增强社区居民参与开放性的一大原因。D社区居民XZH作为外来人口对此现象就深有体会：

我是北方人啊，我的感受非常强烈，感触很大。你说外地人，其实北方的文化开展的活跃程度，它是要强于南方，但是经济又落后于南方，所以我们大部分是北方人多一点，受那方面文化熏陶多一点，以前每年厂里都要搞唱歌跳舞的，不可能是退休之后才来搞这个。上学那会儿、上课的时候就喜欢搞这些。我一上音乐课，是最高兴的。但是现在北方，我认为它经济上没有南方发达，文化氛围也渐渐不如这里了。根本比不上这里。过去回家，我回去一趟，几个月我都不想回来，现在回家，最多 7 天，我就跑回来了，我这边有很多朋友，还有个队伍在这边，找到了自己的群体和组织，很有归属感。其实，你说我们这些人兴趣这么高，全部都是义务，一年在广场活动，最少 200 天以上。整个广场就是一个沸腾的海洋，你总能找到一个适合你的、属于你的位置！

第二，在行为层面上，居民的社区参与行为一方面是没有受到当地居委会的任何排斥，另一方面居民有一定的参与能力。无论是对本地居民，还是对外地居民，社区居委会都是秉持同样的政策对待。在被调查对象中，有 89.8%的居民表示在自己打算给社区居委会提出意见或是想参与社区活动时，没有受到过任何限制，这其中绝大多数都是外来人口。其中，只有 10.2%的居民表示因为户口不在本地、家里有小孩需要照顾等类似原因而影响了自己提出意见，具体见表 2.2：

表 2.2　　本地户籍居民与外来人口在居民参与时的受限情况

	有受到限制		没有受到限制		合计
	n	%	n	%	n
本地户籍居民	13	5.9	208	94.1	221
外来人口	35	13.9	216	86.1	251
$\chi^2=8.36$　df=1　Sig.=0.04* <0.05					

从表 2.2 可见，在户籍因素对居民参与受限制的影响上，本地户籍居民和外来人口者的情况总体上是有所不同的。其中，有高达 94.1%的本地户籍居民表示在给居委会提意见或是想参与社区活动时没有受到任何限制，只有 5.9%的居民表示受到过限制。而有 13.9%的外来人口表示自己受到过参与限制，比本地户籍居民高了 8 个百分点。总体上，两者的受限情况存在着显著差异。尽管，有高达 86.1%的外来人口表示自己在参与社区活动时并没有受到来自居委会的客观限制，但是却受到自己主观情况的限制，例如他们自身生活的缘故，他们需要社区给予更多的关爱和吸纳。

同时，居民有一定的参与能力，是提升参与开放性很重要的因素之一，也是提升参与开放性的积极效果。社区的本地居民和外来人口的素质较之以往都有很大的提高，在他们中间不乏有一些社会精英分子，利用好这一人力资源，调动起这部分人的参与积极性，无疑将有利于提升居民参与的开放性。L 街道社工局 ZLH 副局长就表示说：

这么多年搞社区，凭经验讲，我是比较相信社区居民的能力的。可以说，在某些方面，他们绝对有能力来帮我们开展一些工作。像服务这一块，我觉得他们的能力比我们还要强。社会上是藏龙卧虎，有很多精英的。比如说，开办讲座啊、搞一些医疗保健啊、收集一些资讯内容啊，你要我们居委干部去做，也只能是去凑一些资料，如果是社区内有退休的医生，他们就可以用自己的专业知识去直接与居民开展互动，现场就可以（为居民）按摩穴位。我觉得他们是非常有能力的。

总之，社区作为一个“微型社会”，它会集中体现出当前社会转型的一些基本特点，而社会转型的一个重要方面也就是传统社区转变为现代社区，其表现是多方面的，首先是同质性向异质性的转变，即是指由于体制改革导致了社会经济、文化、心理、人际关系等各个方面从同质向异质的调整与转变；其次是封闭性向开放性的转变，随着各社区之间的界限日渐模糊，其相互的渗透性、交流性、依赖性正逐渐增强；最后是生活方式的变化，主要表现为人们更加注重效率，拥有了新的时间价值感，生活节奏越来越快。另外，在经济发展的助推之下，人们的生活水平普遍提高，消费行为亦呈现多元化的特点。现代社区的社会生活无疑是朝着特殊化、分化和个体化的倾向在发展，而这种倾向必然产生于原来相同的和普遍的东西对于各种不同的生活条件的适应。① 现代社区的这些特点在很大程度上刺激着社区居民对社区事务和活动的参与行为，有正面的促进作用亦有负面的影响，但总的来说，表现出更多的是其积极的推动作用。

二、居民参与的主体确定及其代表性

居民参与的主体既有独立的个体，也有由个体结成的组织。但随着社会流动的加快与社区建设的发展，居民参与的主体在不断扩大，其代表性也在日益提升。

（一）居民参与主体的扩大与确定

居民参与的主体是由拥有参与需求的社区居民组成，它既包括作为个体的居民，也包括由个体居民组成的自治性群众组织（如社区居委会、业主委员会）、社区群众文体组织、公益服务类组织、社区社会组织等。同时，如果对居民参与的主体构成进行细分的话，还可分为积极参与者、被动参与者与不参与者。其中，积极参与者主要以社区精英、居委会群体、社区理事会和邻里中心成员、街坊组长、信息员、志愿者等为主。② 而对社区内的被动参与者和不参与者的划分则是相对的，因为有些参与者参与到社区各类事务时并不十分清楚参与事项，是被动的、被迫的。对于那些根本不参与的居民而言，他们大多都认为居委会的工作与自己关系不大，就算参与了，也对社区发展没有任何影响，而参与居委会选举或居委会动员的各种活动都是毫无意义的，仅仅是在浪费时间而已。也有的不参与者则直接指出居委会的选举纯粹是形式，没有实质性的效果。因此，居民的社区参与行为在社区居委会选举等政治性事务中呈现出被动、消极等特点，但在社区开展的各项文体活动中的表现则是相对积极、高效的。所以，对于居民参与主体构成中的积极参与者、被动参与者和不参与者的划分并不是那么明确。随着外来流动人口的迅速增长、社区参与工作的不断加强，居民参与的主体也在朝着个体化与组织化两个方向日益扩大。A 社区 WQG 书记就回忆说：

以前就少些，现在参与的居民就越来越多了。像 2009 年的时候，我们还成立了两个邻里中心，一个社区理事会，在不同的地方，通过这种方式可以组织起许多居民。并且现在我还承接了政府这么多工作，有些事情都没时间没精力去做了，但是我觉得通过邻里中心和社区理事会这些组织，真的帮到我们好多啊。通过邻里中心的主任去开展各种活动，政府进行补贴，我们也补贴。我们居委会派一个干部去指导他们工作，但是实施的、落实的，都是他们。

---

① 参见〔德〕斐迪南·滕尼斯著，林荣远译：《新时代的精神》，北京：北京大学出版社，2006 年，第 19 页。

② 这些积极参与者一般还是社区各类组织的骨干，并承担着一定的社区公共事务管理的职责。通常情况下，积极参与社区建设的居民对社区事务感兴趣，他们中有的还是社区精英。除了社区居委会的干部以及工作人员是政府与居民之间的桥梁，直接与社区居民打交道，掌握着社区的社情民意之外，社区民间组织的领导者也在协助社区居委会的工作，并发挥着积极的作用。

L 街道社工局 ZLH 副局长也谈到了居民参与主体日益扩大的过程：

这个我们一直在做，像早期的党员代表、街坊组长、居民代表，现在我们成立了志愿者组织，发掘更多的公民去加入志愿者的行列啊，小区里设立邻里中心啊，社区理事会啊，我们都是在扩大他们的范围，挑选一些精英出来，通过精英来带动更多居民参与管理。我们的切入点，一个是服务，一个是活动，只有这样，他们才能认可我们的做法。这样营造一个大的氛围来带动，所以我们说现在最好是全民义工，我们就不愁了。2008 年，我们社区改革，加上社工只有三四个人，服务都很单一的，怎么做工作啊，它是有一个过程嘛，现实慢慢开展小型的活动，先是户内的，就集中那几个人参加，后来就通过推广啊，参与的活动就更多更广了，有义工的骨干啊，这些人加入进来，被调动起来，现在还是三四个人，但是服务却越做越好了。这是有个规律的嘛。所以，这几年我们都没有增加过人手。

总结起来，按照参与主体的划分标准，L 街道城市社区的居民参与主体仍然表现出两个方面：第一，以个体名义参与的主要有居民代表、党员志愿者、街坊组长、信息员等。

（1）居民代表是 18 周岁以上的本小组有选举权并遵守宪法、法律法规和国家政策的居民，热心公益事业，愿意为本小组居民服务，能够代表本小组居民的利益，年龄原则上不超过 65 周岁。在选举时，居委会一般会提倡将热心公益事业、有责任感的党员、原企事业职工和离退休人员选举为居民代表。他们的主要职责是参加居民会议，代表居民行使民主决策、民主管理、民主监督的权利，代表居民对社区自治事务进行讨论决定，并及时向本小组居民传达居民会议的决定，以及向居民会议反映本小组居民的意见和建议。

（2）党员志愿者主要是指党员以个人名义加入义工队伍给社区提供志愿服务，他们主要是由在岗的党员与离退休的党员组成。他们的志愿服务主要是对社区的孤寡老人进行探访、慰问，参与社区治安、卫生的维护工作。

（3）街坊组长是在居委会的组织下，由社区居民自己推选出来的有一定办事能力的热心人士，他们负责协助居委会对社区所开展的事务与活动进行组织与协调，做好连接居民与居委会的桥梁工作，他们是社区民意最基层的知情者和代言者。大到社区人大代表、居委会、党总支（党支部）的选举，小到社区环境整治、楼道卫生维护、家庭纠纷处理等一系列繁重的工作，都需要街坊组长负责参与。

（4）信息员主要由老年人及妇女、离退休人员、下岗失业人员等时间上较为空闲的社区热心居民来担任，他们负责传达居委会发布的最新讯息，第一时间为社区居民提供就业、养老等一系列社区服务的资讯，同时也将居民的生活情况、各类需求及时反馈给居委会领导，以助于他们进行决策，对工作安排进行有效调整。可以说，信息员是社情民意最直接的掌握者。同时，值得说明的是，这些以个体名义参加到社区事务与活动中来的居民，他们有的也是社区民间组织的参与者，甚至是领导者，他们身兼数职，以各种方式为社区居民服务。

可以说，L 街道的 4 个城市社区居委会充分发挥居民代表在社区自治中的决策与监督作用，探索创新出了居民代表产生的途径，按照功能组别、行业分布、年龄结构，将社区中各行各业的精英选举为社区的居民代表，让其积极参与社区事务，更好地开展社区管理。凡推荐为居民代表建议名单的候选人，除了具备上述要求外，还提倡将热心公益事业、有责任感的党员，党政机关和企事业单位干部、职工、教师、医生及各行各业的人员代表选举为居民代表，特别是在本行业、系统中有一定的代表性，能密切联系群众，反映人民群众的意见和要求，有较强的依法履行代表职责的能力和责任感的人员选举为居民代表。据统计，截止到2009年，在新一届245名居民代表中，机关、企事业单位干部占35%，知识分子、专业技术人才占32%，工商企业老板及其他方面人员占24%。代表的年龄应形成梯次结构，老、中、青相结合，35岁至60岁年龄占绝大多数。①

第二，以组织形式参与，并具有一定规模和认可度的参与主体。有青年社会工作协会、义务工作者（志愿者）联合会、社区理事会、邻里中心以及各类群众性文体组织等。

（1）青年社会工作协会

社会工作是一种专业工作，配合社会的需求来根据个体或团体的特殊需要进行工作，使其能获得社会关系的调整与生活的改善。② 社会工作作为专业的历史比较短，第一个社会福利机构开始于19世纪早期，它试图满足生活在城市的人们诸如食物和居住的需要，并试图用宗教的劝导治疗情感和解决个人困难。而社会工作者是遵循助人自助的价值理念，运用个案、小组、社区、行政等专业方法，以帮助机构和他人发挥自身潜能，协调社会关系，解决和预防社会问题，以促进社会公正为职业的专业工作者。我国首家社工机构于2003年3月在浦东诞生。此后，北京、广州、深圳、东莞、武汉等地的社工机构和社工组织陆续成立。NH区的青年社会工作人员协会于2010年4月15日成立，首批会员共63人，是佛山市首个社工行业组织，并且是全国社会工作务实创新基地。该协会自2010年12月起开始加大力度全面推进社会工作，积极探索“两工联动”的NH区经验。截止到2011年11月，协会共有会员76人，其中团委线的协会社工会员共有40人，初步建立起一支专业能力强、职业道德坚定、办事规范的青年社会工作者团队。他们分布在党政部门、教育系统、企事业单位、基层村居等各条战线，在社会管理中发挥着不可或缺的作用。此外，为集结NH区NGO组织的青年社工力量，扩大协会招募会员的规模，壮大协会的人才队伍，协会还面向NH区内NGO组织的青年社工发出入会邀请，目前已经收到入会申请50多份（见表2.3）。

表2.3　NH区团委线社会工作者基本情况统计（2011年11月）③

	社工总数	男	女	本科	大专	专业	持证
合 计	40人	8人	32人	36人	4人	16人	19人
比 例	100%	20%	80%	90%	10%	40%	47.5%

此外，由于社会工作是由政府或民间组织提供的一种规范化的、专业的服务，它因此而被纳入现代社会的制度系统中，成为贯彻政府的福利政策、确保社会稳定的一种不可或缺的制度。④

（2）义务工作者（志愿者）联合会

NH区的义务工作者（志愿者）联合会由来自各个岗位、各条战线以及各社区的志愿者组成，他们是那些具有志愿精神，能够主动承担社会责任而不关心报酬的人，或者说是不为报酬而主动承担社会责任的人。NH区的义务工作者（志愿者）联合会是由共青团

① 资料来源：L街道社工局的内容统计资料，2009。

② 参见〔美〕O·威廉姆·法利、〔美〕拉里·L·史密斯、〔美〕斯科特·W·博伊尔著，隋玉杰等译：《社会工作概论》第9版，北京：中国人民大学出版社，2005年，第7页。

③ 资料来源：NH区民政局内部汇报材料，2012。

④ 参见张曙：《需求、供给与我国社会工作制度建构》，载《学海》，2011（6）。

NH 区委发动，得到政府职能部门、企业界、学界及内地、港台伙伴机构等的大力支持，致力于发展本地义工事业，为优秀义工项目提供支持的非营利性民间社团。自 1994 年成立以来，机构就以“传承爱心，服务社会”为己任，坚持“助人自助，提升自我”的发展理念，通过推动义务工作，促进居民参与，构建美好社区。1998 年，义工联在 NH 区青年志愿者联合会的基础上整合队伍，重新注册。近年来，队伍不断壮大，专业化水平和服务质量不断提高。截止到 2011 年 11 月，NH 区义工联下辖 8 个镇街义工联，17 支义工总队，48 支区属义工服务队，54 个青年中心，132 个义工服务站，共计发展义工 25.2 万人，约占全区人口的 11%，并配有专业社工 40 人（见表 2.4）。

表 2.4　　NH 区义工群体分布（截止到 2011 年 11 月）①

	义工总数	学生	机关人员	企业人员	其他
数量	25.2 万人	18.5 万人	0.75 万人	1 万人	4.95 万人
比例	100%	73.41%	2.98%	3.97%	19.64%

2011 年 NH 区各界义工为社会提供义工服务，17 年来累计为社会提供义工服务 32,754,278小时；结对帮扶平台新增困难家庭 50 户，脱贫 86 户；全年“爱心 NH 区”圆梦平台共收到 410 户、550 多个心愿，帮扶实现 508 个。以现行普通钟点工/清洁工时薪 25 元/小时计算，创造共计约 9,000 万元的价值（当中相当部分为医疗、法律、IT、设计等高端人力成本的服务）。通过义工服务的广泛开展，NH 区市民对志愿者服务知晓率和支持度均超过了 90%，并且该数据还在持续提升中。NH 区义务工作 17 年的发展历程，从团员青年发展到各阶层群众，从单一服务发展到多样化服务，从机关、学校扩大到社区，已经成为推动 NH 区社区建设的重要社会力量，并正在朝着全民参与的方向迈进。目前，志愿者协会正在我国城市社区中逐渐发展，志愿者的参与及志愿服务活动对社区治理而言，不仅仅是利他的服务和牺牲奉献，更是一种互惠性认知能力的成长。这极大地有利于带动社区内更多的居民参与社区建设与服务，扩大社区居民参与的范围。

（3）社区理事会

L 街道于 2010 年 11 月成立了社区发展理事会。理事会是以社区地域为活动范围，以满足社区居民的不同需求为目的，以对社区社会、经济管理的监督评议、参政议政为重要内容，由社区居民、企业代表、各行业的精英自主成立的非营利性、公益性、服务性的民间组织。2011 年，L 街道的 4 个城市社区也相应成立社区理事会。理事会成员分别为社区党支部书记、机关单位负责人、企业老板、教师、医生、律师、个体户、文娱爱好者等。社区理事会的参与人员广泛，便利了参与式社区治理。

（4）社区邻里中心

社区邻里中心是 L 街道创新社会管理，为居民提供更完善社区服务而培育成立的民间组织机构。可以说，社区邻里中心是本土化的 NGO 组织，它是由社区居民、志愿者、热心人士自愿组成的非营利性民间社会团体。邻里中心的成立旨在鼓励更多居民参与社区建设和自主管理，充分调动和发挥社区居民、志愿者、社会热心人士的积极性和服务热情，逐步发挥社区民间组织的作用，开展公益性的友爱帮扶和邻里互助活动，营造睦邻友爱、

① 资料来源：NH 区民政局内部汇报材料，2012。注：1. 学生包括小学一年级至大学的在校的本科生和研究生；2. 其他项包括家庭主妇、各界在职的群众、退休人员以及待业人员等。

守望相助的新型邻里关系。目前，L街道建有7个邻里中心，分别是A社区的乐城花园邻里中心、B社区的B花园邻里中心、C社区邻里中心及D社区的雅居豪庭邻里中心等。邻里中心自2012年3月挂牌成立以来，中心成员自行组织策划多项有声有色的社区服务，如慰问探访、文体活动、社区讲座、志愿活动、邻里恳谈会、联席会议等共180多项活动，吸引居民群众超过10,000多人次参与，中心成立的志愿队伍达30多支，志愿人员1,000多人。这些活动的开展对于推动居民参与社区事务管理、培育社区领袖以及服务社区居民群众起到较好的促进作用。

（二）居民参与主体的代表性

随着居民参与主体的扩大，在参与过程中，主体的代表性问题成为关键。如何确保参与主体的代表性，实现平等与尊重的原则，从而促进居民参与的开放度与积极性，需要从社区精英的意见能否代表普通居民的需求这一角度来讨论。“精英”一词在学术上被广泛运用和深入研究，与“精英主义”理论的产生和发展密不可分。近代精英理论产生于19世纪末期，以意大利著名经济学家帕累托（Vilfredo Pareto）的研究为代表，他认为每个人的天赋各有所长，社会只是把那些最有能力的人称作精英，并把精英分成直接或间接掌握权力的统治精英和在各自领域成就非凡的非统治精英这两类。[①] 随着对社区精英研究的发展，在近年来国内的相关理论研究中许多学者已将社区精英纳入到自己的关注重点里，并通过社区精英所发挥功能的不同，把他们分为政治精英、经济精英和文化精英以及在实际的社区生活中的综合能力型精英。在社区建设的实践中，社区精英阶层主要包括拥有一定社会优势和资源的党员干部和街道、居委会干部以及居民选举的代表等，他们是进行政治动员和居民参与的主要力量。首先由社区精英凭借自己的专业知识和经验对公共决策进行分析并作出判断，然后由普通居民就共同利益进行协商，最终决定是否能够达成共识，以做到社区中的每个人都能真正参与到社区建设的过程中。长期以来，社区精英通过其个人魅力和杰出的才能，组织策划各种社区计划，在一定的制度下指挥大家共同完成既定目标，焕发社区的生机与活力，推动社区的建设与发展，使社区整体结构处于一个良性运行的状态。然而，社区的发展有赖于精英和普通居民的协同参与，只有社区居民与精英阶层融合起来共同参与，才能真正实现社区参与、建设目标。[②] 故此，尽管社区精英在社区生活的各个领域都发挥了较为突出的作用，占据了社区参与的主导位置，但是他们的意见是否代表更广大居民的普遍民意，这是扩大居民参与的核心表现之一。L街道为了扩大居民参与主体的代表性，探索了居民代表的产生途径，按照功能界别、行业分布、年龄结构，将社区中各行各业的精英选举为社区的居民代表，从而进一步发挥了居民代表参政议政的能力。其具体做法：以B社区为试点，对该社区共80名的居民代表按照兴趣、行业、特长等特征将其分为4个功能界别，分别是社会福利界、教育界、社区综合管理界和体艺界。明确各界别的工作职责和工作任务，围绕社区的帮扶、青少年教育、社区的治安、环境、卫生以及社区的文化、体育等内容开展活动，让居民代表积极参与。街道对此高度重视，专门召开动员会议，全面展开该项活动。目前，各界别已推选出正副组长并将于近期内组织开展社区活动。

---

① 参见马丽娟：《社区精英的培育与城市社区的发展》，载《全国商情：经济理论研究》，2009（22）。

② 参见任飞：《城市社区居民参与研究——以呼和浩特市清泉街社区为例》，中国政法大学硕士论文，2009。

从 L 街道 4 个城市社区的个体与组织两个层面的参与主体来看，精英群体能够代表广大普通居民的利益、弱势群体的利益以及外来人口的利益。目前，参与主体的代表性尚处于良好的水平。一方面，从居民代表、党员志愿者、街坊组长以及信息员等精英群体组成来看，参与主体处于良好的水平。其中，以居民代表为例（见表 2.5）：

表 2.5 居民代表所持意见的代表性情况

	完全代表		部分代表		不能代表		不清楚		合计
	n	%	n	%	n	%	n	%	n
本地户籍居民	52	23.5	121	54.8	8	3.6	40	18.1	221
外来人口	50	19.9	144	57.4	15	6.0	42	16.7	251
$\chi^2=2.31$　df=3　Sig.=0.509									

从表 2.5 可见，有 50%以上的被调查居民都认为，目前居民代表的意见能够部分代表自己对于社区发展以及建设的想法。其中，外来人口与本地户籍居民在此问题上的看法没有显著的差异。甚至有 57.4%的外来人口认为居民代表向居委会提出的意见能部分代表自己的看法，高于本地户籍居民 2.6 个百分点。然而，在“完全代表”这个选项上，本地户籍居民的感受还是高于外来人口。总体而言，居民代表还是能反映绝大多数群众的意见的。对此，A 社区居委会主任兼党支部书记 WQG 说：

其实我自己就是外来人口的最大代表啊。我来政府的时候，知道你不下到基层，了解群众的所需所想，为他们服务，这个领导就白做了。我可以讲，我对得住党委政府，我也对得住居民群众。最重要的，还是我们选居民代表。在我们选代表的时候，都是有针对性的，大家都熟识这个人，都是热心人士，大家都很信服他，是个代表性的人物。如果不是这样，不能参政议政，就不行嘛。我们每个片区里面，选两个有代表性的，把政府的想法告诉给居民群众，然后去做工作。像我们在搜集群众意见的时候，当然不会告诉全体人员，没可能，没那么多时间告诉所有的居民群众我们在做什么，只能告诉小部分人，平时常常参与我们活动的居民群众，有代表性的。

另一方面，作为组织参与社区建设的主体主要是社区民间组织，如社区理事会、邻里中心、社工联以及义工联。它们所开展的活动与提供的社区服务，大都是在广泛收集居民意见的基础上，按照居民的实际需求设计并实施的。可以说，这些服务活动能部分代表居民的需求（见表 2.6）。

表 2.6 社区民间组织所持意见的代表性情况

	完全代表		部分代表		不能代表		不清楚		合计
	n	%	n	%	n	%	n	%	n
本地户籍居民	55	24.9	121	54.8	15	6.8	30	13.5	221
外来人口	60	23.9	134	53.4	14	5.6	43	17.1	251
$\chi^2=1.32$　df=3　Sig.=0.722									

从表 2.6 可见，本地户籍居民与外来人口在关于社区民间组织所持意见能否代表自己的想法上没有显著差异，两者都有超过 50%的被调查者表示能“部分代表”。同时，在“完全代表”这一选项上，本地户籍居民与外来人口的百分比也非常接近。例如，社区理事会的人选的拟定要按照广泛性、代表性和先进性原则，主要在党员、干部代表、居民代表、具有重大影响力的驻地企事业单位代表、各行业的社会精英以及具有扎实群众基础和

威信的群众代表和外工代表中产生。坚持理事的构成具有广泛性和代表性原则，力求理事成员的结构和当政能力的统一，各行各业精英要达到理事成员人数的30%以上，其中含2名以上的外工代表，党员、干部代表要占40%以上，干部要注重理事成员的年龄结构，达到老、中、青相结合。理事会设理事单位若干，由社区、居民小组以及辖区具有影响力、有强烈社区参与意识的企事业单位组成。当理事长会议认为有需要时，可以邀请辖区外有影响力的单位或个人加入理事会，并成为理事单位或理事。理事及理事单位每年增补一次，由理事长会议提出，交理事大会讨论通过。

然而，不得不承认的是，参与的精英分子在代表弱势群体的意见和利益时，效果仍显不足。L街道社工局副局长ZLH说：

谈到社区精英能否代表广大居民的利益、说出大家的心声这方面呢，呃，基本上可以吧。不过就是说，因为他们这些精英生活无忧啊，有一定的地位啊，但是对于弱势群体的心声啊，可能会部分忽略这批人的想法啊。我们就自己下社区去慰问探访啊，我们每个月有走访制度啊，去特殊困难家庭去听想法和意见的。理事会有慰问探访组，也可以帮我们去看看。

三、社区居民的参与意识与态度

参与意识与态度是居民对于参与社区事务与活动的看法和主观意愿。其中，参与意识是社会协商对话的本质体现，也是一个公民具备高度社会责任感的集中体现，更是我们全民族主体文化心理结构从传统向现代的转化中需要不断强化的一种意识。[①] 态度（attitudes）是后天习得的对某一特殊事物、情境、机构或人产生积极或消极反应的心理倾向。同样，它由认知成分（知识的或智力的）、情感成分（情绪的或动机的）和外在表现（行为的或动作的）成分构成。[②] 这三者结合在一起构成居民参与行为的主观基础。从本性上讲，人是一种个体，而且只能把他的各种经历以及他的各种愿望、他的各种需求、他的追求和固有的自我、他的身体和他的心灵的幸福相联系。[③] 考察社区居民的参与意识与态度可以在一定程度上反映出居委会社区工作的现状，也可以预测参与行为的发生。

L街道是一个新移民城区，居民来自五湖四海，大家的职业、爱好、习惯、性格等都很不一样，各自的社会身份和地位也相去甚远。如何能做到在社区建设的过程中，培养起共同的社区意识，一起担负共同的社区责任，这是一个亟待解决的问题。同时，还有理想的设计和考虑，即尊重每个居民的习惯和选择，保持他们自己的活动空间，保持丰富的社区生活方式，保持个人与家庭的个性。对此，居民的参与态度和意愿就显得格外重要，主要表现在居民对以下三个问题的回答。

第一，对居民参与社区建设事务的认知。关于如何看待居民参与社区建设的问题，这不仅是居民对以往经验的一种总结，更是以后是否采取参与行为的一种态度基础。在被调查者中，认为参与需要花时间、花精力的居民仅仅只有4.6%，这表明居民在看待社区参

① 参见郑杭生、张建民：《社会协商对话制度与主体文化心理结构》，载《中国文化报》，1988（5）。

② 参见〔美〕刘易思·艾肯（Aiken，R.L.）著，张厚粲、黎坚译：《心理测量与评估》，北京：北京师范大学出版社，2006年，第290页。

③ 参见〔德〕斐迪南·滕尼斯著，林荣远译：《新时代的精神》，北京：北京大学出版社，2006年，第22页。

与时并不认为参与社区事务是一件浪费时间的事情，如果具有良好的参与效果，他们是愿意采取积极行动的。同时，有22.2%的居民认为社区建设是政府的事情，不需要老百姓操心；有21.6%的居民认为社区事务是比较复杂的，自己搞不清楚；有12%的居民认为居民参与是不被重视的，往往流于形式，没有太多的实际意义（见表2.7）。

表2.7 如何看待居民参与社区建设事务

选项	比例
要花时间、花精力	4.6%
不被重视、参与流于形式并无实际意义	12%
社区建设是政府的事、无须个人操心	22.2%
信息太少、缺乏对参与事务的了解	13.9%
参与事务太复杂、不懂	21.6%
其他	25.7%

从表2.7中可见，接近四分之一的被调查者认为社区建设是政府的事情，这一方面是由于对社区事务缺乏了解，另一方面也受到以往经验的影响，认为参与只是流于形式，没有获得正面激励，目前尚未具备积极的参与意识。

第二，是否认为居民参与是社区建设过程中很重要的一部分，并发挥重要的作用。对此，在被调查对象的回答中，44.5%的居民认为非常重要，39.2%的居民认为比较重要，14.6%的居民认为一般重要，1.3%的居民认为不太重要，仅有0.4%的居民认为不重要。同时，通过卡方检验，在年龄、文化程度、户籍以及居住类型等各变量上，均无显著性差异。群众WBZ说：

以我本人的意愿呢，我已经退休了，上年纪了，没什么时间啦，真的不想做太多的事情了，只不过这个是自己的生活区，自己又有时间，居委会来邀请了，就参加了。所以，不是自己主动啊，非常积极啊这样。

作为一个居民，大的方面都没什么。社区的事情呢，都有上面的意图，有的事情不搞，不行，有些想搞呢，他们又不同意你搞，所以呢，提意见就是当大家聊一下啰。从这个会成立开始，我就觉得没有什么实在性的意义。整个居委会呢，就三四个人去统筹整个社区的工作。我呢，所住的生活区，100户都不够，只有几十户人家，以前是佛山市NH区水利厂职工廉租房，过千人的大厂，现在下马了，现在基本上都是一个单位的人。

第三，参与意愿的程度是怎样的。在调查中，对于参加社区活动，51.7%的居民有强烈的参与意愿，45.1%的居民表示参不参与都可以，持无所谓的态度，仅有3.2%的居民没有参与意愿。被调查对象的回答通过卡方检验表示，不受到年龄、文化程度、户籍以及居住类型等各变量的影响。同时，22.2%的居民认为目前城市社区建设中的居民参与态度是非常积极的，37.5%的居民认为是比较积极的。当被问及认为居民参与社区建设，对于个人和社区的发展会有怎样的效果时，有高达83.5%的居民认为可以丰富个人生活，也有利于社区发展，提高对社区的满意度。C社区的居民代表ZLQ说：

一方面是自身的条件还是有一点，可以稍微做一些事情。但是说实话，作为我本身的条件，其实年龄大了，身体也不怎么好，好像已经是全力以赴了，已经达到了我的极限了，没那么大的精力了；另一方面呢，就是觉得社区的领导工作太辛苦了，有种怜悯心在里头，他们钱拿得不多，事情压得太累了。可怜、心疼这些领导。所以，我们是能出点力就出点。探望空巢老人，我就觉得自己挺有成就感的，晚上9点、10点领导都跟我们一起下去。还有，就是单亲家庭，实在可怜。我们有什么活动啊、赞助啊，我们都是分给这些单亲家庭的孩子们。

以上数据表明，在以往大量研究中所显示的社区居民参与意识淡薄、热情低的状况正在发生改变，城市社区的居民在对于自身参与社区建设事务和社区活动的认知正在朝着积极的方向转变。随着多年来经济的发展和社区建设工作的深入推进，“社区”已经不再是一个新生事物，它是具有共同利益的居民生活共同体，重视人与人之间的相互交往和互助。在这一过程中，居民对社区建设和社区参与的认识度逐步得到提升，对参与的看法有了一定的转变，新的价值观和行为模式在慢慢地被接受，以往计划经济时代所形成的“等、靠、要”等思想逐渐被抛弃，积极开创的精神和民主意识在培养中（见表 2.8）。

表 2.8　愿意参与社区事务管理的原因

参与原因	比例
公民权利和义务	11.2%
公共利益	8.3%
个人利益	19.8%
个人兴趣	12.1%
从众心理	21.3%
其他	27.3%

从表 2.8 可见，已有 11.2%的居民认为居民参与社区事务与活动是一种公民权利和义务的体现，参与的认识水平在提升。同时，有 19.8%的居民将个人利益与公众利益结合在一起，开始逐渐拥有利已型利他主义倾向。这是居民参与行为增强的思想来源。居民代表 WJ 说：

我是邻里中心的成员啊。最开始成立的时候，一般要搞一些活动，看你自己有没有什么意愿参加的。一个小区的管理好了，对大家的生活都有好处的。所以，上完班以后，就看看有没有什么时间参与一些活动。

综上可见，居民关于参与社区事务与活动的认识在提高，参与意愿也在增强，这主要在于政府的社区建设工作在稳步推进。L 街道从硬件和软件两个方面入手，着力打造一个良好的参与环境，营造积极的参与氛围。

首先，加强社区活动场所的建设（见表 2.9）。

表 2.9　L 街道各社区活动场所概况

社区名称	使用面积	置办方式	备注
A 社区	970 平方米	街道物业置换	投入 185 万
B 社区	200 平方米	街道物业置换	投入 10 万
C 社区	1,032 平方米	街道物业置换	投入 150 万
D 社区	350 平方米	街道新置物业	投入 120 万

尽管，L 街道已经很重视社区活动场所的投入与建设，然而，供需矛盾仍然很突出。对此，党员代表 ZM 说：

这个，很难！真的很难，你像我们南区这边，没什么场地。我觉得你要提高居民的积极性，你一定要给居民场地。人家都不出门，你怎么提？比如说，一个慈善家要捐款，你都不宣传，人家都不知道啊。我就是不出门，我怎么知道啊。如果场地有了，晚上散步的人也多。时间久了，你看大家怎么那么多人在唱歌跳舞，你的心也被带出来了，受到感染。所以，我觉得，没有场地，是很大的问题。有时候，你没场地，你叫他们出来干吗？到处都是马路、废气，谁出来啊？其实，政府要投入很多，你有场地了，就不怕没人出来。你看，中心广场那边，好热闹！所以说，场地很重要。年轻人，出来约个会都没地方。现在，有点场地，大家吃完饭，很早就出来霸位置了。这个说，跳了几个月，我减了四斤，那个说我脚也不痛了，手臂也不痛了。你想说，好似我也胖了，也要跟着出来锻炼了。这个是我自己感受到的东西，地方真的很重要。

其次，积极营造良好的参与氛围。LA 社区居委会书记 WQG 说：

我们都在想，在这几年里面，打造成一个“港湾”，港就是大海，像渔船一样，我们这个码头可以有世界的船只过来卸货、装货，我们的渔民可以有一个回家的地方，所以像港湾一样。就是说，外地的人来这里工作，定居在这里，就不想再走了，通过我们提供的更多的便利服务，使他们感到温暖，有一种归属感，大家之间是零距离的。

邻里中心秘书长、居委会兼职委员 TZQ 说：

我不晓得说了好多次了，氛围很重要。我原来在重庆老家厂里面上班，你晓得那个时候，重庆万县印染厂，我读的成都纺织专科学校嘛，学的印染专业。因为经济滞后，在那里生活的时候，一天三点一线，所谓居委会理都不理我们，我们懂都不懂。那个时候老家的社区嘛，跟这里的社区比，完全没有社区的概念，一点点活动都没有。上一届，居委会的成员带动我们。不管参加运动会啊，还是做其他的事情，都很好。我喜欢跳舞。我跳得也不算好，但是我很投入，陶醉其中。做义工很开心，虽然说是牺牲了一些时间，但收获了很多，认识了好多朋友，心情愉快，怎么说呢？也就是一句话，助人乐己嘛。绝大部分都是。而且小区也不是很高档，居民素质都不是很好，搞个活动都很难，有些人就明说，我们是看你的面子。你想嘛，大家都在工作，混口饭吃，为了生存，好累了嘛，又没得收入，哪个来参加呦。所以，我们搞活动一般都是周末，而且都是想了又想怎么去吸引大家。你看，现在娃儿多，但是娃儿在家又上网成瘾，所以说，我们即将开始的 5 月份的调查，就可以看到有哪些问题是居民关心的。

可见，参与主体是社区参与的根本基础、核心动力，社区建设的参与推动要符合参与主体的条件和规律，尤其是要符合我国传统文化的内在要求。众所周知，中国人做事，最讲究“合情合理”，情与理是相辅相成、融为一体的，情感和理性都是整合在一起的，没有对立。随着社会的进步，如果我们只是过分强调制度与行为规范，一味倡导西方工具理性的人文思想，是无法建构起我们居民的民主参与意识的。我国的社会关系在一定程度上还是靠传统的社会文化意识来维持的。我们的传统文化精神是尊祖宗、尚人伦、主道德、重感情的。这固然有它的保守性，并给社会管理和工作效率带来了很多的麻烦，但是，如果我们处理得当，把这种文化精神化为新的力量，用来维护社会群体的团结，用来加强和促进居民参与行为的和谐一致，就比纯粹照搬照抄西方的文化强很多。我们强调的不仅仅是人的个性自由与解放，而且还强调个人在社会中既要受到尊重、爱护，又要尽家庭、社会的责任和义务。这些思想观念更有利于居民参与行为的培养。

综上所述，我们可以总结出居民参与主体的特点：

首先，从个体居民的参与情况来看，参与主体在不断扩大，但主体结构不均衡，参与人群的分布较为集中。参与的居民从性别、年龄、文化程度、收入、户籍情况和所处社区类型来看，参与率都不尽相同。在性别方面，女性的参与度仍然高于男性，尤其是在文娱活动和公益服务这两大内容上，但是在参政议政方面，男性居民在对居委会提出意见或想法的时候表现出了与女性不相上下的参与度；在年龄方面，表现为老年人和青年人参与的人数较多，中年人参与的较少，呈现出两头大中间小的状态。但较之以往，中年人参与社区义务服务的热情和行动越来越多；在收入方面，高收入与低收入的居民参与度相对较低，中等和中上水平收入的居民参与度最高，呈现了两头小中间大的状态；在户籍方面，外来人口的参与活力较好，参与文体活动的热情、积极性甚至高于本地户籍居民；在所处社区类型方面，传统老城区的老年居民参与度高，新开发楼盘的外来户籍居民参与度高。此外，参与主体在不断扩大，数量有所上升，参与愿望日益强烈，活力度在提高，参与的主体在意见表达方面具有一定的代表性，无论是青年、中年还是老年人，各行各业和不同阶层均热情高涨地参与社区自治管理，如定期召开社区会议，提前向全体居民公开议题、时间、地点，就某个重要或比较重要决策召开社区听证会，竞选社区专业委员会委员，志愿者服务等。

其次，从组织参与的角度来看，由个体居民组成的参与主体主要有社区非营利性组织、志愿组织、社区民间自治组织和专业性社区组织等。在这些组织化的参与主体中，表现最突出的是社区非营利性组织、志愿组织以及社区民间自治组织。它们成为推动居民参与社区建设时很重要的渠道和载体。其中，社区非营利性组织和志愿组织的宗旨是关注社区中低收入居民的利益，通过共同参与，提升社区生活品质。专业性社区组织的出现为增强社区话语分量和专业度的提升贡献了重要力量，① 如社工机构，它们为社区居民的参与行为提供了各种指导和帮助。社区民间自治组织更是充分调动起居民的参与热情，发挥他们的才能，为社区的建设与发展建言献策。总之，以社区组织形式组成的参与主体，虽然规模各不相同，规范程度也有差异，有的组织以单独行动为主，有的组织与其他组织相互协作，但是它们定期的活动与交流，扩大了参与的影响，增加了行动的成功率和效果。相较于传统的个体参与，社区组织的参与更加强调组织性与团体性，有利于培养居民的参与能力，提高居民参与的成效，便于居民和政府之间的沟通与合作。同时，通过组织化的合作还强化了个体的社会性本质，② 进而增强了个体居民的社区意识和参与意识。

总的来看，参与主体的开放性与代表性均有所提高，并且居民对社区的积极认知在增加，大部分居民都意识到更多的居民如果都能参与社区公共事务管理和活动将有利于社区建设与发展，也有利于满足自己的个人生活需要，对社区公共事务呈现出积极的参与热情。但居民在生活中所实施的参与行为与其参与意愿不成正比，远远少于参与意愿中的行为预期。造成这一局面的主要原因在于保障居民参与的社区物质条件不足和居民对基层政府的信任度低。此外，社区不是单位，更不是大家庭，我国的城市社区建设基本上是以法定社区作为操作单位，在实际确定社区这一实体的过程中，最为关键的标准是地域界限，居民之间没有太多的直接经济利益和血缘关系。在社区里，个人凭什么接受管理或制约，又为什么要“管闲事”？故此，要让大家接受管、愿意管，主要还靠文化认同，要在价值观、思想方法和生活方式上找到同一种感觉，③ 寻找一种基于传统的共同观念和心理基础，

---

① 参见臧雷振：《美国、日本、新加坡社区参与模式的比较分析及启示与借鉴》，载《社团管理研究》，2011 (4)。

② 参见李卫华：《行政参与主体研究》，山东大学博士论文，2008。

③ 参见费孝通：《对上海社区建设的一点思考》，转引自夏树人、曾海龙：《费孝通九十新语》，重庆：重庆出版社，2005 年，第 185 页。

并深挖其文化内涵，使之与居民的生活联系得更加紧密，甚至作为一种特点鲜明的生活方式存在，重新培养认同感、增强凝聚力，需要促成一种由地理性的小区向有足够的互动和认同感的社区过渡。这样，社区认同的作用就会得到凸显，通过居民的同心协力来建设一个互助互爱、知礼树德的精神文明社区，共同营造一个邻里和睦的美好生活环境，实现社区认同的最大效应，这需要一个较为漫长的过程。从客观上来讲，需要彼此建立起共同的生活价值观，即是一种共同的责任感，发生大小事情，大家都有一种责任感，要一起去面对和解决，这是参与社区建设事务的良好基础和前提条件。这种社区意识恰恰是L街道在城市社区建设过程中，通过培育邻里关系，逐渐使居民拥有的生活感受和社区观念。当然，提高居民的参与意识的最终目的在于优化社区服务，通过居民自身的参与来丰富社区服务的内容，提升服务的效果。反过来，社区服务的提升也需要培养和提高社区居民既服务于自己，又服务于社区的意识和能力，两者相辅相成。[①]

第二节 居民参与的内容

在我国，单位制的解体是城市社区兴起的直接原因之一。同时，由于我国产业结构的不断调整，城市化进程随之深入推进，城市人口开始快速增长，这给城市建设带来了许多新的机遇与挑战。社区建设是社区服务深化发展的产物，城市提供的生活条件越来越难以满足居民的多样化的生活需求，诸如教育、就业、治安、卫生等问题日益突出，需要通过社区居委会完善社区服务来缓解。而在政府能力的限制和社会资本下降与丧失的双重背景下，城市社区建设应具有自身的目标模式，走向善治应成为城市社区建设的方向，[②] 这需要社会力量的支持与协助。对此，社区服务完善仅仅依靠政府的力量难以得到充分的实现，需要居民的协助才能更好地完成，这使居民参与的领域与内容正在不断扩展与丰富。

一、城市化与城市社区建设的变革

城市化与社区建设两者紧密相连，互为需要。一方面快速的城市化进程推动并呼吁着社区建设步伐的加快，另一方面社区建设的成效又直接影响着城市化的品质。城市化（urbanization），通常指人口向城市地区集中和农村地区转变为城市地区的过程。[③] 这一过程使城市数量增多，城市人口和用地规模扩大，从而不断提高城市人口在总人口中的比重。城市化的途径主要有两个，即城市中心地区的城市化，如城市中心地区高层建筑和地下建筑的发展使市区人口增加、城市因素增强，中间市区城市化，外围市区城市化和郊区

① 参见费孝通：《对上海社区建设的一点思考》，转引自夏树人、曾海龙：《费孝通九十新语》，重庆：重庆出版社，2005年，第90页。

② 参见赵孟营、王思斌：《走向善治与重建社会资本——中国城市社区建设目标模式的理论分析》，载《江苏社会科学》，2001（4）。

③ 参见张萌萌、王亚华、柴明堂、李大林：《人口城市化与土地城市化协调关系研究——以南京市为例》，载《安徽农业科学》，2011（28）。

城市化；城市数量的增加，如农村地区的小城镇上升为城市，在海港或工矿基地新建城市等。在不同历史时期，城市化的速度、规模是不同的。就我国现阶段的城市化进程来看，社区建设的发展亟待深入推进。

（一） 城市化的现状与问题

在我国，城市化进程远远早于社区建设，其具有近现代意义的城市化发展道路第一阶段可以追溯到1840年的鸦片战争。然而，自工业革命之后的一个半世纪以来，我国城市发展的进程走的是一条十分曲折、时而又不断反复的艰难道路，城市化长期处于落后的状况。直至20世纪80年代，1982年中共中央、国务院明确指出了“允许农民进城”，标志着我国城市化进入到第三个阶段。此时，我国逐步开始实行的市场经济体制，不仅在理论上推进了城市化发展，而且在实践上被当作国家未来发展的战略方针得以全面重视和实施。近几年，我国城市化进程明显加快，根据中国现代化建设的总体进程，从现在起到21世纪中叶，城市化水平将从现在的40%提高到75%左右。[①] 这将意味着每年平均增加1%左右的城市化率，即每年平均有1,300万人口从乡村转移到城市。换句话说，我国只有城市人口总量达到10亿至11亿，才能完成这一现代化建设的总体进程。考虑到各地的不同发展速度，可对到2020年我国的城市化发展水平作如下预测（见表2.10）。

表2.10　　2020年中国城市化发展水平[②]　　人口单位：亿

年份	总人口	城市化水平年提高0.5%			城市化水平年提高0.6%			城市化水平年提高0.8%		
		城市化水平	城镇人口	乡村人口	城市化水平	城镇人口	乡村人口	城市化水平	城镇人口	乡村人口
2011	13.89	44.30	6.15	7.74	54.10	6.26	7.63	46.70	6.49	7.40
2012	14.00	44.80	6.27	7.73	45.70	6.40	7.60	47.50	6.65	7.35
2013	14.10	45.30	6.39	7.71	46.30	6.53	7.57	48.30	6.81	7.29
2014	14.21	45.80	6.51	7.70	46.90	6.66	7.55	49.10	6.98	7.23
2015	14.31	46.30	6.63	7.68	47.50	6.80	7.51	49.90	7.14	7.17
2016	14.41	46.80	6.74	7.67	48.10	6.93	7.48	50.70	7.31	7.10
2017	14.52	47.30	6.87	7.65	48.70	7.07	7.45	51.50	7.48	7.04
2018	14.62	47.80	6.99	7.63	49.30	7.21	7.41	52.30	7.65	6.97
2019	14.73	48.30	7.11	7.62	49.90	7.35	7.38	53.10	7.82	6.91
2020	14.83	48.80	7.24	7.59	50.50	7.49	7.34	53.90	7.99	6.84

从表2.10可见，到2020年，甚至在更长的时间里，由于我国农村存在的强大推力和城市拥有的强大拉力，大量农村人口将别无选择地迁移到城镇，尤其是大中型城市，这是我国以往30年来城市化和产业结构调整的必然结果。这意味着我国社会建设与社会生活将发生一系列重大的变化，这些变化集中表现在以下三个方面：其一，它会大大加快中国城市化速度，使其与经济社会发展相适应。在当代社会中，城市化已成为一种生活方式，它是在市场经济丰富的商品生产的支持下，由城市居民所创造的一种现代文明的生活方式，它能极大地提升人们的生活水平和生活质量，随着消费群体的迅速扩大，消费观念也

① 中国改革论坛：探索城乡统筹的体制机制创新中国城镇化模式，2010年5月17日，见http://www.chinareform.org.cn/books/Explore/4/2/201005/t20100517_9791.htm。

② 中国科学院可持续发展战略研究组：《2005中国可持续发展战略报告》，北京：科学出版社，2005年，第191页。

在迅速改变。同时，满足两亿人口进城需要的城市基础设施、住房、公共服务等也迅速发展；其二，随着工业化的发展与经济社会结构的快速变动，物质资源的消耗强度增加，污染物排放也将进入高增长时期，资源和环境的压力越来越大，城乡之间、区域之间、经济发展与资源环境保护之间、经济与社会发展之间不协调的问题越来越突出；城镇就业岗位不足、收入分配不公、基础设施缺乏、交通拥堵、防灾能力低下、住房短缺等各种社会问题将进一步显现，这会给人口已经过于稠密的大城市带来更大的公共资源压力，这个压力是世界上其他国家所不曾经历的；其三，由于体制分割，要将迁移人口的社会地位和社会生活彻底地归属到城市体制之内，还需较长时间的努力，由于过去城乡二元分割造成的社会问题还没有得到根本解决，加之新的社会问题与矛盾又接踵而至，使得基本的公共服务长期游离于体制之外，既不符合公平与公正原则，还将产生若干严重社会问题。上述这一系列的问题，虽然不是仅靠社区建设得更好就能得到彻底解决的，但是面对过去 30 年，我国有上亿迁移人口进入各类城镇，特别是大中城市，主要服务于第三产业、非正式部门，他们因不完善的城市化政策而缺乏最基本的公共服务和完全融入城市社区的机会，这给社区建设提出了新的更高的要求。

（二）城市社区建设的变革及其对居民参与的影响

城市社区建设是城市经济和社会发展到一定阶段的必然要求，可以说，在我国城市化加速和人口迅速集中的过程中，社区重建问题越来越突出。[①] 众所周知，我国城市社区建设起步较晚，始于 20 世纪 80 年代中期，与城市化进程的第三个阶段几乎是同步的。自 1984 年民政部召开以“社会福利社会办”为主题的漳州会议以后，以传统民政工作对象为目标的社区服务开始在一些大城市出现。1987 年民政部武汉会议后，以传统民政对象为目标，依靠街道、居委会开展社区服务的活动在全国推广开来。1996 年江泽民提出大力加强社区建设，青岛、南京、上海等城市开始社区建设的尝试。经过 20 多年的努力，社区建设尽管取得了一定的成效，但由于建设时间短、法制不健全、部门分工不合理、居民对社区的认识相对滞后等诸多因素的制约与影响，社区建设发展很不理想。城市生活有其自身的特点，如人口聚集规模大、密度高，社会活动高度集中，社会组织复杂，社区位结构复杂，社区成员异质化程度高，生活方式多样化以及人际关系以业缘关系为主等。进入 80 年代中期，北京、天津、广州、上海等大城市先后以居委会为单位，开展起以扶贫济残、敬老爱幼、教育失足青少年为内容的社区服务，为原本第三产业不发达的城市居民提供了方便。到 90 年代中期以后，特别是 1997 年以后，社区建设进入了一个新阶段。由于现代城市管理问题已经提上了市政府的议事日程，社区建设与管理被普遍看作是城市管理的突破口。[②] 在市政府领导和社区居民的参与下，社区服务也从特定的民政对象、老弱病残等救助对象，转向了全体居民，服务内容开始包罗万象。加之市场经济的运作规律又进一步促使社区服务向专业化、产业化和社会化方向发展。社区管理也在社区重塑中走向开放、民主、自治、网络化。

综上所述，城市化进程与单位制的瓦解使得我国城市社区建设迈向了新的阶段。社区开始由以往的纯粹的居民住宅区，变成了具有多种社会功能，并提供全方位服务的社区利

① 参见王颖：《城市发展研究的回顾与前瞻》，载《社会学研究》，2000 (1)。
② 参见王思斌：《体制改革中的城市社区建设的理论分析》，载《北京大学学报》(哲学社会科学版)，2000 (5)。

益共同体。同时，随着社区行政性、单位性的减弱，地域组织性、心理归属性以及情感认同性的加强，社区管理也不再是控制而是一种组织化的服务，并追求社区公众利益的最大化。目前，社区正在形成“市民”新的利益整合点和组织层面并产生出大量具有中介性的“市民组织”[1]，居民参与力量正日益强大，可以参与社区的建设内容也越来越多，参与的领域也开始发生了新的变化。

二、 居民参与的领域及其扩展

关于居民参与的领域，在社会中存在一个社区居民可以合法参与的公共领域，这一公共领域的主要特征是基于公共利益和公共理性的存在。以往，居民在参与社区公共决策方面显得很不足，不仅没有起到建言献策的作用，甚至常常是无效参与，对于所提建议，政府不予采纳。而所谓公共决策是指对公共资源进行有效配置，并为实现公共利益最大化、合理化而进行的决策活动，其主要目标是解决公共问题。[2] 随着我国城市社区居民参与的领域在社区建设经历的单位制、街居制及社区制的历程中得到变革，逐渐从单一的、较窄的领域扩展到涉及社区居民生活方方面面的公共服务范畴。

（一） 不同阶段的居民参与状况

（1）单位制与街居制下的居民参与。自新中国成立后，我国选择了高度集权的政治体制和高度集中的计划经济体制来实施社会发展的战略。为了保证社会运行秩序的稳定，我国选择了在城市基层社会逐步建立以“单位制”为主、以基层地区管理——“街居制”为辅的纵横管理体制。[3] 政府通过单位这一组织形式把所有工作人员连同他们的家属都固定和控制在这一社会组织内，通过街居制的管理制度来管理社会闲散人员、民政救济对象以及社会优抚对象。从而实现了对城市全体社会成员的控制和整合，达到了稳定社会和巩固政权的目的。在全能性单位制与街居制中，国家通过资源垄断控制单位，单位通过资源垄断控制个人，从而形成了单位对国家、个人对单位的依附与庇护关系，压抑了社会自主发展的空间和动力。[4] 在这一阶段，城市社区居民参与的内容与方式都是较为单一的，并且政府是参与的发起者和组织者，对居民的参与行为进行规划。同时，政府动员居民参与是为了保证社会主流的价值观和行为方式在政府的掌控之下，是一种典型的工具理性的参与行为。故此，居民参与的类型以被动参与为主，参与度较低。

（2）城市化进程中社区制下的居民参与。随着经济改革的深化与城市化进程的推进，社会流动人口增加，出现了利益的多元化，弱势群体大量涌现，失业、下岗，无业人员增加等社会现象，再加上退休人员增多，人口老龄化进程加速，人口问题、贫困问题、犯罪率上升等社会问题困扰着政府，城市基层社会的管理和服务问题日益繁杂。[5] 在这一背景下，城市社区作为居民地域性的生活共同体的地位受到重视，作用日益凸显，其重要目标

---

① 黄宇：《社区自治组织“内卷化”及其功能变迁》，载《湖北社会科学》，2009（1）。
② 参见李图强：《现代公共行政中的公民参与》，北京：经济管理出版社，2004年。
③ 参见麻宝斌、任晓春：《从社会管理到社会治理：挑战与变革》，载《学习与探索》，2011（3）。
④ 参见侣传振、崔琳琳：《从单位制到社区制：国家与社会治理空间的转换》，载《武汉理工大学学报》（社会科学版），2007（5）。
⑤ 参见王春光：《快速转型时期的利益分化与社会矛盾》，载《江苏社会科学》，2007（2）。

之一就是重新进行社会整合和社会再造。[1] 实践证明，社区建设增强了城市社区的功能，承接了社会转型过程中企事业单位剥离出来和政府转移出来的许多社会职能，已成为重构我国城市社会管理的一项基础工程，并使社区逐步进入自我管理、自我教育、自我服务、自我约束的有序状态。在社区制下，以政府组织作为社区主体和以垂直领导为基本特征的基层管理模式已经发生改变，[2] 社区治理的主体开始由政府单一主体向多元主体发展，城市社区治理的动力不仅来自政府自上而下的力量，更有来自民间自下而上的力量，各种社区自治组织和社区居民都将在整个大背景下成为参与社区事务治理不可或缺的角色。LA社区居委会主任 WQG 说：

我们的社区事务呢，好似政府搞的创建活动，像佛山市搞的创建全国文明城市的活动啊，如果居民们不参与、不支持，我们就没得搞的。另外，除了治安的问题很严重之外，现在城市化进程制约着好多事情啊，没办法啊。比如绿化啊，种多了树呢，出行地方就少了点，所以，居民说绿化少了点，但是真的没办法。我们常常跟居民群众开玩笑说，你说哪里可以种，我们肯定去种。此外，文体活动的场所少。以前调研的时候呢，我都多次讲过的嘛，给区委书记都讲过的。我们的活动场所已经跟不上城市化进程了。群众的所需我们都很清楚的，他们需要更多个小公园，让他们唱歌跳舞啦。这个必须要政府出面，我们居委会职能是听民意，提出建议或意见，行不行我们都不敢讲啊，很多工作都不是我们这个层面可以做到的，不是我们权力范围可以做的。

可见，在城市化进程中的社区建设具有一定的难度，一方面大量的社区公共管理事务需要居民的参与和协助，但另一方面政府能够提供的参与条件又是有限的，这在一定程度上阻碍了居民的参与行为，形成了一对矛盾关系。

（二） 城市社区居民参与领域的拓展

L 街道的居民参与社区建设的领域已经涉及社区建设的方方面面，包括社区建设的政治生活领域、经济生活领域、文化生活领域以及社会生活与服务领域。

（1）政治生活领域

目前，城市居民参与社区政治活动除了选举人大代表之外，还要对社区事务进行讨论并提出意见，监督社区工作的开展。其中，最具有实质性意义的便是选举人大代表和社区领导人。然而，城市社区的经济投入不取决于社区自治组织的决策，社区领导并不具有该方面的权力，居民对于政治选举的关心度较低，热情不高，有的居民甚至放弃选举权。虽然，目前我国像北京、上海等大城市的社区选举已经开始尝试直选，改变了以往通过居民代表来选人大代表的方式，而是社区居民直接参选，还可以推选。但是，在其他地区，居民和社区领导对此却有不同的看法。

D 社区党员代表 HYT 说：

我觉得不太能行得通的。如果大家说选谁，但是那个人不适合呢，怎么办？还是有个人能力的问题。而且，这个不太适合我们的国情，很多社区，活动都没搞好，一点群众基础都没有，怎么谈得上直选呢？现在是不可能的，以后还是慢慢地发展，有了基础，还是可能的。

---

① 参见唐忠新：《中国城市社区建设概论》，天津：天津人民出版社，2000 年，第 47 页。

② 参见张俊芳：《中国城市社区的组织与管理》，南京：东南大学出版社，2004 年。

B社区邻里中心副主任 LY 说：

但是直选的话，需要大家的素质都比较高，选出来要做事的嘛，如果这些基础没有的话。有的人有时间，没意愿；有意愿的，没时间。

B社区居民 ZLQ 说：

说到社区直选，我觉着，就我们现在这个阶段，还没有达到，还有很长的距离，你说选举出来的人，既要是群众中的精神领袖，又要能承接政府的工作，要有一定的工作能力，综合能力很高的人，其实是很难的，很难兼顾的，一方面要兼顾政府的需求，另一方面又要兼顾居民的意愿。所以说，加上社区的干部，还是应该是有能力的人来担当，加上骨干的力量来协助，这样来走进群众。构想是美好的，但是现实还是需要从实际出发。比如说，居委会列出名单，但是人家不来。工作始终要一步一步来做。

可见，居民的整体素质不高也影响着社区直选的难度。客观地讲，直选应该是社区民主发展的一个方向，但是一定需要相应的基础条件，一方面是制度的转变，居委会的行政化，加之在自上而下的垂直网络中，可以说，选举的程序是被控制的，结果是预知的，选举的组织者是不被信任的，处于网络底层的居民无法阻止对他们不利政策的实施，也无法决定或者根本不在意谁能够当选，与居委会的低度利益联系，意味着居民除了让他人统治自己以外基本上无能为力。[①] 但另一方面更为重要的应该是居民整体素养的提高。同时，从街道政府便于管理的角度出发，街道领导与社区领导是不赞成直选的，他们仍然希望是组织推选。总之，尽管我们在政治生活领域做了一些有益的尝试，但居民在政治生活领域的参与还是有限的。

（2）经济生活领域

从农村社区来看，经济生活领域是村民参与社区建设最为重要的一个部分，他们对社区投入的资金都是从村民自己的腰包里掏出来的，他们需要清楚地知道这些钱用在了什么地方，怎么用的，帮他们做投资的村领导有没有合法地运用手中的权力。所以，村级财务的透明度比较高，财务公开的相关工作也做得比较好。但是对于城市社区而言，建设费用都是政府财政全额拨款，公开的内容就极为有限了。故此，城市居民在社区建设的经济生活领域的参与会显得很微弱。L 街道社工局副局长 ZLH 说：

城市社区是政府全额拨款，也没要求财务要全部公开。其实，我也觉得管理的重大事项要公开，财务也要公开。我们是半公开，比如重要事项我们还是会告知居民的，比如搞活动啊，服务信息啊，邻里节啊，都是要贴一些信息出来的。但是关于财务这一方面，上面也没有给什么具体的指导。

（3）文化生活领域

文化生活可以说是目前城市社区居民参与的重点领域。一方面，这是社区文化建设的需要，很多社区都有自己的核心文化理念，针对这些理念会举办内容丰富、形式多样的文化活动吸引社区居民的参与，让社区文化的核心理念深入人心；另一方面，这也是居民自身的文娱生活需求。其中，参与热情最高的就是那部分退休在家的老年人，他们需要老有所乐，健康快乐地享受退休生活。总体来看，居民对社区文化活动的参与热情很高涨，较多的居民都能够积极投入。可以说，文化生活这一公共活动范畴是居民参与的一大核心领

① 参见尹艳丹：《城市社区选举中居民参与问题研究——对济南市某社区居委会换届选举的分析》，山东大学硕士论文，2009。

域，并且还会越来越具有吸引力。

（4）社区生活与服务领域

社区服务是城市社区建设的主旋律。大力推进城市社区建设目的很明确，就是为了服务居民，填补单位制解体后，居民生活中缺失的公共服务。对此，政府投入了物力、财力和人力，取得了很好的成效。但是由于社区工作量大、事务比较繁杂，居委会人员偏少，很多服务工作需要居民的热心参与才能顺利推进。A社区居委委员、专业社工HXF说：

说到社区服务吧，我们还是有点成绩的，比如说就业啊这些，我们是尽力而为的，这个是有长期效应的，只要坚持，就会有点成果出来，再有想法，再做，一步一步来的，像飞凤计划啊，有阻力的，但是还要坚持做。主要是辖区的企事业单位少，可用的资源少，求职者的劳动技能、素质比较低，文化修养、心态都不是很好。你说，社区妇女哈，要有自尊、自我谋生的能力，像我们很努力为她们做，但是她们的心态也要放端正喔，不然很难成功，累一点的、辛苦一点的都还是要去做。我这人很随便的，心态很重要，开车也行，走路也行的。我这个人很爱管闲事。我就住在社区。

可以说，与文化生活领域一样，社区服务是居民参与的重点领域。可以毫不夸张地说，目前政府在社区服务的投入仍然是有限的，如果没有居民的高度支持，发动居民自我服务，社区服务工作很难顺利开展，很难让居民获得满意的服务。

概言之，凡是旨在影响公共决策和公共生活的行为，都属于居民参与的范畴。[①] 但从根本上来说，居民参与对其权利的维护最具有效果的主要的就是参与社区的政治生活和政治决策。因此，在居民的所有参与中，政治参与尤其重要，最具有实质性的意义。然而，实际上政治参与并不是社区居民参与社区事务的核心部分，居民参与的范围远远超出了政治参与的范畴。除了政治生活外，居民参与还包括公共的文化生活、经济生活和社会生活。特别是在城市化进程越来越加剧、市场经济越来越发达以及市民社会越来越发展的今天，居民参与的范围正在日益扩大，已经从基层政府规定的正式领域，扩大到社区生活的非正式领域。可以说，凡是有集体生活的地方，就有居民参与的领域。按照制度性与非制度性的标准来划分，[②] 主要包括以下几个方面：首先是参与社区的政治生活，如参加社区内人民代表的选举、讨论基层政府的决策、评估社区工作人员、举报参加社区内的违法行为、管理社区公共事务等；其次是参与社区的经济、文化以及公益活动，如积极推动社区的互助合作、参与社区的环境保护行动、加强社区的治安保卫组织、参加社区内的公益文化活动、救助弱势群体等；最后是参与社区的休闲娱乐生活，如参加社区内的各项文娱活动、体育比赛等。

三、 居民参与的内容

居民参与的内容即是居民所能参与的社区事务与活动到底有哪些，一方面由居民参与的领域可以推知；另一方面，其详细的具体内容还要依据社区事务的划分。在上述四大参与领域中，社区政治性事务参与包括选举社区领导人、决策社区事务、讨论社区事务、评

① 参见吴锦旗：《论公共领域中的公民有序参与》，载《理论月刊》，2011（8）。

② 参见孙伯瑛：《公民参与形式的类型及其适用性分析》，载《中国人民大学学报》，2005（5）。

选先进公仆、民评官、民评政等内容；社区经济事务参与包括对涉及居民福利或经济利益的事务进行参与，对社区资产、财务的使用和管理情况进行监督等内容；社区文化事务的参与，如参加文体活动；社区环境与治安事务的参与，如清扫垃圾或积雪，维护社区治安。

（一） 政治性事务

为进一步发挥居民代表参政议政的能力，2010 年初，居民代表参政议政工作在 A、C、D 3 个城市社区全面展开，各社区按照各自的具体情况将居民代表分成不同的功能界别，各界别积极就社区建设出谋划策，并主动协助社区开展探访、青少年教育、表演等服务活动。通过居民代表参政议政工作的开展，更多的居民走出家门参与社区的建设和活动。例如居民代表每个月会参与对社区环境卫生、绿化等市政工作的评议；体艺界的居民代表自行策划多种对居民身心有益的文体活动，免费开展太极、木兰扇等培训，吸引了越来越多的居民参与，广场上也随处可见热衷于锻炼的群众；社会福利界和教育界深入社区困难家庭之中，慰问有困难的群众，引导青少年培养积极正确的生活态度。在潜移默化之间，居民从以前被动参加活动渐渐转变成主动挖掘社区居民的需求来开展活动。随着居民之间沟通了解的日益增加，矛盾纠纷减少了，社区风气及居民整体的精神面貌也在不断向积极的方向发展，相互之间越来越融洽和谐（图 2.1）。

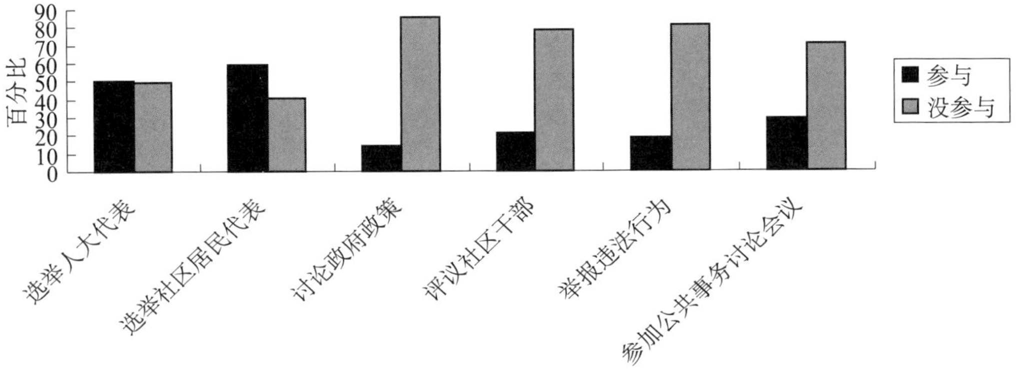

图 2.1 居民在社区建设中的参政议政情况

从图 2.1 可见，在本次调查中，居民在社区建设中的参政议政情况是，有 50.6%的居民参与了人大代表的选举，49.4%的居民没有参与，其参与率是比较高的，因为在本次调查中有接近一半的被调查对象是外来人口，户籍不在本地，无法参与人大代表的选举；有 59.5%的居民参与了社区居民代表的选举，40.5%的居民没有参与过；有 14.4%的居民参与了政府政策的讨论，85.6%的居民没有参与过；有 21.4%的居民参与了对社区干部的评议工作，78.6%的居民没有参与过；有 18.4%的居民举报过社区内的违法行为，81.6%的居民没有举报过；有 29.2%的居民参加过公共事务的讨论会议，70.8%的居民没有参加过。

同时，本书进一步分析了在是否参与社区公共事务讨论的项目上，居民的参与行为是否受到性别、受教育程度以及收入等因素的影响。其结果是居民对于参与社区公共事务的讨论在性别这个人口变量上呈显著差异，而在受教育程度和收入两方面没有显著差异（见表 2.11）。

表 2.11 不同性别的居民在参与社区公共事务讨论时的情况

	男性		女性		合计
	n	%	n	%	n
参与	57	24.4	81	34	138
没参与	177	75.6	157	66	334
$\chi^2=5.33$ df=1 Sig. =0.026* <0.05					

从表 2.11 可见，在性别因素对居民参与社区公共事务讨论的影响上，男性居民和女性居民的情况总体上是有所不同的。其中，有 34%的女性居民表示参与过社区公共事务的讨论会，而只有 24.4%的男性居民表示参与过，比女性居民低了近 10 个百分点。总体上，二者在参与社区公共事务讨论方面存在着显著差异。这样的结果也与以往的研究是相符的，事实上，女性确实在参与社区事务和活动方面比男性表现出了更多的热情，显得更为积极、主动，这应该和女性的性格与心理因素有关。女性比男性在性格上更加开朗，也善于与人沟通、交流，对身边的人和事比较热心，用俗话说，就是有时候比较爱管闲事。这也正是大多数时候我们在居委会的会议或活动中更容易看到女性身影的原因。

总的来说，要真正推进社区居委会直接选举，一方面居委会需“权能”归位，在维护居民权益性的公共事务中发挥作用、体现能力，通过整合资源，为居民提供多元化的社区服务；另一方面需要通过平等化、人性化的选举制度设计增强居民的参与动力。① 而 L 街道的居民参与在这一方面也没有实现更多的突破，但社区居民参与街道干部的考核评价方面，部分实现了由“官考官”向“民考官”的转变，考核形式也由封闭式考核转向开放式的考核。总的来看，由于受到各种主客观因素的影响，如社区居民本身缺乏评估的基本知识和经验，并非所有的公共服务项目都需要居民的参与等，故此，应根据实际情况的需要有限度地选择评估的范围与程度，主要涉及一些具有利益相关性的公共服务领域来引导居民的参与。② 此外，对于街道社区干部的服务态度、服务质量、服务水平以及绩效，社区居民有着最直接、最真切的感受，就这些内容的评估而言，社区居民是最具有发言权的。值得注意的是，并不是所有的社区居民都有机会面对基层政府表达自己的意见，因此，在具体选择评估对象的时候，应该考虑其代表性，否则就可能会影响评估的结果，使评估结果的客观性降低。

（二）社区服务

如前所述，居民参与社区建设的重点领域之一是社区服务，那参与最多的内容也就应该是社区互助合作、帮助弱势群体的志愿服务以及其他的公益活动等。其中的困难帮扶、公民的教育讲座等，基本上都可以由居民和居民组成的社区民间组织来参与，有的甚至可以由他们来承办。L 街道的社区服务从 2008 年进行了“政社分离”的社区体制改革之后，开展的项目内容十分丰富，涉及到居民生活的方方面面（见表 2.12）。

① 参见陈宇：《社区居委会直选中居民参与行为的调查分析——以 H 市为例》，载《中南民族大学学报》（人文社会科学版），2006（4）。

② 参见叶郁：《社区居民参与街道干部考核刍议》，载《人民论坛》，2012（9）。

表 2.12　　社区公共服务一览表[①]

服务项目	服务方式	服务内容
行政服务站便民服务	行政服务站提供便利的“一站式”服务	暂住证办理、劳动就业、计划生育服务、民政调解、社区环境、安全生产、市政卫生、各种社会保障、弱势群体救助
志愿者便民服务	各式义工服务	义诊、义修、义剪、义卖、慰问探访、衣服缝补、大型活动后勤支援、弱势群体服务调解、治安巡逻、慈善公益个案
老年人服务	根据老年人特殊需求开展上门服务	居家养老、定期探访、节日慰问、康乐服务、文娱服务、免费体检、义剪
残疾人服务	根据残疾人特殊需求开展上门服务	社区康复、康复转介、定期探访、节日慰问、心理辅导、邻里支援、爱心助学
儿童青少年服务	妇联、共青团领导	健康保障、政治、法律教育、文体活动、功课辅导、培训课程、小学生托管、参观学习、各种讲座、手工培训、绘画培训
优抚对象服务	发动和依靠社会力量服务优抚对象	康复服务、职业介绍、家属关爱、政策扶持
妇女服务	“飞凤”妇女服务就业计划	职业介绍、现场招聘、知识讲座、生殖检查、单亲母亲援助帮扶、维护妇女儿童权益、法律援助、节日慰问、文体娱乐、结对帮扶助困
文体服务	各项文化体育活动	免费培训、文化宣传、完善文体设施、体育竞技、文艺表演、社区论坛
邻里中心、理事会	提供各种公共服务	文体活动、结对探访、帮扶助困、知识讲座、便民活动、厨艺展示、爱心助学、慈善公益、读书活动

从表 2.12 可见，L 街道在社区服务方面注重社区的互助合作，对儿童青少年、妇女、老人、残疾人以及优抚对象等弱势群体给予了极大的关爱和帮助，有利于居民参与到对弱势群体的志愿活动中来，发扬我国传统的互助精神，更有利于社区构建和谐美好、团结友爱的生活氛围。对此，居民的参与度也比以往有了很大的提升（见图 2.2）。

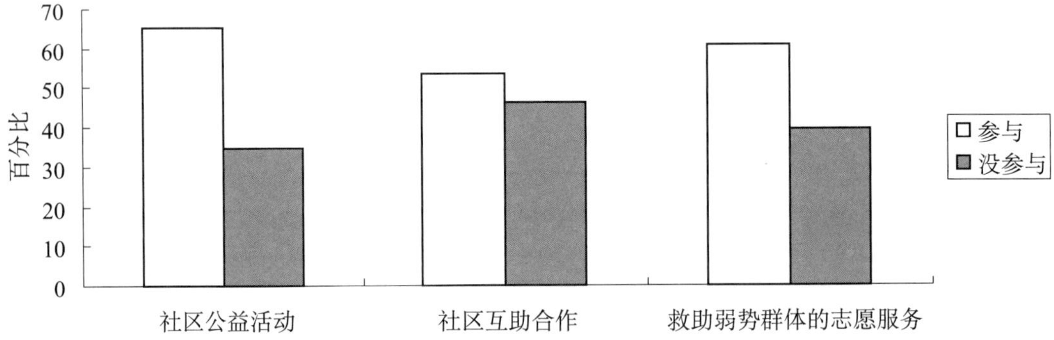

图 2.2　居民参与社区服务的情况

从图 2.2 可见，在本次调查中，居民在社区建设中的社区服务情况是，有 65%的居民参与了社区公益活动，35%的居民没有参与，参与程度良好，呈中等水平；有 53.6%的居民参与了与社区互助合作相关的活动，46.4%的居民没有参与；有 60.6%的居民参与了救

① 资料来源：NH 区 L 街道社会工作局提供，2012。

助弱势群体的志愿服务，39.4%的居民没有参与。总体来讲，L街道的社区居民在参与社区服务方面的热情是比较高的，过半的居民都积极响应社区居委会的号召和组织。由于街道成立了社工协会、志愿者协会，政府在培养居民的志愿精神方面做了很多工作，也使社区形成了较好的关爱氛围。

同时，本书进一步分析了在是否参与社区公益活动、社区互助合作和救助弱势群体的志愿服务等方面，居民的参与行为是否受到性别、受教育程度、年收入以及户籍等因素的影响。其结果是居民对于参与社区公益活动和救助弱势群体的志愿服务两方面在年收入这个变量上呈显著差异，而在性别、受教育程度和户籍这三方面没有显著差异（见表2.13、表2.14）。

表2.13　　不同年收入的居民在参与社区公益活动时的情况

	参与		没参与		合计
	n	%	n	%	n
1万元及以下	30	11.9	16	7.3	46
10,001元～2万元	26	10.3	28	12.8	54
20,001元～3万元	46	18.2	52	23.6	98
30,001元～5万元	68	26.8	72	32.9	140
50,001元～10万元	66	26.1	40	18.3	106
100,001元～20万元	16	6.3	10	4.6	26
20万元以上	1	0.4	1	0.5	2
$\chi^2=14.32$　df=6　Sig.=0.026* <0.05					

从表2.13可见，年收入这一因素对居民参与社区公益活动的影响上，不同收入的居民其参与情况总体上是有所不同的。其中，参与社区公益活动的居民集中在年收入为30,001元到5万元和50,001元到10万元这两个水平上，分别有140人和106人，而年收入低于1万元和年收入20万元以上的居民则很少有参与社区公益活动的，分别只有46人和2人。从总体上来看，不同年收入的居民在参与社区公益活动方面存在着显著差异。可见，中等收入的居民更容易参与社区的公益活动，他们更愿意服务他人、奉献于社区建设。据本次调查显示，收入较低的社区居民，例如低保户等特殊群体，在绝大多数情况下他们参与社区的公益活动都是由社区居委会组织、动员起来的，并非自愿行为；而收入较高的社区居民常常因为忙于事业很少直接参与社区的各项活动，但一般都表示出愿意间接参与社区发展，如通过捐款、捐物等方式支持社区居委会搞活动。

表2.14　　不同年收入的居民在参与救助弱势群体的志愿服务活动时的情况

	参与		没参与		合计
	n	%	n	%	n
1万元及以下	31	10.8	15	8.1	46
10,001元～2万元	28	9.8	26	14.0	54
20,001元～3万元	48	16.8	50	26.9	98
30,001元～5万元	86	30.1	54	29.0	140
50,001元～10万元	74	25.9	32	17.2	106
100,001元～20万元	18	6.3	8	4.3	26
20万元以上	1	0.3	1	0.5	2
$\chi^2=12.87$　df=6　Sig.=0.04* <0.05					

从表 2.14 可见，年收入这一因素在居民参与救助弱势群体的志愿服务的影响上，不同收入的居民其参与情况总体上是有所不同的。与参与社区公益活动的情况相似，参与救助弱势群体的志愿服务的居民集中在年收入为 30,001 元到 5 万元和 50,001 元到 10 万元这两个水平上，分别有 140 人和 106 人，而年收入低于 1 万元和年收入 20 万元以上的居民则很少有参与社区公益活动的，分别只有 46 人和 2 人。总体上，不同年收入的居民在参与救助弱势群体的志愿服务方面存在着显著差异。可见，中等收入的居民更愿意救助弱势群体的志愿服务活动，帮助有困难的人。据调查，低收入者，例如低保户等参与社区的志愿服务活动，例如看望孤寡老人、伤残人士等，一般情况是由居委会组织的；而高收入者因为忙于事业很少直接参与社区的这类扶贫济困的活动，一般都是间接参与，捐款、捐物等。

（三） 环境与治安

虽然城市社区的卫生管理已经纳入大市政范围，但是对于外来人口集聚增长的城市社区来说，清洁卫生与治安仍然是需要居民参与的重点内容。在 L 街道，居民们志愿成立了义务巡逻队，主要是查看社区内的财物安全情况，也包括环境卫生的监督管理。从 2011 年开始，还有了文明劝导员，专门负责对于社区不文明的行为进行耐心劝说，特别是劝阻乱倒垃圾、随地吐痰等不文明行为。同时，他们还会搜集居民的意见，反映一些问题，诸如卫生、消防的死角等。L 街道社工局副局长 ZLH 说：

我们一直都有一些居民的代表啊，像市政那一块啊，他们很会做的，也确实收到很好的效果，他们走街串巷的嘛，每个月和每个季度，就召集他们对我们的市政，只要是卫生啊、绿化啊，去监督，这样巡查人员都不需要那么多，哪个路灯烧掉了，坏掉了，以前我们市政是管城区嘛，现在管到农村的。你 10 点去看没问题，下午不知道哪个窨井盖就被搞了，然后隔个两三天才能发现。都不用钱的，有些热心居民，发现自己家门口的事情，很关心的，是他们身边的人和事，他们是特别用心的。在执行那方面他们就很少参与，就是监督、评议我们的进度，参政议政提意见嘛，在政策出来之前，给我们意见就最好。如果实施了，就很难搞了。像服务的工作，就完全可以参与的。

D 社区邻里中心主任 GCL 说：

在治安和环境卫生等方面都是开展活动啊。去年年前，我们几个热心的成员和居民聚在一起，把今年的活动方案拿出来了，像分享交流会等。昨天就搞了个关于防盗防骗的经验交流会。生活中的重点，大家都很关心的话题，大家都讲了很多很有用的知识，使人受益匪浅。所以，邻里中心工作的开展，现在越来越好了。政府的投资在 D，5 万装修，我们那个邻里中心，就没怎么投资。比如社区建设方面的事情，你们参与不？嗯，我们成立了一个义务巡逻队。因为大家一直都在这个小区居住，但很多人要上班嘛，我们有 30 个人左右，空了就看一下，逛一下，也不是很正规的。但还是有好处的，大家互相之间都很熟。

在居委会和社区民间组织的共同努力下，L 街道的民居可以说热情是比较高的。在本次调查中，有 67.2%的居民表示曾经都参与过社区的治安保卫和环境卫生维护等活动。同时，在性别、年龄、受教育程度以及年收入等变量上，居民的参与行为都没有呈现出显著差异，但在户籍这个变量上，居民的参与行为呈现出了显著差异（见表 2.15）。

表 2.15　不同户籍的居民在参与社区治安保卫和环境卫生维护时的情况

	本地户籍居民		外来人口		合计
	n	%	n	%	n
参与	116	24.6	98	20.8	214
没参与	105	22.2	153	32.4	258
$\chi^2=8.57$　df=1　Sig. =0.03* <0.05					

从表 2.15 可见，户籍因素在对居民参与社区治安保卫和环境卫生维护的影响上，本地户籍居民和外来人口的情况总体上是有所不同的。其中，有 24.6%的本地户籍居民表示参与过社区治安保卫和环境卫生维护的活动，有 20.8%的外来人口表示参与过。同时，有 22.2%的本地户籍居民表明没有参与这样的活动，有 32.4%的外来人口没有参与过，比本地户籍居民高出了近 10 个百分点。总体上，二者在参与社区治安和环境卫生方面的活动上存在着显著差异。尽管，干净、安全的生活环境是大家共同追求的目标，如果有机会和可能，相信每位居民都是乐于参与到社区的治安维护和环境保护等行动中去的，外来人口的参与热情也是有的，但是由于外来人口的生活并不稳定，他们对于当地的归属感并不高，加之生存的压力大，很难再有更多的心思与热情投入到社区环境与卫生整治行动中，他们的参与度与本地户籍居民相比仍然显示出了差距。

（四） 文化活动

文化生活越来越丰富多彩，越来越能满足社区居民的生活、娱乐需求，这是目前 NH 区城市社区建设的一大亮点，也是居民参与社区建设的一大重点。这离不开广东省于 2010 年开始实施的“文化强省”战略。对此，广东省提出了以文化先行，引领经济社会全面发展的战略思路。尤其衍生出一个重要课题：经济腾飞之后，如何平衡物质文明与精神文明的杠杆？广东能否在经济腾飞后，树立起新的社会价值体系？[①] 改革开放 30 多年来，NH 区与顺德等经济发达地区一起，成为中国构建社会主义市场经济体系的开路先锋。在当今中国转型的关键期，NH 区又在产业升级和经济转型的基础上，率先提炼出“关爱、孝德、树本、至善”的基层社区核心价值观，并将其融入社会建设，以“软”实力助推“硬”发展，开启了对以文化引领城市、产业、民生全局发展新路的新一轮探索。弘扬“关爱、孝德、树本、至善”的核心价值观，加强社会道德文化建设，提高社会文明水平。同时，2011 年 7 月，广东省文化改革发展综合试验区正式授牌 NH 区，在文化引领的背景下透视培育社区核心价值观的思路。可以看出，NH 区的意图一方面是通过文体基础设施以及文体活动的城乡均衡发展，丰富社区居民的精神生活，形成和谐的社会氛围；另一方面，则是通过城市软实力的培育，助推经济社会发展。

对此，L 街道在打造社区文化的同时，在上述大背景下，打造了独具特色的“孝德文化节”，以弘扬中华民族的传统美德——孝敬长辈为主题，这一举措，深入人心，得到了居民的广泛认可。在本次调查中，有 45.3%的居民参与社区的文体活动。同时，本研究进一步分析了在参与社区文体活动方面，居民的参与行为是否受到性别、受教育程度、收入以及户籍等因素的影响。其结果是居民对于参与社区文体活动在性别和年收入这两个变量上呈显著差

① 参见赵进、张素圈：《关爱、孝德、树本、至善》，2011 年 12 月 23 日，见 http://news.xinmin.cn/rollnews/2011/12/23/13072408.html。

异，而在性别、受教育程度和户籍这三方面没有显著差异（见表 2.16、表 2.17）。

表 2.16　不同性别的居民在参与社区文化活动时的情况

	男性		女性		合计
	n	%	n	%	n
参与	141	60.3	176	70.9	317
没参与	93	39.7	62	29.1	155
$\chi^2=10.03$　df=1　Sig. =0.002** <0.05					

从表 2.16 可见，性别因素对居民参与社区文化活动的影响上，男性居民和女性居民的情况总体上是有所不同的。其中，有 70.9%的女性居民表示参与过社区文化活动，有 60.3%的男性居民表示参与过，比女性居民低了 10.6 个百分点。总体上，二者在参与社区文化活动方面存在着显著差异。很显然，女性更愿意走出家门参与社区组织的唱歌、跳舞等文体活动，这与我们实际看到的情形也是一致的。在广场跳舞的人群中，我们看到的男性比例远远低于女性。当然，其中一个比较重要的原因则是出来参与社区户外文体活动的居民多为退休的老年人，而女性的寿命和健康程度在整体上是高于男性的，这也是导致我们见到的老年群体中男性比例较少的一个原因。

表 2.17　不同年收入的居民在参与社区文化活动时的情况

	参与		没参与		合计
	n	%	n	%	n
1 万元及以下	37	11.7	9	5.8	46
10,001 元～2 万元	30	9.5	24	15.5	54
20,001 元～3 万元	66	20.8	32	20.6	98
30,001 元～5 万元	97	30.6	43	27.8	140
50,001 元～10 万元	72	22.7	34	21.9	106
100,001 元～20 万元	15	4.7	11	7.1	26
20 万元以上	0	0.0	2	1.3	2
$\chi^2=12.43$　df=6　Sig. =0.048* <0.05					

从表 2.17 可见，年收入这一因素在居民参与社区文化活动的影响上，不同收入的居民，其参与情况总体上是有所不同的。其中，参与社区文化活动的居民集中在年收入为 30,001元到 5 万元和 50,001 元到 10 万元这两个水平上，分别有 140 人和 106 人，而年收入低于 1 万元和年收入 20 万元以上的居民则很少有参与社区文化活动的，分别只有 46 人和 2 人。总体上，年收入不同的居民在参与社区文化方面存在着显著差异。可见，中等收入的居民更愿意，也更有条件参与唱歌、跳舞、下棋等活动。低收入者没有这样的条件和时间去参与文化活动；而高收入者忙于事业，也没有参与社区文化活动的时间，他们即便参与文化活动也不会是参与社区里的文化活动，更多的是参与与工作联系更紧密的文化活动。

随着社区建设的深入推进，社区服务的内容逐渐拓宽，居民可以参与的社区公共事务与活动的领域和内容正在日益扩展，并且不断有新的发展，但不同的领域，其参与的力度与深度却相去甚远，参与领域呈现出不平衡的状态。首先，居民参与的领域可分为政治生活领域、经济生活领域、文化生活领域以及社区生活与服务领域。从这四大参与领域中衍生出来的参与内容来看，主要包括了参政议政，如政府政策与社区公共事务的讨论，社区干部的民主选举和评议，社区财务使用的监督，文体娱乐活动的策划、组织和参与，义务服务和专业社区服务，社区治安维护和清洁卫生管理，志愿者帮扶活动等。可以说，这些参与内容基本囊括了城市社区发展的主要方面。其次，尽管目前居民可参与的社区建设领域涉及广泛，但是居民参与的领域与内容还是停留在层次比较低的社区公共事务管理上，如社区的治安、卫生，对较高层次的决策并没有进行参与，如政治性事务和经济决策的参与就很少，包括选举各级人大代表和社区居委会成员，讨论决定本社区的重大事项等公共事务，也都没有完全下放到社区，财务预算建议的内容也没有让居民参与其中。故此，居民参与的内容大都是日常生活中与社区权力运作不相干的事务，其参与的内容虽然有所扩大，但参与的层次并没有实质性的提高。最后，目前居民的参与领域与内容呈现出了一个显著的特征，那就是从单向往双向发展，[①] 即当前社区居民的参与不仅仅是通过上述领域的参与为社区建设做贡献，更加重视在这一过程中满足居民自身的生活、娱乐需求，以及能力的提升与自我价值的实现，紧紧地将社区居民个人需求的满足与社区的发展联系在一起。

总之，尽管很多条件都在逐步得到改善，越来越多的政务公开使得居民参与的程度更加深入，但是社区居民参与的面还是很窄，尤其是在社区的政治、经济等领域的建设与发展活动参与较少，这是一个不可否认的事实。造成这一现状的原因既有来自政府决策方面的，也有百姓自身的因素。政府对于居民参与有所限制，政府对于这些年的行政能力和效果并不自信，在很大程度上会担心居民参与过多将影响效率、影响政府最终的决策。虽然，从实现政府职能转变的理想状态角度出发来说，也希望能吸纳更多的居民去参与基层政府的事务，目前也正在努力做一些新的尝试，如加大征询意见的力度，传统与现代的方式都在用，积极引导居民提出更多的意见和想法，也展现出更愿意与居民交流、沟通的姿态。但是政府有种既愿意去听民意同时又担心影响工作效率的矛盾心理。在绝大多数时候，政府在听取了居民的意见后，经过综合考虑，最终还是放弃对居民意见的采纳，导致留给外界的印象就是政府在“作秀”。然而实际上，有些是因为居民所提出的意见可行性不强，居民与政府又缺乏及时的沟通，造成信息不对称，引起了居民的误解。

第三节　居民参与的方式

一直以来，居民参与都有着许多种不同的方式，如投票、竞选、公决、结社、请愿、集会、抗议、游行、示威、反抗、宣传、动员、串联、对话、辩论、协商、游说、听证、上访等这些都是居民参与的常用方式，也对于促进居民参与社区的建设与发展做出过重要的贡献。随着信息和科学技术的发展，在网络技术日益发达的今天，一些新的居民参与方式正在出现，如电视辩论、网络论坛、网络组织、手机短信等，这些新的参与方式正在日益增加居民参与的数量。毫无疑问，多样化且合理有效的参与方式是促进居民积极投入到社区公共事务管理中去的重要条件和有力保障，而目前居民在表达对公共决策和公共生活的意见或建议时通常都会采用以下方式（见图 2.3）。

① 参见臧雷振：《美国、日本、新加坡社区参与模式的比较分析及启示与借鉴》，《社团管理研究》，2011（04）。

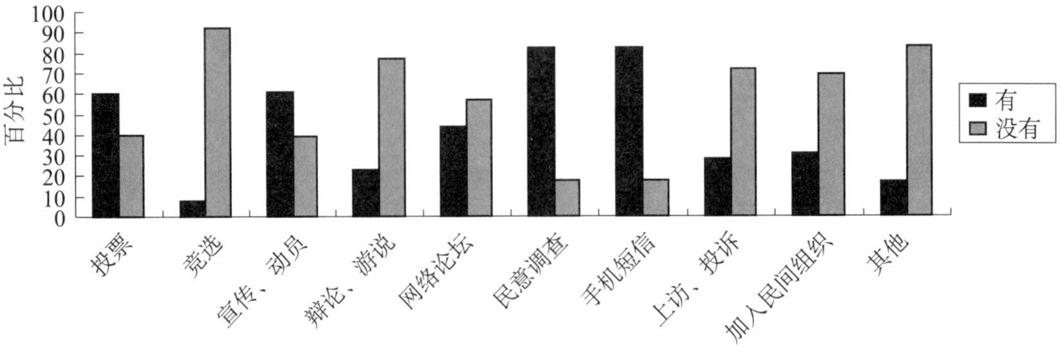

图 2.3　居民对社区公共决策和公共生活的意见表达方式情况

从图 2.3 可见，在本次调查中，居民在对社区公共决策和公共生活表达意见或建议时所采取的方式最为常用的首先是民意调查和手机短信，分别有 82.6%和 82.2%的居民表示曾经选择过这样的方式。其次，较为多用的方式有宣传、动员、网络论坛以及加入民间组织，分别有 60.6%、43.5%以及 30.5%的居民选择这些方式来表达自己的意见和想法。最后采取上访、投诉、辩论、游说、竞选等方式的居民并不多，只有 30.5%、23.1%和 8.1%的居民采用过这些方式。究其原因，不难看出最少选择的竞选这一方式并不适合我国的国情，虽然它是一种被西方民主国家所普遍采用的方式，但是在我国却不是最为常见的方式。相比而言，那些传统的、保守的意见表达方式更经常为居民采用。通过进一步分析，上述意见表达方式的选择并不受性别、职业、收入、户籍等因素的影响。总之，居民参与的方式主要有监督评议、提出意见和参政议政等。

尽管参与的方式和途径是多样性的，但从个体居民和居民组成的社区民间组织这两类参与主体来看，其参与社区公共事务和活动的方式还是有差别的。

一、 个体居民的参与方式

个体居民的参与有许多不同的形式，而且随着信息和科学技术的发展，参与的形式也在不断增加，主要体现在充分利用网络、媒体。可以说，凡是旨在影响公共决策和公共生活的行为都被个体居民采用，成为主要的参与方式，如投票、竞选、公决、结社、请愿、宣传、动员、检举、对话、辩论、协商、游说、听证、上访等。同时，还有对信息和网络论坛的利用、网络组织、手机短信等。2013 年 2 月 1 日，“NH 区民生”服务热线平台开通运行，共整合了 82 个成员单位，将 NH 区所有政务、民生服务热线集中到一个入口，提供“7×24 小时”全时服务。市民想咨询或投诉，拨打“81812345”便可搞定。除了电话受理，还接受居民通过微博和网上信访等方式进行咨询或投诉。

D 社区居民 ZM 说：

有 Q 群啊，D 就有 10 多个，有一些是打羽毛球的、篮球的、足球的，很多样性的。微博也有，关注啊，转发啊，提意见啊，建议啊。还有个社区网，有个平台，让他们在上面提意见，但是这个平台上了两个礼拜关闭了，管理得很严格。社区有个论坛。所以我们搞邻里中心也是为了盘活社区资源。

A 社区居民代表 ZXH 说：

还有就是我们居民代表，每一个月，还是两个月，看情况，要开一次联席会议，主要是收集意见和解决问题，先是说说处理了以前的问题，再看看现在的问题。像我们小区的路，我提出的，一下雨就很烂，居民出行就很不方便，绕道走，很费时间，就要好好修一下，还建立了一个绿化带。是政府的出资。居民代表开会，政府和事业单位，相关部门都要来的。出勤率很高的。下到基层来，听听居民的意见，解决很多民生问题。还有，我们那里准备提出一个建议，修建一个天桥以方便群众。

社区理事会的热心群众 WBZ 说：

社区理事会成立的时候就邀请我来参加了。因为我从企业退休后，比较得闲，居委会知道我常常参加志愿活动。我也没什么专长，只是比较熟悉，有什么事情就共同商量一下、讨论一下、解决一下了嘛。年尾开过年会，就是大家来听一听，讲一讲，总结社区工作，差不多都是专题。比如，我们理事会一年做了哪些工作啊，哪些方面可以加强些，绿化偏少啊之类的。在生活中遇到什么不方便的事情，或者不满意的事情，我们会有自己的意见。如果他们下来的话，就跟他们谈谈，如果很紧急呢，就跑来居委会啰，很近的嘛。还有社区干部的评议工作，有居民代表，大概有 80 多个，一般都是开代表会，有什么意见呢，反映给代表，但是代表反不反映呢，就是他们的事啦。以前的单位下马了，很多事情以前是单位管，包括清洁费啊，什么的，都是单位在管，现在是自己管了。所以，我们成立了一个业委会，这样就在居委会的牵头下，一共 5 个人，我是其中一个，我想自己做力所能及的事情了，大家都是职工嘛，大家一起来服务生活区的事情了。在这里住的人呢，都差不多就七老八十了，很多子女都在外边做事啊。所以呢，大家有时候都似散沙一样，有时上门收一下清洁费，一个月收 600 多元给居委会，其他就没事了。

此外，L 街道在社区居民参与方面，无论从内容到方式，都没有排斥过外来人口的参与。不但没有拒绝他们参加社区活动，还积极组织、动员他们，发掘他们中的优秀人才为社区的民主参与发展作贡献。D 社区民乐队队长 XZH 是社区的一位很普通的外来居民，十年前因为女儿的事业发展，跟随女儿来到 L 街道定居，他擅长唱歌，是社区里的文艺骨干，热爱并支持社区的文娱活动发展。针对社区对外来人口的包容和自己的融入经历，他说：

我是外来人，女儿大学毕业安家在这里，我们老两口就跟过来了，在这里也住了十年了。一直都是民乐队的，居委会为我们搭建了这么一个平台，有了平台，总得有演出的人，我们呢，就是处在这么一个角色上。社区的宗旨呢，就是最大限度地带动老人、中青年走出来，那么走出来要做什么，到了广场后，我们呢，主要就是唱歌，我们一般还带领老人一起唱歌。晚上如果没有任何活动就只能在家里了，你看着我，我看着你，容易单调，思想比较空虚，加上老年人和年轻人容易有代沟，家庭难免有些小矛盾了。我们现在的生活水平也不错了，那么精神文明建设是很重要的。这里不这么讲，北方这么讲，但是都是一个意思。你社区搭建这么一个舞台，我们北区有七八个队伍，比较多，在社区总的指导下，每个队伍都给居民提供不同的活动，你看文化广场啊，从东到西，什么活动都有，年轻人你可以去跳桑巴嘛，中老年人可以跳广场舞啊，唱歌的就唱歌嘛。就像饮食一样，满足不同人的口味。但是你说，要问我们实际上为居委会解决了多少问题，帮助做了多少事情，这个统计数字上可能是难点，我觉得这么多年，这种潜移默化的东西，效果是难以估量的。我们每年至少 200 多天，都在文化广场开展活动，还营造了一个氛围出来。所以，我觉得，社区的指导思想是很明确的，带动大家走出家庭，来到广场，享受一种很好的文化氛围。

B社区邻里中心副主任、社区义工 LCY 女士，今年 58 岁，退休两三年了。从 2006 年开始，LCY 女士就经常出来活动，参加居委会义工活动，有时候是表演，有时候是比赛。去年邻里中心成立之后，社区居委会就请她参加。凡是居委会周末组织的文艺活动、募捐活动、清洁卫生等，她都会积极参与，很热衷于这些义务活动，有时候她放下自己的事情，义不容辞邻里中心的活动。对此，她说：

开始的时候大家都是一头雾水。刚开始的时候，组织活动还是很难，一个个动员、参与，还要一个个教，所以那时候声音沙哑了。现在大家都跟我玩了。早上晚上都玩，单人舞、双人舞都玩。现在大家很好集中。现在有邻里中心的健身队，三四十岁的年轻人也来玩，原来都是些老的。还有歌咏队有十来个人。其实，现在我们玩得很紧张的。时间安排得很紧凑。一天到晚都是，早上 7 点到 9 点，下午 3 点。晚上 7 点。你比如说居委会的人，都是没搞过的，大家都不知道如何搞。后来就请了春晖的人来帮忙。我们不会的就问他们，搞活动就叫他们。比如，我们搞一个趣味运动会啊、老人座谈啊，都请他们协助，有时候也请他们出主意、写通知、打广告、做宣传栏。他们工作很细致的，有什么困难就去找他们。参与这些活动让我感到自己是这个地方的人，是这里的一分子，很骄傲、自豪的。还有，退休后，说实在的，也没什么可做，做这些事情让我感到自己老了还很有用的啊。

二、 组织化的参与方式

与个体居民的参与方式相比，由居民组成的社区民间组织这一参与方式使参与的居民人数更多、参与的内容更广、参与活动更丰富，能够形成较强大的参与力量去满足广大居民的参与需求和对社区生活的基本需求。

D社区邻里中心主任 GCL 说：

上次 L 社区周刊也来采访了，我们邻里中心和物管公司是一个沟通的桥梁。所以说现在随着活动的开展，他们都觉得，每次开展活动，我的工作量都很大。只要我见到的，有一面之缘的，就通知他们，或者请他们帮我说一下。活动通知会用固定的形式张贴出来，但大家也没有时间去看，中心的广场也贴，门卫那里也贴几张的。最终达到效果的，还是我们的口头通知。做活动，一方面是宣传邻里中心，另一方面，评选小区的孝德家庭，关心大家，尤其是老人。还有就是宣传一下健康的理念。再结合一些知识，说明为什么能长寿健康。比如，昨天我们搞的那个讲座，讲了好多例子，大家都觉得时间不够。发言的都有小礼物，街道和居委会一起出资，3 比 1 的比例。L 街道现在越做越好了，从去年 9 月份开始，到今年 2 月份结束，他们聘请了春晖养老，政府购买服务，搞得很好。今年投入是 20 万。越来越好了。实际做到位了的话，肯定是好的。像我们这种做义工性质的，哪里有那么多时间去做。社区周刊说，他们到每个小区去调查，看大家有什么需要，结合大多数人的需要，看有什么意愿、要求，春晖的工作人员，去我们同乐花园去询问居民的要求和反应。然后，设计符合小区的活动，就是出金点子嘛。政府也来考察，看我们有什么意见和建议。政府以问卷的形式调查。我们都写了建议的。就是说，适合居民的金点子。有时候，我们毕竟有些孤陋寡闻。怎么开展活动，符合居民的需要，也让大家有兴趣参加，我们不是专业的，这样的调查是有很大的好处的。具体情况具体分析，他们的人手才够数，也够质量。

可见，一方面，组织化参与可以产生“放大效应”，增强参与的有效性。[①] 尤其是在解决社区日常生活的矛盾时，居民以组织的方式团结在一起极大地有利于共同利益的维护。同时，政府再通过购买服务的方式引入专业社工的指导，将更加推进居民的组织化参与效果。另一方面，以组织化的方式推动居民参与行为将会有更为丰富的参与活动。

个案：组织化的居民参与形式

A社区同乐花园邻里中心的居民参与形式

同乐花园邻里中心位于机场路同乐花园同乐楼，面积约25㎡，小区目前拥有居民楼10栋，住户800多户。邻里中心的组成人员都是小区内的热心人士，居民委员会对邻里中心日常工作的开展和运行只充当指导角色。目前中心拥有负责人7名，其中主任、秘书长、财务部、人力资源部、帮扶部、宣教部、文体部各1名，中心的顾问1名以及督导2名，都为居委会成员。中心工作以“邻里互助、方便居民”为服务理念，引导居民以邻为德、以邻为善、以邻为亲，加强邻里团结互助，依托政府和民间的双重资源，开展日常的工作。

(1) 活跃文化氛围。在小区内，无论早晨还是晚上，邻里中心的成员亲自带头参加唱歌、跳舞、弹奏乐器等活动，活跃整个小区的文化氛围，吸引小区居民参与其中，乐在其中。在参与的过程中，注重和邻里沟通、交流、合作，推进睦邻友好，营造和谐的小区气氛。

(2) 特色项目：注重文明施教。小区内的卫生环境、居民言行是小区文明的窗口。在邻里中心，几十名热心居民自发组织义务巡逻队，由中心主任冯胜华带头，分组值班，不间断地巡视小区，对小区内乱丢垃圾、高空抛物、乱踩绿化带、破坏公共设施等不文明行为进行文明劝导，解决居民间及家庭之间的纠纷、防火通道堵塞等问题。只要有利于小区内的文明、卫生、团结、和谐，哪怕吃点苦，受点埋怨，他们也愿意做，乐意去做。中心的成员希望用他们的热心和文明行为去潜移默化地带动、感染更多的人。

(3) 谈心会。现代社会的快节奏，让人们整天奔波于工作与家庭两点一线之间，与街坊邻居沟通的时间少了，与别人聊天互相认识的机会少了，与别人倾谈，释放工作和生活压力的地方少了，邻里中心创造了一个邻里之间互相沟通的平台。通过谈心会，创造睦邻友好的和谐气氛，以不同方式让居民坐在一起，使居民们互相认识、互相帮助、密切邻里关系，以增进邻里友谊与团结。

(4) 便民活动。邻里中心通过解决小区居民一系列日常生活中的小问题，发挥居民与小区商铺的互助精神，搭建居民与居民之间沟通认识的桥梁，打造便利、互助友爱、文明和谐的小区，展露邻里之间无微不至的热心和关怀。邻里中心经常组织社区内有特长的义工参与到便民活动中，为居民提供医疗、修理、剪发、心理辅导、职业介绍、培训等方面的志愿服务，真真切切地服务居民、帮助居民。

(5) 帮扶助困。邻里中心广泛发动居民，通过募捐或者收集物资等方式在小区组织义卖活动，通过居民监督和邻里中心管理方式，用募捐和义卖所得资金帮助小区内有确实需要帮助的人。如，今年4月2日，中心成员探访在医院接受手术治疗的居民黄惠雄；4月14日，探访陈雪英、周意葵等困难家庭。

(6) 开展文体活动。在小区内，中心成员经常组织各项文体活动，鼓励和发动更多的

① 参见李卫华：《行政参与主体研究》，山东大学博士论文，2008。

居民参与到活动当中，丰富文化生活，提高生活质量。成员通过与社区文体义工队、特长居民联动开展各项文体活动。文体活动形式多样，唱歌、跳舞、跳绳、拔河、家庭亲子运动会等形式，都是居民喜闻乐见的活动内容。

从效果来看，在本次调研中，有36.7%的居民认为社区举办的活动或社区民间组织开展的工作，如社区理事会、社区邻里中心等，对实现政府与老百姓之间的沟通、交流与合作互动有很大的作用，46.5%的居民认为作用一般，只有7%的居民感觉没有什么作用。由此可见，通过社区民间组织打造的多样参与渠道还是被较多居民所认可和接受的，这些方式在实践中不断被地改进、综合使用。最后，居民参与可以通过哪些途径、这些途径能否发挥作用在很大程度上取决于政府的态度。政府只有真切地认识到居民参与的作用并主动收集民意用于决策，才可以维护公共利益并被公众认可。现有途径需要完善、新的途径需要尝试探索，如何发挥其应有作用、改进其可能存在的不足，需要政府和公众的共同努力。

综上可见，居民参与的渠道呈现出多元化、组织化的状态，参与方式也十分多样化。首先，根据居民参与的程度、作用方式及权力分配等，[①] 参与方式可分为直接参与和间接参与两大类。前者主要有召开社区居民会议，开展社区文化、体育、公益服务类活动以及维护社区环境卫生等方面的内容；后者主要有选举社区决策人员、选举居民代表、评议社区干部等方面的内容。其次，根据居民参与的组织化渠道来看，如居民参加到这些由基层政府培育的社区民间组织中去，通过向组织表达意见、反映情况，大家凝结集体智慧的力量，不但其意见的代表性广，而且效果佳。同时，政府也非常鼓励这样的组织化参与方式，不但可以提高基层管理的效率，减少大量的人力、物力投入，更为重要的是居民的参与度在提升，居民的参与是在政府可控范围之内的。再次，参与的具体方式呈现多样化，如各类意见征集会议、主题论坛、刊物（社区报纸、黑板报等）、意见箱、电话、通信、互联网为参与提供了重要的物质条件。最后，当居民有很高的参与热情和参与需求时，如果缺乏正常的合法参与途径，或者正常的参与途径受阻，而居民在参与过程中又缺乏足够的理性，则会出现居民的非法或非正常的参与行为。例如，居民在政治参与中与政府发生冲突，通过示威、静坐、暴力等方式在基层社会制造剧烈的冲突，从而引发参与危机。

① 参见李立：《加强社区民主自治管理刍议》，载《沈阳干部学刊》，2010（2）。

第三章 居民参与的路径

尽管社区建设的内容越来越多，居民可以参与的领域也不断扩大，但是居民通过什么样的渠道和方式参与社区公共事务和活动，成了最终实现居民自我管理与服务这一城市社区建设宗旨的关键问题之一。目前，政府管理制度的调整、社区民间组织的兴起、网络技术和大众媒体的发展等都为居民参与社区事务与活动打开了更多的路径。在现代化的社会条件下，人与人的社会互动关系出现了一些新的变化和特点，生活方式也会出现与以往很不同的情形，在这个动态变化的过程中，居民有效表达自己的意见和满足社区生活需求的方式也日益增加。

第一节　社区民间组织的兴起

我国的城市社区民间组织起步较晚，虽然历史上中国并不缺少社区民间组织，甚至中国的社区民间组织还曾经非常活跃，但是毕竟新中国成立后中国的城市社会结构发生了巨大的变化，民间组织一度成为“难觅踪影的稀罕物”——民间组织的发展出现了断层。改革开放以后的民间组织存在缺少传统、缺少继承的问题。即使到了现在，中国的社区民间组织同样缺少某种独立性，普遍具备明显的“官民两重性”。[①] 1989 年 3 月 18 日天津市和平区新兴街志愿者服务协会成立，它标志着我国城市社区民间组织的诞生。从此以后，作为基层社会管理的重要载体和中介途径之一的社区民间组织便开始逐步发展起来，并在管理和服务方面取得了一定的突破，正呈现出一种较为健康的发展态势。然而，与西方共同体公益组织的兴起相比较，我国社区民间组织的发展是在国家组织成熟且控制严密的背景下生长起来的，虽然其成长模式尚未定型，但明显的特征和生长适应方式已经开始显现。

① 参见刘忠定：《一种官民二重的结构模式——社会转型时期的“第三部门”分析》，载《南京师范大学学报（社会科学版）》，2003（3）。

一、社区民间组织的含义

“民间组织”，在国际上通称为 NGO（Non-Governmental Organization），即“非政府组织”或“第三部门”（Third Sector）。社区民间组织是民间组织的组成部分之一，其含义有广义和狭义之分。广义上的社区民间组织是指在社区范围内开展各项活动的所有民间组织，其中包括本社区成立的民间组织以及在社区内活动的其他民间组织；狭义上的社区民间组织则是指在所限定的街道、社区内成立的，以满足居民不同方面的社区生活需求为目的，从事经济、科技、教育、文化、体育、环保、慈善等活动的民间组织。[①] 本书所指的社区民间组织主要是在限定的街道或社区内成立的，组织成员由本社区成员构成，以满足居民的社区生活需要为目标，并在本社区范围内开展各类活动和服务的民间组织。

二、社区民间组织兴起的现状与特征

近年来，我国社区民间组织随着社区建设向纵深发展而得到迅速的发展，虽然其发展历程较短，但也经历了一个从小到大、从弱到强、从自发无序到规范有序的发展历程。自21世纪初期以来，社区民间组织的成长在规模大小、利益指向、规范程度、模式转变等方面都取得了长足进步，并开始进入积极、健康的发展轨道上来。根据《中国民间组织报告（2011—2012）》的统计数据显示，截止到2010年底，全国登记注册的民间组织已达44.6万多个。其中，社会团体24.5万个，民办非企业单位19.8万多个，各类基金会组织2,200个。[②] 国务院在2011年公布的《社区服务体系建设规划（2011—2015）》中明确提出了每个社区最少应建立5个民间组织。可以说，社区民间组织已经成为我国数量最为庞大的民间组织类型，并将逐渐形成门类齐全、层次有别、作用明显的社区民间组织网络体系。我国社区民间组织的类型一般分为文体活动、社区福利、权益维护、志愿服务以及社区其他服务等五类。社区民间组织主要包括社区民间社团和社区非营利服务组织两大类。前者是由社区居民自愿组成并开展活动的非营利性社团组织，按功能可分为文体娱乐类、利益维护类和公益类等各种协会；后者则是为居民提供社区服务的公益性和互益性组织。[③]

目前，NH区拥有社区组织已达100余个，主要是教育类的组织，例如各类民办的幼儿园。此外，截止到2012年L街道已成立12个城市社区邻里中心，14个和谐社区理事会，其中8个社区邻里中心注册成为民间组织，注册资金为1万元，由居委会负责出资。同时，大沥、丹灶、狮山、桂城等地成立多个街坊会，西樵等地成立互助社，各种社区民间组织纷纷在城区、镇街涌现。L街道在通过社区民间组织的兴起来调动居民的广泛参与方面做出了有益的尝试，其典型代表为社区邻里中心与社区理事会。

（一）社区邻里中心

社区邻里中心是L街道创新社会管理，为居民提供更完善社区服务而培育成立的民间

① 参见朱红权：《社区和社区民间组织概念解析》，载《经济研究导刊》，2011（6）。

② 参见黄晓勇主编：《中国民间组织报告（2011—2012）》，北京：社会科学文献出版社，2012年，第1—7页。

③ 同上书，第35—36页。

组织机构，是由社区居民、志愿者、热心人士自愿组成的非营利性的社会团体，是本土化的 NGO 组织。邻里中心的成立旨在鼓励更多居民参与社区建设和自主管理，充分调动和发挥社区居民、志愿者、社会热心人士的积极性和服务热情，逐步发挥社区民间组织的作用，开展公益性的友爱帮扶和邻里互助活动，营造睦邻友爱、守望相助的新型邻里关系。A 社区邻里中心主任 GCL 说：

我们创建了邻里中心，这个小区是来自五湖四海的人都在这里居住，其实，整个北区这个情况都比较普遍，差不多属于“新移民城市”这种感觉。首先，就是我们居委会和政府在注重文化方面搭建了很好的平台。我们居委会就成立了十几支文体队伍。在业委会的努力下，成立了邻里中心。这个比成立文体骨干队伍，更拉近了与居民间的距离。大家从陌生，到认识，到逐渐成为朋友。

L 街道的 8 个邻里中心已经在 2012 年 3 月 30 日注册成为民间组织。对此，NH 区政府给予了一定的政策倾斜，最开始决定给予注册资金 2 万元，但是由于这个组织的特殊性，区民政办将其资金费用改为了 1 万元，并由社区居委会注册注资，财物由邻里中心自己管理。关于社区邻里中心场地的建设，政府作出了明确要求：凡挂牌成立的社区邻里中心，中心内应配备有办公设备、基本的居民活动设施（如报纸、图书、乒乓球台、健身器材、舞池等），中心要定期开放，制度完善且规范上墙等。社区邻里中心的工作职责是开展服务性工作，职责涵盖帮扶、培训、文体、邻里活动、发展志愿队伍等五个方面，其开展的活动项目：第一是邻里帮扶活动。针对社区内有困难的居民，如孤寡、独居老人、残疾人、单亲家庭、精神病家庭等弱势群体或家庭突遭变故、低保户等特殊居民，联合社区、党支部或自主组织居民、社会热心人士开展不同形式的慰问探访等帮扶活动，传递社区关爱。第二是培训教育活动。从居民群众需要出发，结合社区实际组织的不同类型的学习型活动，如法律知识的普及和宣传、疾病预防和健康教育知识讲座、计划生育和科学育儿知识讲座、青少年思想道德教育讲座、家庭素质教育讲座、技能培训、普通话培训、手工培训、暑期培训等学习活动，提高社区居民的综合素质。第三是文体活动。各项群众性的文化娱乐活动，如歌咏、摄影、书画、演讲、曲艺、舞蹈、足球、篮球、网球、羽毛球、乒乓球、田径、健身操展示活动或比赛等，通过活动增进邻里间的沟通与了解，营造和谐邻里氛围。第四是其他具有积极意义的邻里活动项目。有助于推动邻里间和谐关系的培养，如邻里座谈会、评选好邻里等，或具有创新性的、适合街道经济和文化发展的、围绕社会需要和群众需求开拓的新型活动项目。第五是发展志愿者队伍。

（二） 社区理事会

L 街道社区理事会是以科学发展观为指导，围绕加强社会建设，参与社区建设、管理和发展等重大事项的协商、议事和监督的民间组织，是社区居民、辖区组织参与社区建设的基本途径和主要平台之一，发挥着集聚资源、决策咨询、民主议事、监督评议、参政议政的作用。不断满足社区居民多元化的民生需求，构建共驻、共建、共享的社会主义和谐社区。

第一，理事会主要职责包括对社区建设、管理和发展等重大事项进行交流、研究和商讨，集思广益，充分吸纳各方意见和体现各方利益，增强决策的认可度、科学性和有效性；听取社区自治组织关于发展规划、年度工作计划和工作总结、重大社会管理事项等方面的报告，并提出意见和建议，促使社区管理趋向规范、公开和透明；监督和评议社区居委会，及时对居委会的工作提出意见和建议；做好区域内各成员单位的协调服务工作，整合和聚集区域资源，充分挖掘、有效盘活社区各方力量，引导成员单位参与社区建设，形成共驻、共建、共享、共赢格局，不断推进区域自治；积极组织开展具有社会性、群众性、公益性的社区活动，接受社会团体、企事业单位和个人捐赠，拓展社区服务项目和内容，丰富社区居民的精神生活，推动社区和谐发展（见表 3.1）。

表 3.1　社区理事会的部门与职责

部门设置	职责
社会工作委员会	社区党总支部、居委会在重大决策出台前，交由委员会成员进行广泛的意见征集及提出修正建议，务求使决策更具科学性、贴近民意；对社区党总支部和居委会工作进行监督评议，发现问题及时提出，并督促改正；对社区党总支部和居委会的建设、管理、发展提出合理意见和建议；对政府有关部门的工作进行监督，并提出意见和建议。
社区关爱帮扶服务部	与社区居委会密切联系，熟悉社区内困难居民、独居、孤寡老人等弱势群体情况，深入联系社区居民，发现和关注社区内困难居民，给予帮助和支持，并发动理事单位给予物质或精神上的帮助；协助社区关注辖区内青少年健康成长工作，与教育部门保持沟通和联系，开展服务，在青少年学习、升学、成长、就业等方面提供帮助，为社区青少年营造一个轻松健康的成长环境；倡导和发动社区资源、社会热心人士帮扶社区弱势群体；制定长效的探访制度，定期上门探访慰问社区困难居民，制定年度探访计划并贯彻落实；帮助本辖区内的外来工解决生活、子女入学等方面遇到的特殊困难。
社区综合服务部	按照专业特长，组建社区综合服务队，与社区青年、老年、妇女和儿童、邻里中心等不同服务群体挂钩；负责收集居民对社区市政建设、环境卫生、治安等方面的问题，并向有关部门提出处理意见和建议；协助社区解决日常家庭邻里矛盾纠纷，加强邻里关系等综合服务，营造邻里和谐、互助的氛围；协助社区开展各项服务；协助社区处理各种不稳定因素。
社区宣传文体部	协助社区开展政策、法律法规的宣传；掌握和熟悉社区发展热点问题，协助社区成为和谐邻里的典型和模范，在建设中宣传先进经验、传统美德、孝德文化，树立互帮互助、互相关爱的邻里风尚，构建社区和谐氛围；协助社区组建各类社会团体，定期对社区队伍进行培训，提升队伍素质；参与社区调研活动，了解社区情况，宣传社区服务；带动开展各类文体活动，活跃社区文体氛围，在社区义务演出，负责对外文化交流。

第二，社区理事会的组织架构包括理事大会、理事长会议和秘书处，并下设若干专业委员会和专门部门。其中理事大会为理事会最高权力机构，理事长会议为理事大会的常设机构，秘书处为执行机构。理事会由理事和理事单位组成。理事会每三年一届；理事大会须有三分之二以上的成员参加方能召开；理事长、常务副理事长、副理事长由理事大会全体成员根据建议名单选举产生并组成理事长会议，选举须经全体成员的半数通过方能生效；秘书长由理事长会议聘任。新一届理事会筹备小组由社区党总支书记发起组成，筹备小组负责新一届理事会成员的选配。理事大会每年度必须召开一次，负责对社区事务年度工作情况进行评议和监督，负责理事长会议成员的选定。遇有临时紧急情况，经理事长会议召集或者 10 名以上理事联名召集可召开理事大会临时会议。理事长会议在理事大会闭会期间负责对社区的重大事项进行通报、讨论研究、提出建议及进行监督。其内部设置如下：设理事长 1 名，由党总支书记兼任，负责日常工作的决策执行；设常务副理事长若干

人，协助理事长开展工作，当理事长外出时，代替理事长处理日常相关事务；设副理事长若干人，协助理事长开展工作，商讨社区重大事务，为社区发展建言献策。理事长会议常规每季度召开一次，由理事长负责召集或由理事长会议成员5人以上联名召集，由秘书处负责组织会议。理事长会议须有三分之二以上的理事长会议成员出席方能召开，其决议须经到会成员半数以上表决通过方能生效，涉及人员变动、章程修改等重大决议须经全体成员的半数通过方能生效。理事会设秘书处，负责理事会日常工作的处理和理事会、理事长会议相关决议的执行和会议的组织。

第三，社区理事会的工作制度包括三个子制度：一是政策咨询制度。党总支部、居委会、经联社在重大决策出台前，形成征询意见稿，按照内容的性质交由理事会辖下相关部委进行咨询及征求意见。由理事会相关部委成员广泛听取民意，认真讨论并提出意见或建议，书面反馈到秘书处，然后由秘书处按内容性质转交给社区党总支部和社区居委会，作为社区在该项决策正式出台前的参考依据；二是议事制度。社区理事会在各类会议召开前，要将会议讨论的议题提前10天通知到理事会相关成员，由理事会成员广泛听取和收集民意后，再在会议上发表意见和建议。社区理事会会议召开后5天内，将会议决议以书面形式发至社区党总支部、居委会以及各理事会成员，以此形成共同意见，促使相关单位承担起职责。对理事会提出的问题，社区应在30个工作日内给予解决或答复。属于非社区能力解决范围内的意见和建议，应按问题的性质转交至街道相关部门，由街道相关部门按文件收发程序，接收相关材料，并在60天内对理事会提出的问题给予答复。社区理事会应在下一次会议上及时通报前次会议决议事项的处理情况；三是参政议政制度。理事会各成员应承担起收集社情民意的职责，对社区社会管理、民生事项可以联名10名群众或5名理事会成员提出提案，交社区理事会研究讨论，并形成议案，转社区居委会研究解决。理事会成员应对社区管理和民生等工作献言献计、监督评议，对社区发展各项事务提出意见和建议。社区党总支部、居委会要充分听取理事会成员的意见并要认真研究解决。

同时，社区理事会还建立了良好的发展机制和激励机制，规定了理事成员的权利，制定了评估与激励政策，充分调动理事会成员的积极性，参与监督评议、参政议政、集聚资源工作，发动更多社会精英加入到社区理事会中，不断补充和充实理事会成员架构。其中，理事成员的权利包括参与理事会活动，享有理事会选举权和被选举权；参与社区事务的组织、商讨；积极收集社区社情民意，对社区事务提出意见和建议；监督社区事务的开展和有关决议的执行。成员的义务包括严格遵守理事会章程和有关制度；积极参与理事会运作和社区建设，积极收集社区社情民意，对社区事务提出意见和建议；执行理事会大会决议；完成理事会交办的任务。而对理事会的评估与激励则包括按照理事会的运作情况、成效、群众的满意度等方面，交由第三方进行评估，评估结果作为党总支部、居委会工作考核的重要内容之一。同时，按照“政府倡导、政策导向”原则，由政府设立专项资金，以“以奖代补”形式，实行项目激励、工作激励、荣誉激励，增强理事会的履职活力、动力和热情。

社区理事会的成立是L街道在探索社区参与式治理实践中的创造，它有别于传统意义上的社区协商议事委员会，其更能发挥集聚资源、决策咨询、民主议事、监督评议、参政议政的作用。为提升理事会的地位并激发理事会积极参与社会管理、经济建设、慰问探访、帮扶等方面的活动，各社区围绕社区公共事务管理定期和不定期召开理事会会议，提出对于各类规划建设、民生事宜等内容要广泛收集理事的意见和建议，并形成议案和意见，作为社区党总支部、居委会在重大决策出台前的决策依据。同时，通过理事会组织赞助文体活动，对各社区的“三大中心”（社区卫生服务中心、综治中心和活动中心）建设提出意见，在社区治安、市政、文化体育、公共卫生、精神文明建设以及活动经费的筹集等各方面发挥应有的作用。同时，社区理事会的建立对于监督社区完善各项制度建设、协调改善民生、提升居民幸福指数以及推动广大居民群众参政议政起到积极的作用。

社区民间组织作为民间组织的组成部分，除了具备民间组织的一般属性之外，它还拥有自身的显著特点。美国霍普金美斯大学的塞拉蒙教授就曾指出社区民间组织拥有组织性、民间性、非营利性、自治性、非政府性、志愿性以及非宗教性等特征。[①] 在我国，社区民间组织主要具备以下五个方面的特点：第一，民间性。社区民间组织的民间性体现在它的成立不依附于政府，与国家的政治和行政体系相分离，在人员安排、制度制定、内部管理以及社会互动上不接受政府的直接管理，有权自行决定参与社区建设的内容。第二，社区性。社区民间组织产生于社区、活动于社区、服务于社区，社区是其生存与成长的土壤，是其持续发展的必要条件，[②] 其提供的公共服务与开展的活动应根据社区建设的需要而及时调整。第三，自治性。所谓自治性是指社区民间组织作为独立于政府体系的社会组织，在人事、财务、决策等方面一般不依附于任何其他的社会组织，尤其是不依附于政府机构，因而具有独立决策、独立进行自我管理的能力，是独立自主的社会主体。[③] 第四，志愿性。志愿精神是社区民间组织最为重要的精神资源。社区民间组织的志愿性包括了组织的志愿性、服务的志愿性以及活动的志愿性。第五，非营利性。社区民间组织在提供社区服务时不以谋求经济利益为目标，而是以为居民提供优质服务为宗旨。一般情况下，社区民间组织所积累的资金不用于利润分配，而是返还于社会，投资更多的社区服务项目，从而实现以服务促服务的发展。

总体而言，社区建设的可持续发展有赖于政府、社区自治组织和社区民间组织三大结构性力量的共同努力、通力合作，有赖于整合一切可以整合的资源。但社区建设的现状呈现出“两头强、中间弱”态势，即过分重视政府的“行政化推动”与基层民主自治建设，而忽视社区民间组织的培育发展和功能发挥。因此，为了促进社区建设健康有序发展，政府必须大力培育和发展社区民间组织。但就目前的情况看来，我国社区民间组织的发展还处于发育和成长的起步时期，其力量和作用效果还比较弱小，要使社区的民间组织真正成为社区建设与发展的主力，并充分发挥其作用，使其成为居民参与的新渠道，以此调动居民的参与积极性，培养居民的参与意识，还有一段较长的路要去探索。但最终，我国要建立起“政府主要负责、各类非政府组织大力支持、社区成员广泛参与”的模式，以民间性为特征之一的非营利组织是市民社会的主体性力量，随着非营利组织在社会结构中所占的位置日益重要并最终形成与国家相抗衡的力量时，就产生了新的结构性平衡。[④]

---

① 参见范丽珠：《全球化下的社会变迁与非政府组织（NGO）》，上海：上海人民出版社，2003 年，第 131 页。

② 参见徐济益、刘爱莲：《城市社区民间组织与驱动功能分析——以南京鼓楼区社区民间组织为例》，载《城市问题》，2005（5）。

③ 参见中国现代国际关系研究院课题组编著：《外国非政府组织概况》，北京：时事出版社，2010 年，第 6 页。

④ 参见郑杭生、章谦：《社会转型理论视角下的中国非营利组织》，转引自郑杭生：《中国特色社会学理论的应用：当代中国社会学的热点问题》，北京：中国人民大学出版社，2005 年，第 64 页。

第二节　社区民间组织的本土化

自 20 世纪 80 年代以来，受国家与社会分化的影响，各种民间组织在全球发展速度迅猛，已形成为独立于政府国家体制与市场体制之外的第三部门。对于民间组织的兴起，西方学者用“政府失灵说”和“市场失灵说”进行解释。由于政府与市场的运作方式各自都存在缺陷，不能完全胜任社会赋予的重任，从而导致民间组织应运而生。[①] 在我国，从计划经济体制向市场经济体制转变的过程中，基于单位体制的社会秩序与组织模式正面临转型与重构，社区逐渐取代单位成为基层社会管理的手段。[②] 由此，社区建设的发展为社区民间组织的发展带来了良好机遇。此外，单位社会职能外溢、城市社区人口结构变化、城市居民闲暇时间增多等也是社区民间组织兴起的重要原因。[③] 正是由于这些复杂的成长背景，我国社区民间组织的兴起与成长具有自己的特征和发展方式。

一、本土化的含义

“本土化”一词的英文为“indigenization”，又译为“本国化”“民族化”或“本地化”，是指使某事物发生转变，适应本国、本民族、本地的情况，在本国、本地生长，具有本国、本民族、本地的特色或特征。[④] 我国民间组织是在地区发展不平衡，各地区在社会转型的程度上存在着较大的差异，社会内部形成了一个个异质性高的“社区”等特殊的背景下兴起的，社区民间组织有一个本土化的过程。所谓社区民间组织的本土化是指一种通过借鉴外来民间组织发展的合理成分，以增进本土社区民间组织成长的适应性和实用性，从而形成具有地区性特点的发展过程。其具体含义主要有以下三个层次：第一，社区民间组织的本土化是一种符合社会组织整体发展规律同时又独具特色的发展过程。社区民间组织作为社会组织的组成部分之一，从目前的总体上来看，其发展状况和其他社会组织一样，都需要得到政府的大力培育和社会的认可与支持。第二，社区民间组织的本土化是在借鉴并吸纳国内外社会组织发展的合理成分的基础上，满足本社区发展需要的过程。其发展的立足点应该是满足社区居民的需求，为社区居民提供个性化、多元化的社区服务以及为社区居民表达和维护权益提供组织化渠道等。第三，社区民间组织的本土化目标需要立足高远。虽然社区的事务很具体，居民的需要也很实际，但是社区民间组织的发展要肩负重要的使命，即社区民间组织要成为加强社区管理、推进社区自治、拓展社区服务、促进社区精神文明建设的重要力量之一，以承接政府改革后转移出的部分社会职能，并在构建基层社会民主的管理机制、实现社区成员利益表达与意志聚合等方面发挥积极作用。[⑤]

---

① 参见王名、刘培峰等：《民间组织通论》，北京：时事出版社，2004 年，第 30 页。

② 参见崔月琴、袁泉：《社会管理的组织化路径——社区民间组织的“均衡化”发展》，载《社会科学战线》，2011（10）。

③ 参见陈富仁：《我国城市社区民间组织可持续发展问题研究》，重庆大学硕士论文，2011。

④ 参见郑杭生、王万俊：《论社会学本土化的内涵及其目的》，载《吉林大学社会科学学报》，2000（1）。

⑤ 参见邓恩远：《社区民间组织的特征与功能定位分析》，载《中州学刊》，2006（4）。

二、 本土化的特征

社区民间组织的发展状况因各地的实际情况不同而有所差异，但总的来看其本土化发展的过程大致呈现出了以下特征：

第一，“自上而下”和“自下而上”两条发展道路相结合。所谓“自上而下”的发展之路，是指社区民间组织的成长与政府的改革密切相关，它在一定程度上是政府行政改革和职能转变的产物，其社会资源主要来自党和政府相关机构的授权控制。[①] 而“自下而上”的发展道路则是指社区民间组织的发展源于民间的自发力量，是居民社区生活需求的产物，其活动领域及方式具有多样性，组织管理及运作具有自发性等特征，其发展基础在于居民的主动参与。这两种发展道路一方面体现了社区民间组织借助政府的行政支持，进而获得一种自治性的发展；另一方面直接决定了其性质定位的多元化。而“性质定位的多元化”指的是社区民间组织的性质不是单一的，随着社区建设的深入发展，其性质定位处于综合状态，“政府”和“社会”两种因素交织在一起，呈现出社区民间组织的“民间性”，“半官办”性以及“行政性”。[②] 目前，从整体上说来，社区民间组织的发育程度低，受管理体制的影响深，发展资源不足，自身能力欠缺，行政依赖性依然很强。另外，由于受组织的规模、绩效、社会公信度等方面的影响，大多数社区民间组织还难以有效地承接从政府部门中转移出来的部分社会职能。

第二，自我组织能力的欠缺与居民组织化互动方式需求的不协调。目前，社区的地域性特征无法满足共同体构成的情感与生活需求，但日益组织化的行为方式却可以通过组织化反应，促使社区成员间形成较为亲密的邻里关系。所谓组织化反应是指个体之间有组织的、模式化的互动。[③] 这亟须社区民间组织通过开展社区活动，让居民拥有更多的互动机会。然而大多数社区民间组织的规模偏小，忽视自身组织能力的建设，规范化运作水平不高，在发展上往往过多地依赖于政府的支持，适应市场和社会需求的能力较弱，[④] 而无法发挥促进居民组织化互动的作用。近些年，一部分社区民间组织正在逐步建立起自己的组织章程和必要的内部管理制度，开始拥有相对固定的组织人员，其管理也处于比较有序的状态。但总体而言，社区民间组织的自我组织能力十分有限，与社区组织的现代发展方式不一致。

第三，各地之间的发展状态不平衡。我国地域辽阔，地区差异较明显，其市场经济的步伐和成熟程度有较大差距，这就导致了各地区的社区民间组织的发展在资源、政策及类别等方面出现了不一致的状态，其表现为：首先，发展资源分布不均。从地域分布来看，在东部沿海地区的社区民间组织的数量相对较多，而西部欠发达地区数量较少，形成了具有区域差别的发展格局；再次，政策支持不平衡。我国的社区民间组织在那些政策相对宽松、进入门槛较低、易于获得资源的地区和领域已经开始初具规模，但在内地和西部地区发展较慢。再次，发展类别不合理。在社区民间组织中，业务管理类、政治领导类组织所

① 参见赵莹莹：《论我国城市社区民间组织的培育与发展》，兰州大学学位论文，2009。

② 参见王颖等：《社会中间层——改革与中国的社团组织》，北京：中国发展出版社，1993年，第336页。

③ 参见邓伟志主编：《社会学辞典》，上海：上海辞书出版社，2009年，第52页。

④ 参见毛军权：《基于政府视角的社区民间组织发展瓶颈问题及其对策》，载《经济体制改革》，2010（2）。

占比例偏高，而服务公益类的社区民间组织所占的比例偏低。在这种结构与功能格局的影响下，社区民间组织的公益性服务不足。最后，缺乏明确的合法性身份。衡量一个组织具有合法性身份的主要标准源自于相关法律法规的规定。① 在我国，关于民间组织的法规和条例有《社会团体登记管理条例》《民办非企业单位登记管理暂行条例》以及《取缔非法民间组织暂行办法》等。尽管这些法规、条例对民间组织的合法性问题做出了明确规定，但由于民间组织的准入门槛较高，在相关部门登记注册前，需要找一个挂靠单位作为其业务主管单位，所以社区民间组织一直都面临着没有合法身份的窘境。目前，只有在少数经济较发达地区的政府部门在给予民间组织合法性身份方面实现了突破，如广东省于 2012 年 7 月 1 日起实施了《关于进一步培育发展和规范管理社会组织的方案》，该方案规定除特别限定、特殊领域外，将社会组织的业务主管单位改为业务指导单位，社会组织可直接向民政部门申请成立，② 而绝大多数活跃于社区建设与发展的这些草根组织都尚未得到正式的身份认可。

第三节　居民参与的规范程序与多元路径

居民参与的路径和方式是为居民表达意见和实现需求的有力保证，而在众多的参与方式中，最具影响的力的便是对公共事务决策的参与。这也是保障居民的民主权利，推动社区建设朝着自我管理、自我发展的方向前进。对此，在居民参与社区事务与活动的所有领域中，政治生活领域的参与最能体现民意、表达民意，把居民的意见切切实实地变为现实。居民参与社区公共事务的决策途径，将有效地体现理论探讨与实践效果之间对接，如果没有完善的参与途径设计，居民的社区参与就很难得到切实的保障。目前，居民参与社区公共事务决策主要是通过政府信息公开、听证制度、信访制度等途径，这些参与途径在以往较长时期内对于推动居民参与发挥了重要的作用，但由于基层社会治理难度的增加，居民的参与途径亟须得到新的拓展。③ 随着社会的快速发展，居民参与途径也在日益更新中，出现了如民意调查制度、非政府组织参与、网络参与等新途径。同时，政治参与在居民参与分类中属于制度性参与，是一个政治运行、政治行为范畴，是人民当家做主的民主制的实现途径，其价值不仅在于对居民政治参与的推动，而且在于制度化、规范化和程序化的运行方式的推广。④

一、 居民参与的规范程序

谈到居民参与的规范程序，其表现在政治性参与和非政治性参与这两个方面。尽管，

---

① 参见王高贺：《我国民间组织发展的现实困境及其突破》，载《理论与改革》，2012 (6)。

② 关于进一步培育发展和规范管理社会组织的方案，2012 年 4 月 25 日，见 http：//www.360doc.com/content/12/0709/06/200041_223097748.shtml。

③ 参见常金萍：《公民参与公共决策路径的完善与探索》，载《行政事业资产与财务》，2012 (16)。

④ 参见施九青：《试论公民政治参与及其制度化、规范化和程序化》，载《理论与现代化》，2003 (4)。

非政治性参与是当前城市社区居民参与的主要内容，而我们讲规范程序更多的是指在政治参与的范畴内，诸如社区居委会成员、各级人大代表以及居民代表等的选举事宜，这些都是典型的政治性参与活动。这种体制内的维权性参与是在认同主流意识形态、现行法律和政治制度的基础上进行的，政府如果对于民众在这类参与活动中所给出的意见进行认真考虑并接纳，不但会改善双方的互动成效，更能够加强政权的政治合法力度。① 从理论上讲，虽然政治性参与和非政治性参与的概念界定都很明确，不存在不容易辨识的问题，但在实践中却很难将二者严格地区分开来。② 例如社区居委会准备组织居民参与一个关于垃圾站选址问题的讨论，从社区公共权力使用的角度出发，可以把该次参与划为政治性参与，而从社区便民服务的角度来考虑，它是一次社区居民的事务性参与。总体来看，尽管近年来北京、上海、广东等地在不断探索居委会的直接选举工作并取得了明显的成绩，居委会的选举力度也得到了提升，但由于政治性参与的范围小、次数少，社区内单位与非政府组织都无法参与，它并不是居民参与的主要类型。而与此相对应，有关社区环境、治安、卫生、文化等方面的事务性参与则因与社区各类治理主体有着密切的关系，而成为社区参与的重点。

在本次调查中，居民在选择参与政治选举的方式时，有66.8%的居民表示会亲自参与投票，13.3%居民会委托他人投票，14.4%的居民说自己知道有选举但没有参与，还有5.5%的居民表示自己完全不知道什么时候选举，没有接到有关通知。由此可见，城市社区居民对于政治性事务的参与程度确实不高，但众所周知，选举是参与社会事务管理和决策的最基本途径。社区居民选出能代表自己利益的人担任社区负责人，赋予他们权力，实际上是居民间接地分享政治权利。在民主体制下，选举也是公民最重要、最简单的义务。如果能保证居民较为广泛、积极的政治参与，就能使民意表达更为顺畅、高效，有利于促进决策机制的构建，进而推进决策科学化、民主化的进程。③ 可见，规范的参与程序显得尤为重要。首先，除了法律选举程序以外，还有政党参与的形式。在许多国家，政治参与是以政党为中心的，即使在社区层面也是如此。政党通常是由具有类似态度和利益的人组成的组织，目的就是为了获得和维持对政府的合法控制。但是，在我国类似的情况几乎不存在。此外，被动执行式的制度参与已成为目前居民实施规范程序参与的主要形式。在社区的建设与发展过程中，各地地方政府根据自身的实际情况出台了一系列的政策，居民的参与得到了较大的鼓励和推动，其参与行为也得到了良好的引导与规范。换言之，政府为促进居民参与社区各项事务的管理与活动打造了有效的制度渠道，为增加居民参与的效果起到了较为重要的作用。可以说，在绝大多数情况下居民都通过合法的制度性参与渠道去表达意见和看法。除非居民个体之间或者组织之间发生了较为严重的利益冲突，而又得不到基层政府及时、有效地解决时，才会采取非制度性的手段。④

总而言之，完善居民参与的规范化程序有利于推动居民参与行为，一方面，政策制定者可以多采用一些参与的方法，如深入交流法、在政策组织中加入居民代表、居民训练、

① 参见何增科、〔德〕王海、〔德〕舒耕德：《中国地方治理改革、政治参与和政治合法性初探》，载《经济社会体制比较》，2007（4）。

② 王陆锋：《加强社区建设促进居民参与调研报告》，2011年8月9日，见 http：//wenku. baidu. com/view/c6b52134ee06eff9aef80773. html。

③ 参见《党员干部学习十六大报告讲座》，北京：人民出版社、学习出版社，2002年，第32页。

④ 参见熊易寒：《在政治冷漠与高投票率之间》，载《社会》，2008（3）。

基层意见搜集法、价值取向法等；另一方面，更为重要的是，政府通过上述做法可以使居民自己懂得运用不同渠道去影响公共政策的制定，如个别接触、舆论扩散、集体推动、游说工作等政策参与渠道，这是较为积极和主动的做法。[①] 要使社区居民参与具有真正有效的制度化方式，畅通居民的参与渠道，首先需要各个社区根据自身不同的实际情况，充分了解居民的需求，制定出一套较为细致、可操作性强的参与程序；其次需要推行社区政务公开，在阳光、透明的环境下开展社区内的相关事务，决策过程、实施情况、实施效果、矛盾与问题等信息应及时地向居民公布，这有利于居民对社区公共事务进行民主监督。

二、 居民参与的多元路径

所谓参与路径，是指居民参与社区公共事务管理与各项活动的渠道和路线。虽然大多数社区居民的参与率低、热情不高、参与的层次低等现状是由被动执行式制度性参与所造成的，但是仍然可以通过成立社区成员代表大会、社区协商议事会等方式完善民主参与制度，培养居民有序的参与意识，拓宽民主渠道，从各个层次、各个领域扩大居民对社区公共事务决策的参与，保障居民的知情权、参与权、表达权和监督权。目前，在大多数时候，居委会都通过非正式的方式搜集居民意见（见表 3.2）。

表 3.2　　居民了解社区各项信息的渠道

	选择	
	n	%
社区网站	355	21.0
社区宣传栏	180	10.8
居委会通知	122	7.2
居民相互告知	157	9.3
学校宣传	436	25.8
其他	438	25.9

从表 3.2 可见，在本次调查中，有 21%的居民表示自己是通过社区网站了解到社区信息，10.8%的居民是通过社区宣传栏来了解社区信息，25.8%的居民是从学校宣传中获得社区信息，还有 7.2%和 9.3%的居民是居委会通过电话、短信或口头传达以及居民间相互告知的方式得知社区信息。总的来看，信息化的发展使居民可以使用网络了解信息，快捷、方便，但这样的方式大部分是由年轻人掌握，对于社区的其他居民而言，仍然需要传统的方式进行信息宣传。较之以往，居民反映问题及希望解决问题或获得权利保护，其中最有效的途径是选拔打电话或向有关主管职能部门写信（占 56.3%），其次为利用私人关系解决（占 15.6%），利用群众性组织解决的占 14.2%，通过人大、政协组织解决的占 4%。[②] A 社区居委会主任 WQG 说：

没有正式的形式。多下基层，与居民聊一下天啦、慰问啦。有的人认识我，知道我是居委会什么人，但是我不会说自己是居委会什么领导。我觉得要真的为居民群众去多想。

① 参见贾西津：《公共政策中的公民参与》，2010 年 4 月 1 日，见 http：//www.chinareform.net/2010/0116/8338.html。

② 参见孙柏瑛、游祥斌、彭磊：《社区民主参与：任重道远——北京市区居民参与社区决策情况的调查与评析》，载《国家行政学院学报》，2001（2）。

然后告诉政府居民的需要，并得到他们的支持，必须要得到支持啊，给钱，多建点文化活动的场所啊。居委会的经费都不会大量地给，需要你打申请啊。一般都会批的，肯定批，解决群众的需要有的是利用政府的资源嘛，有的是利用社区的资源嘛。利用这些资源装点水电啊，都是好大的事情嘛，建好了居民来这里玩嘛。所以，真的是需要居民群众的共同参与啊。

可见，全靠居委会的工作人员下基层，走访群众，当面了解情况，听取居民的想法，这样的方式一方面效率低，另一方面代表性不足，不能听到更多大众的声音，属于比较传统的非制度性的方法。L 街道在完善居民参与社区事务决策和活动方面积极做到制度性方式与非制度性方式相结合，努力探索居民参与的组织化渠道（见表 3.3、表 3.4）。

表 3.3　居民参与社区活动的组织机构

	选择	
	n	%
政府机构	358	18.2
社区自治组织（居委会）	369	18.8
事业单位（如学校、医院）	79	4.0
商业机构	399	20.3
社区民间组织	338	17.2
其他	424	21.5

从表 3.3 可见，在本次调查中，有 18.2%的居民曾经参与过由政府机构组织的活动，18.8%的居民参与过居委会组织的活动，4%的居民参与过事业单位组织的活动，而有 20.3%的居民参与过商业机构组织的活动，17.2%的居民参与过由社区民间组织搞的活动。可以说，组织化渠道的参与行为越来越多地被凸显，也在居民参与中起到了重要作用，有利于不同行业、不同领域、不同兴趣爱好的居民都能凝聚在一起，表达自己的意见。

表 3.4　居民加入的社团情况

	选择	
	n	%
利益代表类社团	251	9.8
业务管理类社团	299	11.6
文体联谊类社团	435	16.9
公益服务类社团	431	16.8
学术交流类社团	427	16.6
政治领导类社团	317	12.4
没有参加任何社团	409	15.9

从表 3.4 可见，在本次调查中，除了工会、共青团以及妇联这类政治领导类社团和各种学会、研究会（如营养学会、建筑学会、城市科学研究会）之外，文体联谊类社团（如足球协会、网球协会、乒乓球协会、围棋协会等）与公益服务类社团（如社区互助组织、环保组织、扶贫组织等）仍然是居民参与的主要社团组织类型。这一结果离不开 L 街道近年来不断推动社区各类民间组织发展的努力。

（一）引导各类社区民间组织

一直以来，L 街道政府积极探索如何凝聚个体居民的力量，以正式的组织方式或者非正式的组织方式参与到社区公共事务的管理和活动中来，尽量多地发挥居民在社区民主治理中的作用。对此，L 街道自 2006 年起就成立了“爱心慈善超市”，广泛聚集社会力量，把可以利用的分散资源整合统筹起来，帮助有困难的群众更好地度过生活的难关。L 街道的爱心慈善超市自运作以来，社会反映良好，收到各类捐款 110 万元，油、米、灯具、书刊、衣服、日常用品等慈善物资若干。发放的救助物品包括油、米、棉被、毛毯、棉衣、洗涤用品、小家电、学习用品等超过 100 多个品种，金额近 57 万元，救助困难家庭 5,000 多户（次）。爱心慈善超市不但是社会捐赠的窗口、扶贫救困的全新平台，还是就业安置的重要渠道、筹集资金的有效机制、便民利民的服务网、弘扬传统美德的教育基地，是以解决困难群众生活及其子女学习困难为目的，有针对性地筹集和发放慈善物品为主要形式的经常性社会捐助和社会救助的一种补充形式。接受捐赠物品范围：文化学习用品、小家电、大宗物品、生活用品及其他物品。从 2008 年开始 L 街道政府就在 4 个城市社区创建社区联席会议，后来经过努力，逐渐发展成熟，成长为在 NH 区全区推广的和谐社区理事会。接下来，创办社区邻里中心，由邻里中心开展一系列关于社会生活为主题的分享、交流座谈会，动员社区居民广泛参与社区的事务管理。在本次调查中，居民在参与由社区组织的活动方面，11%的居民是以组织者的身份参与社区活动，63.8%的居民是普通的参与者，21.6%的居民仅仅只是观众，没有亲自参与其中，仅有 3.6%的居民是完全没有参与过。A 社区居委会主任 WQG 说：

比如，防盗、防抢的座谈会，同乐花园就搞得很好，大家分享啊，大家聊天啊。这次我去开会，像治安啊，这个问题都很严重，我都不怕讲的。根据数据来讲的话，这些事情，整个市场都存在很大问题，偷东西啊，飞抢啊，等等。治安人员是有限的，治安队都不可能做得很厉害的，三十几个人，按人头比例来算，都算少啊。

（二）利用网络技术和大众传媒的居民参与渠道

互联网的虚拟性决定了权威不拥有话语权、等级不拥有支配权以及资历（年龄）不拥有决断权，[①] 这一系列特征也成为导致网络技术在推进居民参与行为时的有利因素。

截至 2012 年 12 月底，我国网民规模达 5.64 亿，2012 年新增网民 5,090 万人。互联网普及率 42.1%，较 2011 年底提升 3.8 个百分点。[②] 面对如此高的互联网使用率，NH 区充分利用这一高科技的优势，促进民主建设，推动居民的社区参与。首先是 NH 区政府倡导开设官方微博，其一是微博问政，“L 微政”2011 年 5 月申请注册，本群是 L 街道实行微博问政的管理方式，政府部门和基层更贴近，更能通过该平台进行沟通。其次是加强文化建设，搭建互动平台，“孝德 L”。居民可申请新浪微博进行关注，并交流互动，留言等，同时，官方微博发布街道近期的各方面讯息，也转发其他相关资讯。每个社区也申请有自己的微博，进行及时的信息传递。如 L 街道 A 社区开通官方微博“L 安居乐业”，B

① 参见钟慧婷：《互联网表达：民意选择和选择民意——从奥巴马当选美国第 56 届总统看互联网的作用》，载《中国青年研究》，2009 (2)。

② 参见中国互联网络信息中心（CNNIC）：《第 31 次中国互联网络发展状况统计报告》，2013。

社区“红色阳光—B家园”，D社区“小城大爱—D社区”。其次是利用QQ群的建立编织了一张交流网络。再次是建立和完善L街道社区网站。L街道的社区网设有社区风采、社区党建、社区论坛、便民服务、义工专栏等栏目，方便居民及时了解社区的信息动态、共同参与社区建设。完善社区网站内容，定期对网站进行维护和更新。各社区通过网站实时发布各种活动信息，包括事前的通知、事后的总结、社区建设资料等，扩大了各社区的宣传，居民也可以通过网站进行咨询，加强了居委会与居民之间的互动交流。通过对网站便民服务的完善，为居民生活提供了方便，加强了社区服务。最后，是通过大众传媒的力量，创办了L街道社区周刊。据了解，L街道的社区周刊于2010年10月29日正式试刊，而社区记者的概念则在今年2月提出，并在3月正式成立了“L周刊社区记者群”。将近半年的时间，社区记者队伍随着L社区周刊影响力的提升也在日益壮大，现在已有将近100人。加入L街道的社区周刊记者群的人全部都是关心L街道发展的普通居民，他们来自社会的各个阶层，遍布L街道的14个社区，即4个城市和10个农村社区，形成了强大的信息搜集网络。借助L街道社区周刊的平台，社区记者通过投稿、爆料、Q群讨论等形式对发生在L街道的人和事进行深入报道。

总的来看，居民参与社区建设过程中主要是通过政府政务公开、听证制度、信访制度等方式参与社区公共事务的决策。同时，随着社会的日益进步和科技的快速发展，也出现了参与的新途径，如民意调查制度、智库利用、非政府组织参与以及网络参与等。

第四章 居民参与的机制

居民参与机制是在基层政府引导下形成的一整套规范化、制度化的参与方式，具有稳定性和持续性。良好的参与机制设置可以促进居民社区参与事业的持续发展，它将通过有效整合社区民间力量，推进社区建设的力度和深度。而居民参与机制从形成到构成一个完整的机制将在社区建设模式的变迁中历经一个较长的过程，并且呈现出自身的特点。

第一节 居民参与机制的形成及特征

居民参与机制的形成是以我国城市社区建设的蓬勃发展为背景，并在不断变迁的社区建设模式中孕育出来的，拥有自身的形成条件和特征。

一、 基层社会治理模式的重构

（一） 基层社会生活的变革与传统治理模式的失灵

在改革开放以前，由于计划经济体制的运行，我国实施了一套行政全能主义的基层社会组织制度——“单位制”。作为一种实现社会控制、资源分配和社会保障的组织形式，单位所起的社会作用全面而巨大，并呈现出功能合一性、非契约性、资源的不可流动性等内在特质[①]：一方面它几乎承担了诸如医疗保障、住房分配、养老等全部的社会服务职能；另一方面它将城镇中的社会成员都纳入到与国家直接相关联的组织体系当中来，社会成员的社会身份得以确定，并形成一种强制性的依附关系结构，实现社会控制与社会稳定的功能。可以说，单位是一个极具中国特色的概念，是中国特定时期政治、经济和社会体制的综合表现，它在一系列功能上替代了西方社会生活中的“社区”，满足了计划经济体制下人们的各种社会生活需求。然而，随着经济体制改革的深入推进，原有分配体制下的单位

---

① 参见路风：《单位：一种特殊的社会组织形式》，载《中国社会科学》，1989（1）。

制逐渐解体，单位人转变为社会人，大量社会事务开始回归到社会中去，加之工业化与城镇化步伐的提速，基层社会生活开始发生彻底地转变：第一，大量社会成员的身份转变导致了我国社会结构的巨变，社会人口的高流动性、异质性与高密集度等现状加大了我国基层社会管理的难度。同时，滞后的社区发展又不足以承担起提供多样社会服务的重任，基层社会的各种纠纷和矛盾涌现，错综复杂的利益关系和诉求影响着社会的安定团结；第二，人们的日常需求从单一走向多元，从较低层次需求向中、高层次需求发展，其中不仅包括了基本的生存需求，还有休闲、娱乐、康复以及精神生活等多方面需求，居民对于社区的居住环境和综合类服务也有了更高的期待；第三，家庭结构的逐渐分化与其自我服务功能的日益弱化，使人们在生活上对社区的依赖增强，这就要求在基层社会形成一种相对自主的社会生活共同体。①

事实表明，随着计划经济体制的瓦解，原有单位组织的管理网络弱化，引起了基层社会生活的各种深刻变化。而这些变化对现有的社会秩序和治理模式都造成了巨大的压力，使以往强调的政府权力对资源配置拥有绝对支配力的行政全能主义管理模式日益失灵，该模式已无法满足人们越来越多的现实生活需求。即是说，过去以单一的行政手段为主的管理模式已经失去了存在的基础，加之社会治理的复杂性与重要性日益凸显，政府通过单位制度和国家行政权力对基层社会进行的控制和管理方式渐渐失去作用，政府也已不再是组织、管理社会各领域发展的唯一主体，亟待采取更有效的管理措施，改变政府包揽社会治理职能的局面，探寻新的社会治理模式。

（二） 基层社会治理模式的重构与社区建设的发展

所谓基层社会治理是指基层社会的治理主体以相对平等的身份，就基层社会公共事务进行合作共治，② 通过社会关系的协调与社会行为的规范，解决社会问题、维护社会公正与稳定，促进社会的和谐发展。在社会不同的发展阶段，政府将根据社会的现实状况遵循不同的社会治理原则与途径，采取不同的程序和方式，形成不同的治理模式。如前文所述，我国政府在实施严密的计划经济体制下，扮演了一个全能政府的角色，其表现为政府对社会资源采取集中配置的方式，对社会生活实行全面的直接干预。在这种体制下，我国政府的管理方式是单线化的，即采取以单位制度为依托的垂直单线式的管理，③ 它通过较为严密的行政网络体系将行政权力释放到社会发展的每一个领域，并实施单一的行政管理，缺少社会的合作和广大群众的参与。而来自社会结构、社会组织形式以及社会价值理念等方面的一系列深刻变化，使得我国传统型基层社会治理模式已经无法适应目前经济社会发展的新形势，政府亟须改变以往对各项社会事务进行大包大揽的治理方式，创新出适应市场经济体制运行的治理手段。自党的“十六大”以来，政府的改革思路开始转变，逐步确立了以构建服务型政府为目标的管理理念。所谓服务型政府是指政府从民意需求的角度出发，在政府的工作目的、工作内容、工作程序以及工作方法等方面向民众、社会组织以及社会各界公开信息，并提供周到、全面的服务，以促进整个社会的稳定与发展。④ 其

---

① 参见孙立平：《失衡——断裂社会的运作逻辑》，北京：社会科学文献出版社，2004 年，第 162 页。

② 参见史云贵、屠火明：《基层社会合作治理：完善中国特色公民治理的可行性路径探析》，载《社会科学研究》，2010 (3)。

③ 参见王建军：《论政府与民间组织关系的重构》，载《中国行政管理》，2007 (6)。

④ 参见燕继荣：《服务型政府的研究路向——近十年来国内服务型政府研究综述》，载《学海》，2009 (1)。

中，服务型政府所提供的服务主要包括制度供给服务、公共政策服务、公共产品服务、公共管理服务以及社会保障服务等五个方面的内容。可以说，服务型政府的构建在很大程度上意味着政府治理模式转变的实现。我国政府将社会治理的目标设定为构建服务型政府，不仅意味着治理方式的根本变革，还包含着政府在价值观念、行为规则和操作方式的转变。①

服务型社会治理模式的确立需要从社会自治问题的解决开始，② 而要提升整个社会的自治水平需要从社区建设开始。换言之，社区建设的自治发展是培育基层社会自治能力的起点，是构建服务型社会治理模式的基本路径。自从社区取代单位开始逐步承担起社会整合的功能时起，社区组织便成了基层社会组织的主体之一。③ 随着基层社会事务的日益繁多，政府需要社区组织的快速成长，以期能发动社区群众进行自我管理与服务，并逐步形成社区自治的局面。社区自治的发展在一定程度上承担起了政府的部分社会管理职能，它一方面可以满足群众自身的利益诉求，另一方面可以解决部分的基层社会矛盾。可以说，对于行政组织的社会管理职能而言，社区自治所发挥的作用具有一定的替代性和辅助性。总之，政府关于社会治理方式的转变程度与社区自治的成长状况紧密相关。社区自治的发展成为培育基层社会自治能力的起点，也成为重构基层社会治理模式的基础。在政府与社会的互动过程中，通过社区自治的发展提升了整个社会的自治水平，逐步形成了一种“小政府、大社会”的治理结构，并重构起服务型的新型社会治理模式。

（三） 社区建设中的治理模式

随着计划经济体制的瓦解，我国原有单位组织的管理网络弱化，引起了基层社会生活的各种深刻变化，社区建设应运而生。尽管城市社区的建设时间并不长，但它与城市管理体制的改革一起都经历了一个深刻的变革历程，并形成了富有成效的社区治理模式。长期以来，作为城市政府派出机构的街道办事处是最贴近居民的一级政府，同时，有着民间自治组织身份的居委会也始终拥有极为特殊的地位。④ 从理论上讲，居委会作为一个自治性的社会组织，承担着推动城市基层民主化进程的功能。在我国第七届全国人大常委会第十一次会议上通过并颁布的《中华人民共和国城市居民委员会组织法》第二条中明确规定：“居民委员会是居民自我管理、自我教育、自我服务的基层群众性自治组织。”但现实的情况却是，由于长期受到原有社会管理体制和模式的影响，社区居委会在组织设置功能、工作制度、人事决定、经费收支、考核机制等各方面都有着浓厚的行政色彩，⑤ 承担的职能越来越多，发挥着行政组织的角色，并受上一级政府机关的领导。直至 20 世纪 90 年代，随着市场经济高速发展和城市化进程的快速推进，我国城市治理进入到一个基层社会治理变革的新时期，“单位制”逐步瓦解，街道和居委会被纳入到社区管理体制改革中去。

在实践中，行动最早的上海市政府。上海市于 1996 年 3 月在社区工作会议上提出了“二级政府、三级管理”的管理改革方案，并于 1998 年确定为“二级政府、三级管理、四

① 参见刘祖云：《历史与逻辑视野中的“服务型政府”——基于张康之教授社会治理模式分析框架的思考》，载《南京社会科学》，2004（9）。

② 参见张康之：《论新型社会治理模式中的社会自治》，载《南京社会科学》，2003（9）。

③ 参见魏娜：《我国城市社区治理模式：发展演变与制度创新》，载《中国人民大学学报》，2003（1）。

④ 参见王振耀、白益华主编：《街道工作与居民委员会建设》，北京：中国社会出版社，1996 年，第 180 页。

⑤ 参见向德平：《社区组织行政化：表现、原因及对策分析》，载《学海》，2006（3）。

级网络”，标志着上海市的城市管理体制改革正式拉开了序幕。接着，北京、广州于1998年底先后把推进街道管理体制改革提上了议事日程，如何提高城市现代化管理水平成为讨论的焦点。[①] 随后，根据中央领导关于“加强城市社区建设，充分发挥街道办事处、居委会的作用”的指引，民政部在全国选定了26个国家级社区建设实验区开展社区建设的实验和探索，其中包括北京、上海、天津、南京、青岛、沈阳、武汉等城市。同时，随着社区建设于2001年在全国范围展开，各地都在结合其地方的实际情况不断探索、创新，初步取得了一定的成效和宝贵的经验，并形成了“上海模式”“沈阳模式”“江汉模式”以及“青岛模式”等各具特色的社区管理创新模式。其中，上海模式的特点在于将社区建设与管理体制改革相结合，沈阳模式的特点在于将社区服务与社区组织构建相结合，江汉模式的特点在于将社区建设与政府职能转变相结合。可见，社区管理体制的建立和完善是一个不断发展的动态过程，它既与我国整个社会管理体制的改革紧密相连，又因各地区的具体情况而各有其特色。但总的来看，社区建设的发展有两种基本的趋势是被公众所认可的：首先，半行政半自治的发展趋势，即在实现社区自治发展的同时优化政府在基层社会治理中的作用与功能，比较成功的案例就是上海探索出的“两级政府、三级管理、四级网络”的做法；其次，自治的发展趋势，即通过社区自治组织的发展去推动基层社区的自我管理与服务功能，“沈阳模式”和“江汉模式”就是这一趋势发展的代表作。这些变革所展现的不仅是政府在利益主体上由单位向个人的转变，在治理方式上由管制向服务的转变，更使我国城市居民自主能力与参与意识的逐渐增强。可以说，城市社区建设不仅与社会结构转型、管理体制转轨等一系列社会的制度变革密切相关，而且也和民众主体意识逐渐萌芽的社会现实相互促进。

综上可见，随着经济体制改革的深入探索，市场经济得到不断发展，传统“单位制”的解体与“社区制”的形成就成了一种基层社会生活变革的必然，基层社会治理也踏上了模式重构之路。治理模式的重构与发展不仅需要从深层次去打破我国传统的国家与社会关系模式，还需要设计一整套平衡各方利益关系的运行机制，如科学有效的利益协调机制、诉求表达机制、权益保障机制等。这一切都需要以社区为载体，以社区的建设和发展为依托，通过社区的自治发展将早已分散的社区个体成员组织起来，发挥他们建设社区的力量，以整合社区的人力资源，对传统的“单位制”社会予以重新构造，形成基层社会新的行动秩序。[②] 总之，社区建设的自治发展可以提升基层社会的自治能力和水平，亦是重构基层治理模式的基础，更是符合居民参与机制形成的社会背景。

二、 参与机制的形成及其条件

机制（mechanism）一词最早源于希腊文，原指机器的构造和工作原理，其本义可以从事物由哪些部分组成、组成的原因以及各部分如何相互作用等方面来解释。[③] 而把机制的本义引申到不同的领域，就会产生不同的理解与分析。《辞海》即给出了机制的机械学

① 参见《要大力推进街道管理体制改革，全面提高城市现代化管理水平》，载《北京日报》，1998年12月7日；《广州明年全面深入城市管理体制改革》，载《广州日报》，1998年12月29日。

② 参见李建斌、李寒：《转型期我国城市社区自治的参与不足：困境与突破》，载《江西社会科学》，2005（6）。

③ 百度百科名片：机制 http：//baike. baidu. com/view/79349. htm＃ref＿［1］＿79349。

和生物学、医学上的解释，[1] 如在生物学和医学里就借用了该词来类比构成生物机体的各组成部分之间的相互关系，以及在构成关系的过程中所形成的各种变化，包括物理性质和化学性质的变化。随后，该词的意义又被广泛地应用于自然现象和社会现象的分析中，并意指事物内部组织的结构及其运行变化的规律。从系统观点来看，机制是系统为维持其潜在功能并使之成为特定的显现功能，而以一定的规则规范系统内各组成要素间的联系、调节系统与环境的关系的内在协调方式及其调节原理。[2] 换言之，机制的含义是指以事物各部分联系起来、协调运行的方式。那么，要理解机制这个概念，最主要的是要把握事物各个部分的存在前提以及协调各个部分之间关系的运行方式。即是说，在任何一个事物或系统中，机制都将发挥着基础性的作用，并占据事物发展或系统运行的根本地位。

自改革开放以来，“机制”这一概念开始被广泛运用到对经济、文化、社会等领域的研究中，如“市场机制”“分配机制”“经营机制”“社会运行机制”等。在社会学领域，默顿（Robert King Merton）可以说是最早对机制进行研究的社会学家，他通过吸收马林诺夫斯基（Bronislaw Kaspar Malinowski）在社会人类学中所倡导的功能主义思想和迪尔凯姆（Emile Durkheim）等人对社会进行结构分析的方法，在师承帕森斯（Talcott Parsons）的基础上建立了他的结构功能理论，并把社会看作是一个由不同部分组成的结构系统，各部分之间依照某种相对稳定的形式结成一定的关系，这些关系则表现为功能并对社会现象有决定性影响。[3] 而他在对社会进行功能分析的范式当中包括了对满足功能的机制进行研究。在我国，郑杭生先生以其四本著作《社会学对象问题新探》（1987）、《社会学概论新编》（1987）、《社会指标理论研究》（1989）以及《社会运行导论——有中国特色的社会学基本理论的一种探索》（1993）为代表，系统地阐释了他所提出的社会运行论，并将社会运行机制作为社会运行论中的重要概念之一。[4]

那么，何为居民参与机制呢？要回答这一问题，我们需要讨论居民参与机制形成的前提，也就是说要把握居民参与机制形成的前提基础。众所周知，居民参与是在我国社区建设中逐步发展起来的。社区建设是一个动员、组织社区成员参与的过程，它的主体是居民群众，从主体的要求来说，必须依靠社区成员自己的积极参与来实现，通过培养居民的社区意识，激发出居民参与社区建设与发展的积极性。[5] 在这样一个背景下，居民参与对社区建设的功能作用是很明显的，它是社区发展的强大动力来源。政府通过引导居民群众积极参与社区公共事务的管理和各项公益、文娱互动，促进社区资源的利用和社区关系的融洽，打破长久以来的“陌生人”社会，使小群体的分散利益靠向社会化的共同利益，从而进一步增强社区的凝聚力。[6] 概言之，居民参与机制是指在基层政府引导下形成的一整套关于居民参与社区公共事务管理和各项活动的规范化、制度化方式。在一定意义上，居民参与机制表现出的是政府在推动居民参与社区建设时所采取的措施与效果之间的因果联系。居民可以以个体的身份或结成组织的形式，在社区居委会的统筹下，以合法、有效的

① 参见夏征农主编：《辞海》（缩印本），上海辞书出版社，1990年，第1408页。
② 参见马维野、池玲燕：《机制论》，载《科学学研究》，1995（04）。
③ 参见〔美〕罗伯特·K·默顿著，林聚任等译：《社会研究与社会政策》，北京：三联书店，2001年。
④ 参见郑杭生：《中国社会的巨大变化与中国社会学的坚实进展——以社会运行论、社会转型论、学科本土论和社会互构论为例》，载《江苏社会科学》，2004（5）。
⑤ 参见李玮：《论中国城市社区建设中的居民参与》，载《云南行政学院学报》，2004（1）。
⑥ 参见杨荣：《浅论社区建设中的居民参与》，载《北京工业大学学报：社会科学版》，2002（2）。

方式参与到社区建设中去，以实现参与行为的积极引导和高效整合。

如前文所述，居民参与机制的形成需要经历一个过程。同时，其形成也需要一定的条件。我们知道，一般意义上的机制形成通过建立适当的体制和制度可以实现。那么，居民参与机制的形成需要哪些条件呢？或者说，居民参与机制是通过什么形式建立起来的？

第一，社区管理体制的改革和组织结构的调整是居民参与机制形成的制度条件。就社区管理体制而言，“上海模式”是通过“两级政府、三级管理、四级网络”这一城市管理体制改革，去推动社区的建设与发展，强化街道办事处的权力、地位和作用，将社区定位于街道，形成“街道社区”，注重政府在社区发展中的主导作用，强调依靠行政力量，整合多方资源和力量刺激居民的参与行为。就组织结构而言，“沈阳模式”模仿国家政权机构的设置方式，在社区内开创性地设置了社区成员代表大会、社区协商议事委员会和社区居民委员会，并将其作为社区自治建设的几大主体组织，通过建立章程进一步明确、规范了三者之间的关系。在这种权力结构的设置下，一方面议事权和决策权分离，形成一种权力制衡机制，同时引入了不同的自治主体，明显突出了居民参与机制的激励和约束功能；另一方面，就管理结构而言，应该贯彻精干、高效的原则，合理规划社区的组织结构，进行科学的部门和岗位职能配置。社区组织结构发展的实践演变至今，多种组织形式在社区管理体制改革中都出现过，至于社区治理到底应该采用哪一种结构形式，则需要根据当地政府的改革思路和社区资源配置的具体情况综合考虑后确定。总之，社区管理体制的改革和组织结构的调整是居民参与机制形成的首要条件，它将决定着居民参与社区建设的内容、途径以及有效性。

第二，社区资源与相应的政策措施是居民参与机制形成的重要保障。一方面，社区资源主要指影响并保障社区居民健康的自然环境和社会环境，其中包括社区公共设施或场所，[①] 它包括物质资源和精神资源两大类。从宏观层面来看，社区内的教育机构、医疗单位、宗教组织、商业场所、金融机构等都属于社区资源；[②] 从微观层面来看，诸如基层政府对社区建设的资金投入，修建居民活动场所，购置的公共设施与活动器材，发掘民间人才，设立参与的奖项等属于社区资源。根据调查发现，社区资源中的居民活动场所、设施、资金以及民间人才等是参与机制形成的基础资源。另一方面，基层政府在引导居民参与社区事务管理或各项活动时，会实施一些方案或措施去保障居民的参与行为产生应有的效果，也会采取或物质或精神的手段去激励更多的参与行为，但这些政策与措施之间联系密切、层次分明。理清其中的脉络，才能使参与机制的构建具有较强的目标性，以获得事半功倍的效果。

第三，居民的参与需求与认知既是参与机制形成的动力，也是参与机制形成的目标所指。居民的参与行为不是一蹴而就的，尤其是推动居民参与到社区的公共事务管理和公益活动中去，需要的不仅仅是社区管理制度的创新、社区社会组织的培育以及一定量的物质资源和人力资源，更需要居民拥有参与意识和参与精神，认同社区的共建文化和社区建设的目标，应与基层政府倡导的行为方式和价值观念相一致，这二者是相辅相成的。在这一过程中，政府为推动居民参与社区建设而打造渠道和平台，通过居民的有效参与而培育居

---

① See Kareu Witten, Daniel Eneter, Adrian Field, “The Quality of Urban Environments: Mapping Variation in Access to Community Resources”, *Urban Studies*, 2003 (1), pp. 161 - 176.

② 《社区资源手册》http: //www. ccpg. org. cn/Article/ShowArticle. asp? ArticleID=258。

民的参与意识，反过来居民的参与意识促使社区内拥有更好的参与氛围，使政府出台更多有利于居民参与社区建设的政策措施。但总的来看，目前我国城市社区居民的参与意识在逐步提升，但是政府的行动却滞后于居民参与的需求。

综上可见，居民参与机制的形成需要来自从宏观到微观的三个基本条件。只有这些基本条件具备的情况下，参与机制的构建才有所保证，其运行也才具备相应的现实基础，还可以充分体现来自政府和居民的两种力量在共同推动居民参与机制的形成。

三、 参与机制的特征

从系统科学的原理来看，机制具有依存性、自控型、内在性、规律性、多重性、自然性以及外依性等基本特点。[①] 而社区居民的参与机制也应与其他所有成熟的工作机制一样，是一个开放的系统，具有系统的特征。只有充分认识和掌握了这些特征，才能够构建真正可以推动社区居民参与社区公共事务管理和各项活动的参与机制。

（一） 规律性与整体性

规律是事物内部的本质联系，机制是事物之间相互联系的表现方式。规律和机制有着内在的联系，二者都是客观存在的且具有必然的趋势。从一定意义上说，机制也具有规律的属性。[②] 由此，社区建设中的居民参与机制，是对社区发展规律的认识、把握和运用。离开社区发展的客观规律，就无所谓居民参与机制的形成与发挥作用。只有通过分析居民的参与机制，才能发现社区发展的客观规律。社区发展的客观规律之所以对社区生活反复起作用，是通过社区建设的参与机制这个中介实现的。因此，客观性是社区建设参与机制最显著的一个特点。同时，整体性是参与机制另一个鲜明的特征。参与机制作为一个系统，整体性应该是其具备的首要特征。所谓参与机制的整体性特征是指，参与机制是由若干二级机制组成的、具有一定新功能的有机整体。同时，参与机制的性质与功能不仅仅等同于各个二级机制的简单相加，更应该有新的突破，应对推动居民参与社区建设和发展具有更大的功能与作用。一般系统论的创始人贝塔朗菲（Ludwig Von Bertalanffy）曾指出，亚里士多德关于“整体大于它的各个部分总和”的论点已成为一种关于基本系统问题的重要表述，其正确性保持至今。[③] 也即是说，参与机制包含对参与行为的激励、保障、协调等一系列内容。

（二） 能动性与有序性

社区建设中的居民参与机制是人们依据对社区发展规律的认识结果，为满足人们的需要而制定的正确的方针、方式和方法的综合，是以社区发展规律为出发点和根本依据的主观认识、判断和制作过程，具有内在的动力。如在居民参与机制构建中根据对社区发展规律的认识去能动地改造社区，构建不同层次的参与机制，以满足社区居民不同的参与需

① 参见马维野、池玲燕：《机制论》，载《科学学研究》，1995（4）。

② 参见沈晓珊：《系统科学视域中的发展观》，载《南京政治学院学报》，2002（2）。

③ 参见贝塔朗菲：《普通系统论的历史和现状》，转引自中国社会科学院情报所编译：《科学学译文集》，北京：科学出版社，1980年，第309页。

求。同时，有序地参与动态过程也是参与机制的重要特征之一。居民参与行为源于实践，由于其内外部联系复杂的相互作用，总是处于无序与有序、平衡与非平衡的相互转化的运动变化之中的。对此，参与机制的运行都要经历一个系统的发生、维护、消亡的不可逆的演化过程。也就是说，参与机制作为动态的过程是多个环节与阶段的结合。

（三）目的性和价值性

目的是系统自身存在需要的反映，是与系统结构稳定性相联系的反映和产物，也是系统的自我维持。[①] 因而，稳态是系统的重要性质准则。可以说，系统的发展将受到其状态的稳定性程度的影响，并以一个可能达到的稳定状态为目标。参与机制作为一个系统也是如此，其形成与运作是具有目的性特征的，不能随意构造。此外，合目的性等于由反馈来达到控制的目的，[②] 反馈分为正反馈和负反馈，正反馈寻求目标，负反馈控制目标。在一定条件下，当参与机制处于内外干扰、涨落和随机作用的影响下偏离稳定状态时，参与机制的调控机制将根据系统内外的变化状况重组结构，从而调整参与行为和状态，使参与行为回归原有的目的轨道上来。同时，在当代系统本身是受价值约束时，主体需要的对象化就产生价值，价值是客体满足主体需要的客观态势，亦即以主体的一定需要为准绳所衡量的客体的效用，在合目的性的过程中，系统使主休和客体在需要关系中结合起来产生和映现出价值。[③] 故此，社区居民参与机制的构建要受社区文化和核心价值观的约束。

第二节　居民参与机制的分类与运行

居民参与机制并非单一的一项机制，而是涉及动力、整合、培养、保障、激励、控制等一整套机制。首先，按照划分标准的不同，参与机制有不同的分类，核心分类为构建居民参与的机制；其次，参与机制的运行是一个循环往复的递进式过程，它包括了意见征集、讨论、决议、执行、监督等多个环节；最后，对参与机制的运行效果将从积极效果和消极效果两个方面来进行讨论。

一、参与机制的分类

居民参与机制的构成并非单一的，其内容较为复杂，需要从居民的参与需求与参与效果等不同的角度考虑其具体的构成方式。从实践来看，大致可以将居民参与机制进行以下类别的划分：

（一）根据居民参与机制的形成动因划分

美国早期的社会学家罗斯（E. A. Ross）就曾根据社会秩序的形成过程，将社会秩序

① 参见李喜先等：《科学系统论》，北京：科学出版社，1995 年，第 157—260 页。
② 参见〔苏〕茹科夫著，徐世京译：《控制论的哲学原理》，上海：上海译文出版社，1981 年，第 100 页。
③ 参见〔美〕拉兹洛著，闵家胤译：《用系统论的观点看世界》，北京：中国社会科学出版社，1985 年，第 96 页。

分为自然秩序和人工秩序。这一分类方式被我国学者郑杭生与郭星华在研究社会运行机制时所借用，并将社会运行机制分为自发机制和人为机制。其中，自发机制是指社会的运行方式基于一定的规律自然形成的。人为机制是指社会的运行机制是人类基于一定的社会目标设置，并通过主观努力而有意识地建立起来的。① 类似的，我们可以将居民参与机制根据形成的缘由分为自发机制与人为机制。居民参与的自发机制是居民在长期的社区生活中自动形成的，如社区居民为了健身娱乐而自由组织的合唱队、舞蹈队等就属于自发机制在起作用。它是居民根据生活需要而自发形成的，对于丰富居民的文娱生活、改善邻里关系起到了决定性的作用。B社区邻里中心副主任LY说：

我向来觉得很开心，有很多好处，退休之后在家里很郁闷，买菜煮饭、看电视，打发时间，很难受的。我们出来打太极，一直都出来活动，天天都是这样。一直玩到现在。以前没有成立邻里中心，我们已经有一个队伍，在那里一直坚持搞活动的，跳扇子舞啊，什么都玩。

而居民参与的人为机制则是指非居民自发生成，需要政府在社区建设过程中有目的地通过外部力量的推动而构建起来，如社区的选举机制、民意表达机制、共建机制等就是基层政府的相关部门基于社区建设的目标和现状而制定出的推动居民参与的规范，它能有效地控制居民的参与行为，又起发挥激励居民参与行为的作用，如奖励居民参与社区事务的商议活动，就起到了激发居民为社区建设献言献策的作用；而限制居民无理上访、非法结社等就起到了约束居民参与行为的作用。B社区邻里中心副主任LY说：

谈到我们推进事务的力度问题，哇，这么多年了，总是说慢慢，慢慢，到现在还是有那么多的人和事存在，我们经常跟管理处讲，都没用。所以现在，我准备抓住环境卫生、人的素质提高问题，还有就是学生管理问题，完成这两件事情啊。不是说着急，只是说这两个计划，我们每个月的活动，肯定是要做的啰。

值得指出的是，自发机制体现了居民参与的一般需求与规律，其形成过程是自然的，发展成熟需要经历一个过程。尽管人为机制是根据社区建设需要和居民生活需要所设置的，但也体现了居民参与行为发展的基本规律。如果在建构参与机制的过程中违背了居民的参与意愿和需求，就无法达到参与机制的预设效果，甚至参与机制都无法运行了。因此，人为机制的产生、形成和发展过程，实质上也被看作是一个自然选择的过程，需要不断地接受来自社会实践的检验。概言之，参与机制一旦与居民的参与意愿与行为规律不符合或与一定的社区硬件、软件条件不相适应，将会被停止，甚至是被废弃、被淘汰。如城市社区居民委员会的直选问题，虽然它是我国社会基层民主的发展方向，可在现阶段还无法普遍推行。尽管，目前在北京、上海等地已经率先做了起来，效果不错，居民们大都能依法规范选举程序、民主参与贯穿选举全过程，并且保障了流动人口参加选举的权益。但是不可否认的是，在当前我国其他地区要依葫芦画瓢还是不行的。究其原因，有地方政府的行政能力问题，也有居民自身素质的问题。在我国社区改革的现阶段，为了进一步推动居民参与机制的构建，需要改变以往与居民需求和能力不相符的参与机制，建立促进社区服务发展的居民参与机制。对此，我们要建立、促进居民参与更多的是人为机制。然而，居民参与的人为机制一般都是在自发机制的基础之上逐渐形成的，这才是符合规律的做法。

① 参见郑杭生、郭星华：《试论社会运行机制》，载《社会科学战线》，1993（1）。

综上可见，构建新的居民参与机制将要受到三个方面的影响，即该机制是否与社区建设发展的目标与方向一致，是否符合居民的社区参与需求以及该机制运作的社区硬件与软件条件是否已经具备。故此，我们以社区邻里组织的创立为例。邻里关系一直是社区居民交往的最直接、最根本的基础形式。我们应该鼓励和发展友好互助的邻里关系。因此，邻里组织的建设是符合居民日常交往活动规律和需求的。从我国城市社区的发展来看，社区建设的目标是为居民提供更优质的服务，满足居民社区生活的各类需求，故此，社区邻里组织的大力培育是与我国城市社区建设的发展目标相一致的。但由于我国城市社区目前存在居民异质性较强的特点，形成社区组织并紧密团结起来的条件尚未完全具备。社区组织的运行应该在一定的规范内进行，因此，地方政府要颁布一系列的文件去约束和引导社区组织的良性发展。这样，社区组织才能充分发挥增强社会活力、调动居民参与社区事务和活动的积极性、提高服务社区与居民的功能。否则，就将是一片混乱，也可能造成困扰政府的事件。因此，为社区组织的运作创造必要的条件，制定组织、活动以及发展的规则，而后引入监督机制，这是增强我国城市社区组织活力的重要任务之一。

（二） 按居民参与机制的作用领域分类

居民参与机制可分为政治机制、经济机制、文化机制等。这种分类方法实际上是将居民参与机制看作一个具有不同功能的体系，因而认为居民参与行为涉及社区建设的方方面面，研究范围较为广泛。① 其中，政治机制是已经拥有较为固定的参与程序与方式，是受国家法律保护的。至于居民对社区公共事务的参政议政活动则可以做进一步研究。经济机制在城市社区的建设中的作用不大，城市社区较少有企业，并且社区管理与建设的费用都是政府财政直接拨款，不存在像农村社区的集体经济支持村委会搞建设的情况。但是，文化机制的作用就很突出了。城市居民的业余生活相对较丰富，尤其是离退休的中老年人，唱歌、跳舞、体育比赛等都是他们日常生活中的重要内容。这不仅丰富了他们的生活，而且还强健了他们的身体，促进了邻里之间和谐关系的培养。除此之外，还应该深入研究社区公益互助活动的参与机制，这一个内容可以说是社区建设的重点，也是居民参与的核心领域之一。最后，还可以划分出心理机制，它主要包括社区居民对社区参与的认知和感受、基层政治互信等。总的来说，按照居民参与社区生活的领域来划分参与机制的具体内容是一种比较全面的划分方式。

（三） 根据居民参与机制的层次分类

居民参与机制按层次来划分是从推进居民参与行为的过程角度来探索参与机制各部分之间的相互关系及其运行方式，② 它包括可将居民参与机制分为一级参与机制、二级参与机制、三级参与机制等。这样，居民参与机制就是一个较为具体的概念，并由许多实实在在发挥功能的子机制组成。例如，将居民参与机制作为一级机制，它包含了动力机制、整合机制、培养机制、保障机制、激励机制、控制机制六个二级机制，每个二级机制里又可以再包含许多个三级机制。然而，这是对建立居民参与机制的初步尝试，是研究居民参与机制的一种探索。在此，需要特别说明以下两点：

---

① 参见郑杭生、郭星华：《试论社会运行机制》，载《社会科学战线》，1993 (1)。

② 参见孙绵涛：《社会机制理论的新探索》(上)，载《沈阳师范大学学报》(社会科学版)，2007 (6)。

第一，研究居民参与机制一方面是因为社区建设需要居民的积极参与和有效参与，另一方面也是为了防止居民参与行为走入无序、混乱的地步，导致政府行政管理的失控，更导致社区建设的失败。在这一研究中，我们要分析居民参与机制是如何运作的，它的良性运行会取得怎样的效果，会受到哪些因素的影响，需要哪些保障，应该如何向良性运行的方向去构建和引导，又怎样实现从中性运行或恶性运行向良性运行状态过渡的机制性转换等一系列问题。概言之，需要研究居民参与的机制构建的优势、缺陷、机会以及挑战。

第二，居民参与机制是一个有机联系的系统，根据推动居民参与行为的需要，我们将其分为动力机制、整合机制、培养机制、保障机制、激励机制、控制机制六个二级机制，它们既相对独立又相互联系的。所谓相对独立的，是指这六个二级机制中的每一个机制，本质上都是考察在社区建设过程中研究居民参与行为规律的一个角度。例如，在推动居民参与行为的整合机制构建中，主要是从社区利益协调这一角度出发的。通过社区利益的认同、互补乃至强制，各具特殊利益的居民以及由有共同利益需求的居民整合为社区组织或团体。再如，在推动居民参与行为的激励机制构建中，则主要是从社区居民的参与行为和价值观念的一致性是居民参与基本前提这一角度出发的。政府会依据激励标准，运用激励手段，促使社区居民的行为方式和价值观念与社区建设所倡导的目标趋于一致。然而，从不同角度重复考察社区生活的某一领域是不可避免的。例如，整合机制与控制机制、控制机制与保障机制等，都要涉及社区秩序的产生与维系。因此，参与机制的六个二级机制是相互联系的，这种联系是指功能和结构上的联系，独立则是指考察角度上的独立。[①]

（1）动力机制

所谓动力机制主要是指推动居民参与社区公共事务管理和各项活动的力量源泉是来自哪里，是来自基层政府的，还是来自社会的。即是说，推动居民参与社区建设的助推力是自上而下的，还是自下而上的。总的来看，社区发展的目标是社区自治，尽管基层政府的力量目前来讲是主导力量，没有政府的大力支持、大力投入，很难保证居民参与的可行性和有效性，但是居民自身的参与意愿和要求更是构成动力机制的必要条件。L街道社工局常务副局长ZXY说：

这个就要看政府了，所以又要转回到之前我们讲的政府本身的问题了。如果政府是很有动力，很有决心去推动这个事情的话，就会有很多利益诱惑去推动，不是这样的话，就要看公民自己的觉悟了。比如说，他那片准备旧区改造了，准备拆迁了，这个时候就需要居民配合了，需要投赞成票了，所以这个时候就需要花大的力气和功夫，组织很多宣传会啊，讨论会啊，或者是直接上门去征求你的意见，去说服你啊。会做很多很多事情，让你去表达、支持政府的政策啊。像是去年我们推的三旧改造政策——432，3年里面拿出4个亿去推动200平方公里的三旧改造物业。就是我们L的一个改造方案。然后政府就很希望去推动这个政策，又很需要居民的支持，接受这个政策。所有的会议都开过，C那边的旧城区，他们也是入户调查啊，了解他们的想法啊，希望他们出来表决啊，一起来关心社区啦。如果要改造是要大部分人同意的。他们就会很有动力地去告诉居民，就会去做很多工作，希望居民来关心这个事情，支持这个事情。嗯，据我所知，就是同意跟不同意的都有，大部分的人都希望去改的，但是价格还没谈妥。整个大环境不好，经济不好，所以还没有达成一致。反正就是，还有一些环境配套整治啊，需要居民参与的，就会去鼓励他们

① 参见郑杭生、郭星华：《社会运行激励机制初探》，载《社会科学战线》，1991（4）。

出来。无论城市还是农村，政府的态度都会是这样的。

同时，来自居民自身的力量也是参与机制的动力构成因素之一。社区公共产品的供给不足影响社区居民参与的动力不足。① 在以往的研究中，学者们普遍认为居民缺少社区参与的动力，首先不是因为缺乏对民主信念的认知与诉求，而是没有对与自己切身利益相关的公共事务的关照。目前这样的状况已经有所改变，随着经济的增长、文化水平的提高以及民主意识的增强，居民们能够准确地意识到社区事务的管理与社区的建设和发展与自己的生活息息相关。D社区兼职委员、邻里中心主任GCL说：

其实一开始我们也就只有五六个人，然后通过义工去带动更多的人参与进来，现在很多小区的阿伯啊，阿姨啊，都愿意来参加。从不理解到理解，到自己也申请加入，思想有个转变和提升，到一个高度，到居委会需要搞什么活动，邻里中心就是一个桥梁、一个纽带，以小区为单位，自己策划，自己去组织、实施，一方面减轻居委会一部分负担，因为政社分离，他们工作人员也少，要更多地满足居民的需求，就只有以邻里中心为一个载体，开展更多的活动。

D社区居委会副主任YHH说：

邻里中心呢，就是先从小区着手，一个小区先搞活了，到时候再推广。我们现在社区建设的重点和难点，主要是要搞和谐社区，肯定是搞孝德啊、文明啊之类的，总的一句话，要邻里关系好，居民参与其中，享受幸福生活。我们都是通过活动来促进居民参与，效果呢，都是比较好，因为他们都很认同呢，所以参与度都比较高喔。但是这个是长时间的过程，不是一下子就可以了，最开始的时候也不行的。我们就多下社区，多跟居民接触，了解情况，我们这里有比较多的外来人口，参与的热情都高过本地人。可能是文化氛围的关系，只要我们给个平台，给个地方，他们都很乐意参与。而且都还带动其他人。宣传好了，他们就知道怎么来参与了，出个通知就行了，现在有Q群，情况都了解了，以前居委会在哪里他们都不知道。像我们的歌咏队啊，都做得很好，需要我们协调的就去做，但是一般他们都可以自己组织。

B社区居委会主任ZJC说：

那很不容易啊，我们是一点一点地去动员居民参与起来的，不容易喔。平时都是我们居民代表在做工作，差不多10年了，他们出来搞活动，邻里中心的前身好似他们的义工队啊，健身娱乐队啦。我们就发动他们来做这个非政府组织。而且他们之前的队伍都很规范啦，发展一些骨干来做。

可见，完全依靠政府的力量来完成动力机制的构建是不现实的，仍然离不开居民自身的参与意愿和参与力量，这是一个上下结合、相互作用的结果。一方面，对于政府而言，政府各部门通过自上而下地采取相应的配套改革措施，改变居委会以往的行政运作模式，实施“议行分设”，才能恢复居委会的社会属性，使其能够在社区自治中发挥“主体组织”的作用；② 另一方面，对于居民而言，构建以居民的个人利益和公共利益为核心的动力机制将有助于解决目前社区居民参与不足的问题。③

---

① 参见焦莉莉：《城市居民社区参与动力及影响因素研究——以包头市S社区为个案研究》，重庆大学学位论文，2007。

② 参见姚华、王亚南：《社区自治：自主性空间的缺失与居民参与的困境——以上海市J居委会“议行分设”的实践过程为个案》，载《社会科学战线》，2010（8）。

③ 参见陆代英：《我国城市社区参与的动力机制研究》，西南交通大学学位论文，2008。

(2) 整合机制

什么是整合？整合就是把一些零散的东西通过某种方式而彼此衔接，从而实现信息系统的资源共享和协同工作，其主要的精髓在于将零散的要素组合在一起，并最终形成有价值、有效率的一个整体。[①] 那么，什么是居民参与的整合机制呢？我们可以将其理解为把个体居民的参与行为通过组织化的形式彼此连接起来，形成参与合力的、规范化的方式。在L街道的城市社区建设中，基层政府最为重视的就是将个体居民的独自参与组合在一起，引导居民们用集体的方式来发出自己的声音。对此，他们的主要做法有以下几种：

第一，按“界别”将居民代表分组。在2008年最初尝试的时候，B社区共有居民代表80名，综合考虑个人的专长、意愿以及社区建设需要，将80名居民代表分为5类功能界别，分别是社会福利界、教育界、医疗卫生界、社区综合界、体艺界，每界别通过推选的形式产生召集人、副召集人（详见附表），由召集人或副召集人组织开展活动。各界别的职责分别为，社会福利界主要负责发动社区的志愿者力量和热心人士对社区的老年人、残疾人、困难家庭、优抚对象等弱势群体给予帮助和支持，并形成结对探访机制，密切留意弱势群体的生活和心理状态，为弱势群体争取社会资源，谋取福利，协助其走出困境，回归社区；青少年教育界主要负责关注辖区内青少年健康成长工作。与教育部门保持沟通和联系，开展青少年服务，在青少年升学、学习、就业、成长等方面提供帮助，为社区青少年营造一个轻松健康的成长环境；医疗卫生界主要协助社区环境卫生工作。与卫生医疗部门联系，开展有关为医疗保健便民服务，并定期对社区内的环境卫生进行巡查了解，避免卫生死角的出现，及时向居委会反映情况，与居委会一起商议处理措施和解决方法；社区综合服务界主要负责协助社区的日常综合事务，与法律、综治等相关调解部门保持联系，协助社区开展纠纷调解，治安巡防，打击脏、乱、差现象等活动，如发现重大问题立即向居委会反映。开展邻里活动等综合服务，协助居委会在社区营造邻里互助的氛围；体艺界主要协助社区文体健身活动的开展，活跃社区文化。在各大场合为社区作义务演出，对外负责文化交流。协助社区监管健身器材，壮大文体活动队伍，带领群众在社区内营造一种全民健身的氛围。同时，还有具体的工作制度和奖励制度，实行召集人负责制，各个界别每年至少开展两次大型户外活动，每季度开展一次以上的小组活动，并深入到居民群众中收集两条以上的意见，并提出解决的方案。具体活动方案由各界别自行制定，并报社区居委会。另外，还表彰积极为社区建设作贡献的居民代表，在队伍中树立一个模范形象，激发居民代表的工作热情和积极性，设置“优秀居民代表小组”“优秀居民代表小组长”“杰出居民代表”等荣誉奖项，每年评选一次，并进行大张旗鼓的宣传，提升居民代表参与社区工作的积极性，营造人人参与社区建设良好氛围。其初步的经费预算为每年3万元。后来，经过尝试之后，将5个界别调整为4个界别在全街道的4个城市社区全面推广。B社区居委会主任ZJC说：

在党委的帮助下，我们成立了居民小组。我们社区就是一个试点。我们也是经过几次的讨论，讨论怎么样把大家都发动起来。先是说要成立小组，但是叶书记觉得，“小组”这个说法，怎么讲呢，还是不够响亮，好像在居民中听起来也不具有吸引力。后来，就想说是叫“界别”，分成了4个界别，让居民小组的组长把大家召集起来，根据他们自己的特点和特长，来分进这个界别里，然后充分为群众服务。我们有综合界、文艺界、体育界以及教育界。成立之后呢，

① 百度百科：整合，http：//baike.baidu.com/view/57967.htm。

我们就跟他们分权、培训，让他们知道怎么去为居民服务，为政府和群众服务。

第二，培育社区民间组织，如和谐社区理事会、邻里中心等。例如，C社区江南基础小区邻里中心在江南基础小区内定期举行“小区发展，你我关注”主题谈心会。C社区党总支书记黄黎意和江南基础公司佛山分公司党支部书记何小柱、办公室主任万登等来到谈心会现场，与邻里中心7名工作人员一起，倾听60多名小区居民对小区各项大小事务提出的建议。邻里中心通过讨论，考虑成立小区业主委员会，共同管理江南基础小区。另外，小区还决定组成探访队伍，以小区里的特殊居民作为重点服务对象，建立特殊人群花名册，并在节假日和居民生日等时间进行慰问和探访，深入了解他们生活中最实际的需要。又如，B花园片区邻里中心与B社区组织开展“走千户、访千人”各抒己见谈心会活动，吸引近百名群众前来参加。他们有的填写“走访调查表”，有的向社区反映小区存在的各种问题，工作人员认真记录居民的意见和建议。从收集到的意见中发现，居民多反映小区的治安、卫生、路灯和健身设施等问题，社区将收集到的意见迅速整理，并将在下一阶段反映到相关部门协调处理，帮助居民排忧解难。此外，还有居民反映了身边一些困难家庭和独居老人的情况，社区近期还联合党员义工、理事会、邻里中心、居民代表等力量，分批入户走访摸底，若符合条件的将按照相关政策给予帮扶。邻里中心成员在B社区的带领下，探访了低保户、独居老人、老党员等，聆听和收集他们对社区工作的意见和建议，同时也把党与政府的关怀送到他们家中。

第三，“社工＋义工”的两工联动机制。在社区居民的参与中，更多的是居民以个体的身份参加到社区的义务服务中去。然而由于缺少经验、缺乏组织，活动参与不一定能取得如期的效果。对此，通过专业社工带义工的方式，给予引导和督导，能更好地整合居民的参与行为。如为了让同乐花园邻里中心11月份的谈心会取得更好效果，春晖社工为邻里中心成员开展了督导服务。春晖社工已督导同乐花园邻里中心成员开展了暑期运动会、谈心会、便民活动等服务。通过开展这些活动，中心成员能力已有一定的提升。目前，同乐花园邻里中心成员重点发展的能力在于如何发掘小区资源能力，解决小区实际问题。社工和邻里中心成员利用晚上时间，召开了两次督导会，最终确定“相识、相知、相助”的谈心会主题。督导会议上，社工提议引入社工小组游戏，以活跃气氛。在内容方面，社工还提出“鸽子互助计划”，通过该计划，增强邻里之间的关系，挖掘小区资源，满足居民需要，解决小区问题。督导会议还对座谈会作了具体的分工：主持、嘉宾邀请、物资购买、会议记录、摄影等工作均由邻里中心成员及义工共同完成，充分挖掘了小区资源和发挥了小区居民的特长。

（3）培养机制

培养机制主要是包括了对参与意识和参与能力两方面的培养。对于个体居民而言，居委会靠宣传、教育来引导和培养居民的社区参与；对于社区民间组织而言，应制定相关的政策予以支持，使他们能够在民政局注册，接受社会捐赠，有能力开展更多的活动。L街道社工局副局长ZLH说：

我觉得是意识跟理念的问题。有什么样的思想就有什么样的模式喔，我们L就是这样一个好例子，我们政社分离好，服务好，管理好，都是领导的意识好。另外是居民的素质啊，想法啊，思想啊，这决定他会不会热心参与到活动中，如果利用好公民的资源，引导好，我觉得我们的社区建设肯定比外国好。还有一些体制的问题。资源的利用排第三吧。体制，我刚才说了，像我们L，居委会不做服务，就根本没事干了，就会被边缘化了。现在还是有它的先进性的，推动着社区服务的开展。不管以后怎么发展。现在要发展更多的人才。还有就是场地，城市社区的场地是远远不够的。一个社区只有一个综合广场，是很有限的，如果在家门口有些资源可以用，就不用担心了，如果把场地搞到家门口了，你还担心居民不出来吗，不请自来啊。

（4）保障机制

在社区建设中，运用参与的保障机制，建立更多层次的参与保障体系，有利于保护居民参与权力，扩大居民的参与范围，加强社区自治的发展。参与的保障体系包括体制改革、配套的改革措施与相关法律法规、硬件设施配备与人员配置、社区参与文化的培育等四个方面。由于目前社区建设还处于不完善的阶段，地区间的经济发展还很不平衡，参与保障还很不完善，而且各个社区中的参与水平也很不平衡，所以必然要制约着社区建设的发展。但是，如果没有一个完善的保障机制，社区建设是寸步难移的。当然，在这个过程中，要逐步建立一个完善的保障体系，这不仅是社区建设的一项重要任务，而且也是社区建设运行的一个重要机制。实践证明，凡是能自觉运用保障机制，充分发挥参与的保障机制作用的，那里的社区建设就会呈现生机勃勃的局面，就会增强社区成员的凝聚力和向心力。

第一，转变社区管理体制。

所谓社区管理体制是指社区管理机构为了实现一定的社区发展目标和社区工作规划，根据一定历史阶段的国家意志和管理原则实施管理的组织体系及运转模式。[①] 而社区管理体制改革的背后是一种国家与社会关系的变迁，尤其是我国城市基层的社区管理体制改革，它更加反映着政府包办社会的一元管理体制正转向多元社区治理体制，国家自上而下的单向管理逐渐改革成为政府与社区协作的双向管理模式。[②] 在这一背景下，居民参与有了更多的制度空间，政府也将在这一管理体制转变下为推动居民参与社区建设而改革社区管理机制的职能，使之朝着更有利于社区服务和居民参与的方向发展。L 街道社工局副局长 ZLH 说：

说到有哪些优势去推动居民参与的行动，或者说去促进参与机制的形成，就我们镇来讲，是有一个比较宽松的政策，说到体制啊，我们就是搞活动，搞服务，以奖代补啊，组建一些民间组织啊，这也是暂时来说，我们在这方面下的功夫是比较大的。我们是一个包容啊、开放的姿态，在管理方面啊，我们都有一个优势去推动。就是要去培育优秀的人才，去管理好。发挥他们的能力。多一些培训啊，以前我做社区改革的方案也是一头雾水的，去了新加坡见识了别人的做法，豁然开朗了，当时设计一些公益性的服务。之前，说人家来干吗就干吗。所以，素质提升。资源有，政策有，人才有，看怎么样去盘活这些东西了。

第二，完善社区居民参与的各项配套改革措施和相关法律制度。

社区自治既是社区发展所追求的最高价值目标，也是社区发展必经的实践过程。而社区自治手段的多样化首先离不开配套的改革措施和相关法律制度的保障，一方面需要从实际出发逐步构建配套的法律法规体系，填补社区居民自治的法律保障空白，将社区自治模式以制度化的形式固定下来；另一方面可以构建以社会公正为基础、以提高社会福利为目标、以民主为手段、以人力资本为核心、以资产建设为抓手、以政府能力建设为保障的发

① 参见陶铁胜：《社区管理概论》，上海：三联书店，2000 年，第 36 页。

② 参见汪波：《城市社区管理体制创新探索——行政、统筹、自治之三元复合体制》，载《新视野》，2010（2）。

展型社会政策。[1]

第三，加强社区硬件设施建设与经费投入。

近年来的研究显示，购物与商业服务设施、医疗卫生设施、体育与娱乐设施、公共交通与通讯设施、教育设施、社会与文化服务设施共六个类型的要素是构成社区（或邻里空间）生活空间质量的主要基础设施内容，它们构成了健康、便捷的社区生活的社区资源。[2][3] L街道社工局副局长ZLH说：

要说更多的设施建设的话，由于我们的一些设施没有吸引到他们，可能人家喜欢上网的，我们也没有更多的设备，人家喜欢新奇的，我们只是普遍性的设施，毕竟不能照顾到所有人的需求。这需要我们政府在收集各类人的需求上，再下功夫，充分走访，可能每个活动中心搞一个特色。比如说老人家去老人家的场所，青少年去青少年的场所，光有设施还不行，还要设计项目，这个需要我们居委会干部要有很高的水平，不然，也想不出来。

B社区邻里中心副主任LY说：

一般居委会有什么活动都通知大家，大家都会大力支持。但是现在场地不够，你比如，在我们现在活动室上面二楼的房间从年头到年尾都锁住，我们想拿来用。这本来就是业主的活动场所嘛。现在是，巧妇难为无米之炊。我都说过好多次了，都没用。我们有书架，想摆出来，经常是摆出来一二个钟头，完了又要收进去。一大批书啊，不少啊，看不烂都给我搬烂了，我们想有个清静的地方，有个值班的人来看着。有些人想活动。因为社区有许多小朋友，所以我们想搞一个儿童游乐场所。但是没场地，怎么搞啊。参加的人太多，每次搞活动、座谈啊，很多人来参加。比如，我们上次为老年人庆祝生日，100多人参加，参加的人太多，我们都不敢再通知了。现在通过从去年到现在搞活动，大家都知道了，积极性也很高，很多人参与的，但我们的场地很有限啊。

A社区居民ZLQ说：

本社区的居民活动范围太小了，尤其是我们那里，3,000多人，只有一个很小的，像篮球场那么大的地方，还是邻里中心搞的。像老年人想出去跳舞啊，走走啊，聊聊天啊，都不行。作为一个老百姓义工来讲，我在跟大家聊天的时候，谁谁有个什么意见啊，都很难收集，只有是在楼道内见面，说几句。要是有个活动场所就好了。

可见，活动场地的建设对于居民参与推动来讲具有重要的意义。在保障机制的构建中，要进一步打造居民参与的物质基础，加强社区硬件设施的投入和活动经费的投入，用环境建设来引导居民的参与行动。

第四，加强社区工作人员配备。

基层政府的工作任务重，人员配备少，可以说是影响社区居民参与机制形成的核心因素之一。社区居委会在选人、用人、培养人才方面都需要加大投入力度，以保障居民参与的推进和发展。A社区居委会主任WQG说：

我们居委会承接了1.6平方公里的社区工作嘛。现在政府好多工作都下放到居委会来做，现在的架构、人员都不够。目前有3个领导，3个兼职人员。他们不会承担太多责任，

① 参见向德平：《发展型社会政策及其在中国的构建》，载《河北学刊》，2010（4）。

② See Karen Witten，Daniel Exeter，Adrian Field，“The Quality of Urban Environments：Mapping Variation in Access to Community Resources”，*Urban Studies*，2003（1），pp. 161－177.

③ See Howden-Chapman P，*Tobias M.*，*Social Inequalities in Health*：*New Zealand* 1999，Wellington：Ministry of Health 2000，p. 76.

像做点活动、宣传就帮个手，人家收600元补贴，能做点什么啊，这些都是热心人士，都很乐意做的，都不是为了钱，但是我还是觉得钱少了点，1,000元差不多了。两位成员，每个月2,500元，我真的希望一定要提高工资待遇，个个社区都说低啊，像我，全部费用包完了才4,200元每个月，一年才6万元左右。我家族在丹灶都是搞企业的，车间主任都不止我这个数的工资啊，但是我不愿意这样。说句高尚点的，我是党员，要去帮助人，体现我的人生价值，自己有这个本事、有这个能力去帮人，我很高兴。做人啊，要讲个诚信的！能做就做，不能做一定要告诉居民的。

B社区邻里中心副主任LY说：

工作量很大，有时候我都觉得很累，时间很紧，人手也不够。但是我们都没有什么怨言，都觉得很乐意去参加。你比如现在，中心有个想法，放学以后，小学生的管理问题，我们想组织这些学生自觉地做作业，过去在邻里中心乱七八糟地搞，报纸夹烂了，有些还很吵闹，可能是因为家里没人，孩子们一放学就来了，一般都是三四年级的。现在呢，上午有人值班，下午有人值班，还准备安排晚上值班。"五一"之后，我们准备安排晚上值班，但是很难安排，很多人都说没时间。要是在这个时间段，更难安排，这段时间一般都是做晚饭的时间，做义工的都是些家庭妇女，现在我们白天晚上一个星期轮了三个班了，如果再安排更多的班，人家就承受不了了。那些学生真的就乱七八糟地搞。我们邻里中心成立之后，名单很多，真正出来管的人，没几个，搞来搞去就3个。现在我们就自己去找，在活动中，看哪些适合做的，我们就去找。我们在逐步挖掘人才。

在本次调查中，社区居委会的干部和工作人员都共同地反映了一个问题，即工作量大、工资待遇低。如果说，在L街道这样日益加大对社区建设的投入的地区都存在该问题，不难想象这应该是一个很极为普遍的情况，并非仅靠地方基层政府的努力就可以改变的。L街道社工局副局长ZLH说：

要求他们经常看书、进步。要他们每年看多少书，写多少心得，考取社工啊。后来换了领导，没有表态，也没有接上了，干部的素质也是到了一个瓶颈了，要突破肯定是要有更先进的理念和思路，才能走下去。所以，学习新加坡的社会组织的经验，我们也购买服务，来培训督导我们的干部，远程给我们讲课，香港也是，每个月来两三次，把外来的先进的理念灌输给社区干部。新加坡的，培训8个月，用了10万，香港也用了10万，效果应该是很明显的。确实教得不错，也跟得很紧，还要做功课的。但其实，家庭和生活上的问题，在我们这里都不是关键，主要是一个意识的问题，慢慢去宣传，去带动和感化他们。至于说到他们参与的能力，像是义工的培训一样，都要从理论和实务操作上进行培训，这些都是需要的。

可见，配备优秀的社区工作人员就要提高工作人员的待遇。在20世纪六七十年代，居民委员会的干部多数由无业人员和纯居民组成，妇女多，年龄老化，文化水平偏低。[①]他们没有工资和退休金，仅有少得可怜的生活补助，其待遇远不如单位里级别最低的个人。这一状况的形成与当时的单位型社会结构是密切相关的。社区建设发展至今，一方面政府通过社区管理机构岗位的事业编制改革，招募了一批优秀的大学生，他们作为社区工作队伍的新鲜力量具有较高的知识文化水平和工作领悟能力；另一方面，社区居委会的工作人员在不断地自我学习与提升，他们整体的工作水平较之以前有大幅度提高。如果在待遇方面能够有

① 参见李腊生、李金红：《社区民主与社会和谐》，北京：社会科学文献出版社，2010年，第67页。

所提高，会极大地激发起他们的工作积极性和热情，更好地为社区居民服务。

第五，积极培育社区民主自治的文化氛围。

文化使社会有了系统的行为规范。其中主流的社会价值观和积极的社会心态更是具有保持社会整合的功能。一直以来，文化与社区发展始终紧密地联系在一起，一方面社区是文化孕育和传承的土壤，并形成了社区文化；另一方面社区的发展离不开社区文化的培育。可以说，社区结构及其功能的形成在一定程度上依赖于相应的社区文化的打造。在推动社区自治发展的过程中，培育社区民主自治的文化氛围将有利于居民积极参与社区公共事务的管理和各项活动中去，发挥居民在社区建设中的能动性，并逐渐形成一种参与精神。

（5）激励机制

作为激励机制，其功能在于使居民参与社区建设的方式、途径以及参与认知与基层政府倡导的理念保持一致。街道、居委会应将激励机制引入社区建设之中，及时注意总结推广社区建设中的先进经验，表彰在社区建设中做出突出成绩的先进单位和个人，以弘扬为社区建设无私奉献的新风，为社区建设献计出力。强化社区建设的整体激励机制，最有效的方式是精神激励和物质激励相结合的方式。具体地说，可以从各个角度运用激励机制。

第一，目标激励。社区建设的总体目标确立之后，通过宣传和教育为全社区成员所理解、承认和接受，由此激发起他们的积极性、主动性和创造性。

第二，示范激励。在社区建设中，领导的精神状态、思想作风、工作方法等，无时无刻不在社区成员中产生很大的影响。因此，社区中的各级领导者应当自觉地遵守规章制度，真正起到示范作用。

第三，参与激励。如何为社会参与提供一个运行的载体，创造一个良好的环境？对此，有的街道办事处的主要做法是发挥驻街单位代表和居民代表会议（简称“双代会”）的作用。这样，就可以做到社区的重大情况让社区成员知道、重大问题经社区代表讨论重大活动有社区成员参与，从制度上保证社区成员参与管理的民主权利。通过社区事务向居民公开，政府出台相关的配套文件予以支持，刺激居民的参与积极性，培养居民的参与热情。给工作做，组织活动让其参与。L街道社工局副局长ZLH说：

我们的一些任期目标也是要向居民公开的，召开居民代表大会，在大会上要宣读一下自己的任期目标，3年一次嘛。我们理事会也有这样的要求，规范它们的运作。有工作细则，要求重大事项一定要公开，征询理事们的意见。然后，专门就各个理事会单位和职能部门要如何来配合工作，都是发了文件的，这样理事会的地位才得以提升。要告诉职能部门怎么来配合一个民间组织的工作。所以，就出台了两个配套文件，保证理事会的运作，理事成员的热情就被提高了。所以说，我们现在也在做向居民公开的工作，虽然不是百分之百公开的，但是私底下，我们都有征求他们的意见，像是涉及体制改革的，虽然下面有的是不赞同的，但是，我告诉他们可以整合资源，像是政务站整合之后，大家也看到了效果了，整合成一个的大政务站。我就从这个例子来引导他们。了解他们的所思、所想，站在领导的立场上，来引导一下居民和社区干部。现在我们整体的居民素质，还不具备社区直选的要求，我们如果一味要求民主、泛滥民主，是不符合国情的。只能是部分直选。向居民敞开之后，他们的主人翁精神就出来了，鼓励他们慢慢地从原来无意中的参与到自觉的参与。

第四，精神激励。在社区建设中，大力开展评选先进活动，利用各种形式，宣传先进典型的事迹，以提高社区成员的整体素质。对于个体居民而言，通过评比、奖励“孝爱人物”“星级义工”“优秀邻里中心”“优秀邻里活动项目奖”“热心社区公益奖”“十大社区之星”以及“社区服务杰出贡献奖”等来激励居民参与行为的提升，强化精神鼓励，启发社区成员向更高的层次不懈地追求。对于在社区建设中作出突出贡献的单位和个人，授予荣誉称号，以鼓励其更好地为社区建设服务，并以此来激励全社区成员踊跃参与社区建设，不断推动社区建设向前发展。对于社区民间组织而言，2012 年 NH 区民政局评选出示范性社区社会组织 15 个，评选出社会组织的优秀社区服务项目 25 个。经评选为示范性社区社会组织的优秀社区服务项目，可获 1 万元奖励。[①] 民政部门加大对社会组织的评估力度，实施“优胜劣汰”。NH 区开展社会组织评估是佛山五区中最早的。今年 NH 区的社会组织评估将范围从以往行业协会试点扩大到联合类、学术类和民办社工类机构，凡成立两年以上（含两年）的社会组织均可申请。其中，民办社工类机构成立一年以上，即可参加评估。对社会组织的评估结果分为 5 个等级，从高到低依次为 5A、4A、3A、2A、1A。A 级越高，表示社会组织发展的总体水平越高。获得 3A 以上（含 3A 级）的社会组织，可优先享受政府资助、职能委托和政府购买服务以及公益性捐赠、税前扣除等优惠政策，并获得开展评比、达标、表彰活动的资格。无 3A 及以上等级的社会组织不具有以上资格。

第五，物质激励。在社区建设中，不断改善社区成员的物质文化生活，提高生活质量，使社区成员能看到他们所在的社区建设兴旺发达给其带来的实际利益，从而更好地发挥社区成员参与社区建设的工作热情。D 社区居民 XZH 说：

比如说评比社区之星啊。像奖励文明户，订一年报纸啊。我们邻里中心搞活动，居民群众是什么思想呢？你单单指望着我们邻里中心几个人呢，他们好似信心不足，比如有居委会的人参与的时候，大家就觉得活动很有意义，参与就积极些。信心就大一点，我们每个月都有活动的嘛。

从实践效果来看，由于城市社区的居民几乎没有参与社区的经济建设，政府在社区参与的投入经费有限，仅仅依靠物质的手段来激励居民参与社区建设是不现实的。随着居民自身经济条件的提升、文化素养的提高、权力意识的不断增强，越来越注重精神追求。故此，激励机制的构建应该将功利型激励手段与符号型激励手段结合起来，不可偏颇，更不可走向极端。

（6）控制机制

控制机制主要是为了防止违规行为对正常居民参与行为的干扰，并且规范居民的参与行为，例如对与社区自治组织的管理，尤其是对组织领导的甄选。L 街道社工局副局长 ZLH 说：

居民参与除了民间组织以外，所有的居民参与都是在我们活动的方案之内的，不能说三两个居民就搞个什么宣传啊，是在我们项目方案可控的范围内去搞的，选的人员我们都是审查过的，有没有犯罪记录，因为有一个组织架构，很容易组织人出来的，所以很难控制，所以民间组织的管理层，一定要物色好，了解他们都有哪些背景，很严格地审查、收集他们的简历，要把关的，特别是邻里中心的主任，还要拿到派出所去审核。像 A 有一个邻里中心的主任，在审查中，我们发现他以前有犯窝藏假票据罪的嫌疑，后来注册要出无犯罪记录证明，派出所就不开证明，我们就弃用他了。但是他很热心啊，就只能做参与者了。所以，我觉得，这方面是很规范的。

---

① 盛正挺：《南海 5A 级社会组织或增至 5 个》，2010 年 12 月 23 日，见 http：//epaper. nfdaily. cn/html/2012 - 09/14/content _ 7125043. htm。

此外，理清政府与各民间组织之间的关系也是控制机制里的内容。L街道的主要做法是以监管为主，民间组织要弥补基层政府工作的缺陷，所以需要鼓励并给一些奖励，给一些资金扶持，多一些沟通，理顺组织之间的关系。A社区邻里中心秘书长TZQ说：

大家都是代表居民、业主的利益来的，但是邻里中心，属于义工，我们热心为业主服务，是无偿的。大家的工作有一些交叉的地方，包括我们做的一些探访啊，收集居民的意见啊，开展很多活动啊，吸引更多的居民走出家门，相互聊天结识。比如说探访啊，邻里分享会啊，手工制作啊，联欢唱K啊，百家宴活动啊等等，很受欢迎，居民说能不能两个星期搞一次啊，但是我们毕竟人手有限，要经常搞活动，也是很困难的事情，只有希望说更多的义工加入，我们一起努力。

目前的状况是居民不参与社区事务，政府就会担心他们过于冷漠，但是一旦居民过度参与的话，有些事情又未必一定如政府所愿。就政府的立场而言，其实是很矛盾的。因为需要面对居民过度参与所带来的威胁，故此居民到底需不需要参与，参与到什么程度，范围是在哪里，什么样的方式是可以控制的，这一系列问题如何才能有一个完美的答案，这对于政府下决心推进居民参与的机制运行是起到决定性作用的。

二、 参与机制的运行

如前所述，居民参与机制包括动力机制、整合机制、培养机制、保障机制、激励机制以及控制机制6个二级机制，由它们构成一整套的居民参与规范。同时，6个二级机制之间在功能和结构上相互联系并协作运行，通过它们共同发挥作用来推动居民参与社区公共事务的管理和各项活动（见图4.1）。

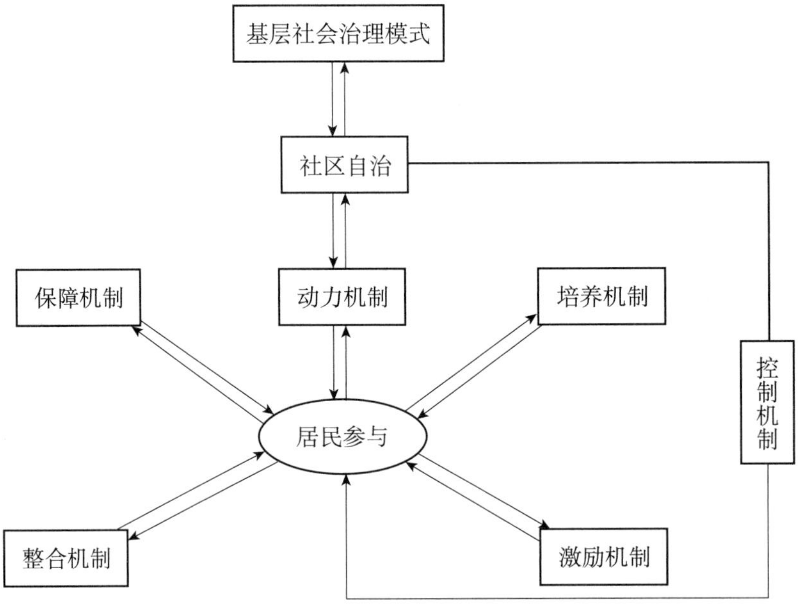

图4.1 居民参与机制运行图

从图4.1可见，由于我国基层社会治理方式的调整，对于城市社区建设和发展而言，社区自治模式将代替传统的政府主导模式，并处理好政府与社区自治组织的关系，实现政府依法行政，社区依法自治，[①] 引导着社区建设朝着自治的方向发展。在这样的情况下，社区管理体制改革将成为居民参与的强大动力，基层政府为社区居民参与社区公共事务管理和各项活动提供了制度环境，这也构成了保障机制的一部分内容。同时，居民参与的具体内容与方式也将受到社区管理体制、社区资源、社区文化、参与氛围等多方面因素的影响。其中，最重要的影响因素是政府在居民参与方面的相关政策和引导。社区自治的发展决定着扩大居民的社区参与，也决定着居民参与的动力机制和保障机制的内容与功能。可以说，社区建设朝着自治的方向发展对居民参与机制起着引导的作用。这一导向过程是一动态调整过程，一方面居民参与机制不断调整结构、相互平衡以实现社区建设的自治发展目标；另一方面，居民参与机制在具体的运作过程中也有可能出现不完整的运作，这样就需要对社区自治发展的目标进行阶段性的调整。居民参与机制建立之后，就要作用于社区自治的发展，并发挥其功能。具体地讲，动力机制的主要功能是为居民参与提供适度参与的动力；整合机制的主要功能是协调居民的参与行为，促使社区居民、社区群体组成有机整体，行为具有一致性；培养机制的主要功能是提升居委会工作人员引导居民参与的能力，提升居民的参与技能，使参与活动的效果更佳；保障机制的主要功能是为居民参与提供人、财、物的支持，从管理体制到人员配备、从活动场所到活动经费等，都需要有一个完整的规范来确保提供给居民参与的条件是尽可能充足的，维护居民参与的可能性；激励机制的主要功能是促使社区居民的行为方式和价值观念与政府所倡导的社区建设目标趋于一致，激发基层活力；控制机制的主要功能是维系良好的居民参与秩序，控制居民参与行为的方向与速度。这些机制在结构上应该是协调的，在功能上应该是耦合的、互相补充的，其协调的中心就是参与机制运行的目标。

总而言之，对于目前我国大多数城市社区而言，都没有建立起一整套完备的参与机制去推动居民参与社区公共事务管理和各项活动。可以说，某些地区是进一步完善居民参与机制，而对于有些地区则是从无到有的打造居民参与机制。那么，在参与机制构建的过程中，哪些机制的内容构建还不足，哪些机制的功能发挥还不够稳定，哪些机制之间的衔接还不到位，都是值得探讨的问题。而居民参与机制的构建并不是一蹴而就的，它是一个逐步建立的过程。在这个过程中，很多做法可能都是处于尝试阶段，很多机制都不够成熟，尤其是保障机制和控制机制。因此，容易产生机制的不稳定和失效，以居民参与社区事务的组织化发展为例，以往，居民都是以个体的身份参与社区活动，或参与政治选举，或参与文体娱乐，如果对居委会的服务工作有意见和建议的，都是自己反映给居委会领导和工作人员。但现在，一种社区民间组织的全新方式展现在居民们的面前，它的确更加行之有效，可它也确实存在一定的不可控风险，这些都需要我们做更深入的讨论和研究。

第三节　居民参与机制的运行效果

机制作为一个系统，研究其运行效果，也就是研究其在系统中所发挥的功能。“功能”

① 参见王立京、吴卫生：《我国未来城市社区管理体制探讨》，载《社会主义研究》，2002（4）。

这一概念在帕森斯看来是指某一结构要素或某一行动对社会协调作出的贡献。而在默顿看来，“功能”是一个中性概念，是指“可以观察到的客观后果”，这种后果依照其对社会所起的作用性质不同可分为“正功能”和“反功能”，这是指社会结构要素及其关系对于社会调整与社会适应是起帮助作用还是削弱作用，是被社会系统内的参与者所认识到的并有意造成的客观作用。① 同样，居民参与机制的运行也有着正面的积极效果和负面的消极效果。

一、 正面效果

（一） 提升社区事务管理效率

居民参与机制的运行可以使居民在参与社区建设中的公共决策和事务管理时更加科学、民主、有序，以协助社区居委会处理好社区事务，减轻工作负担，降低了政府的运行成本，提高政府工作效率。L 街道社工局副局长 ZLH 说：

之前，D 社区有个小区要修路，就开会请了相关单位来听听，看看，反映说要以政府职能部门的形式，打报告给领导。C 社区啊，前面有一些人行道啊，以前是没有的，就是听了居民的意见，然后把桥两边的路加宽了，方便行人过路了。当时是叫联席会议，还没有理事会。后来，就有了社区理事会。现在除了搞人行道，前面那些花草槽也准备改造，准备不要了，也要建行人道了。但是，不一定会被全部批准的，因为他们的意见是直接反馈到职能部门的，他们是独立的单位。

D 社区居委会兼职委员、邻里中心主任 GCL 说：

比如说大家多点出来走动，参与这些活动，从不认识到认识。以前有个贼上去，你也不知道，现在大家都知道你是几楼几楼的，如果一个陌生人进去，就会有个防备，觉得不是我们的邻居喔，大家就有个警惕性，会互相说一下，或者给物业打个电话。以前没有加入这些活动，一些人对很多事情漠不关心、熟视无睹，现在通过参与这些事情，思想上有一个提升，看到有坏人坏事的时候，会挺身而出啊，出来指证，我觉得这些都间接地为治安管理起到了辅助的作用。

从本次调研来看，居民参与机制的运行在很大程度上提高了居民协助居委会管理社区公共事务的效率。居民的参与有了制度化的保障之后，基层政府的社会管理成绩获得提升。

（二） 增强外来人口的融入感和凝聚力

融入社区是外来人口适应社区生活的有效方式和最终目标，有利于其在社会生活和心理方面融入到城市社区中，也有利于缓和基层社会的矛盾与社会和谐，② 促进社区的凝聚力。这也正是居民参与机制运行所带来的积极效果。B 社区居委会兼职委员、社区理事会理事 KZP 说：

最明显的就是邻里关系的改善啊，以前呢，因为没有居委会的活动，没有服务，没有

---

① 参见〔美〕罗伯特·K·默顿著，唐少杰、齐心等译：《社会理论和社会结构》，北京：译林出版社，2006 年，第 105 页。

② 参见张利军：《农民工的社区融入和社区支持研究》，载《云南社会科学》，2006（6）。

开展互动，大家都没有走出来。现在大家开展活动。比如体育的培训，木兰扇啊，乒乓球啊，大家沟通交流多了嘛，感情更加融洽了，应该说是本地人员和外来务工人员的距离拉近了。因为我们搞了一些活动，专门是针对外来工的，例如家乡故事大比拼啊。大家讲讲自己的家乡，讲讲自己的生活。

可见，通过居民参与机制的良好运行，外来人口有了更多参与社区建设的机会和路径，也有了更多的时间与邻里之间交流、互助，这极大地促进了社区凝聚力的增强，使他们自己也拥有了更多的归属感和主观幸福感。

外来人口对社区生活的需求很普遍，对社区有着较强的归属意愿。只要存在有效的参与途径和方式，他们就愿意为社区的建设和发展与大家团结在一起，并贡献出自己的力量。

（三）满足居民的生活需求、增进其主观幸福感

人的本质并不是单个人所固有的抽象物，在其现实性上，它是一切社会关系的总和。[①] 可以说，人的根本属性是社会性，也只有在社会活动中，我们才能感受到自身的存在及其价值，并通过付出与收获增进主观幸福感。对此，社区作为居民生活的重要空间，为居民满足自身的各种社区生活需要提供了场所。居民们在参与机制的引导下，通过参与社区建设而丰富社会交往，获得满足与愉悦。L街道社工局常务副局长ZXY说：

青少年的教育是我们所有参与中最为积极、重视的一部分。一直以来，我们社区很注意加强青少年的教育。因为改革以后呢，我们有个社工带义工的机制。每一个居委会都有一个社工。他们在开展青少年的工作是很专业的。我们有个“160工程”，就是学生寒暑假有160天的假期，基本上课内的教育，在社区就完成了，开设有一定特色的活动。以前呢，每个假期都有活动，但参加的小孩是寥寥无几，现在家长都把小孩子带来，有家庭的讲座啊，家长的培训啊，各种辅导班啊，家长和学校都放心了。

D社区居委会兼职委员、邻里中心主任GCL说：

目前我们开展多样化的活动，居民关系融洽了很多。说心里话的人越来越多了，有些人心里难受，他觉得跟你成了朋友之后，有些话是可以跟你讲的，疏解了很多矛盾，很多时候，大家是需要发泄、倾诉的嘛，说出来之后，就觉得没事了。我们邻里中心，都是退休的职工，是北区活跃在各条战线的成员。

D社区理事会成员YRQ说：

就拿我们家来说，我在这里住了十几年了，我先生他是广州人，他的那些亲戚原先有在桂城住的、佛山住的，现在3个侄子都过来这边买房子了，有小车嘛，上班也很方便。未来生了孩子，在这样的氛围中成长，应该说是很好的事情。整个邻里关系也很好、和睦。他们也看我们在这里那么多年，幸福感很强。

可见，居民参与机制的运行不仅有利于提升居民的社区归属感和主观幸福感，还有利于优化社区服务。居民通过参与社区组织的运作，实现了自我管理与自我服务，一方面协助了社区居委会的管理工作，另一方面也满足了自身的社区生活需要。

① 参见《马克思恩格斯选集》，中文1版，第1卷，北京：人民出版社，1995年，第18页。

二、 负面效果

形成居民参与社区公共事务管理和各项活动的稳定参与机制后，一方面会产生正面的积极效果，促进居民的参与力量更加壮大，但另一方面也会产生一定的负面消极效果，尤其是当居民参与过度的时候。有一些学者通过经验研究，提出居民的普遍参与存在负功能，并不值得大力鼓励。[①] 这是因为在现代社会，社区决策越来越复杂，更依赖于科技、信息。因而，要做出正确的决策越来越难。面对这样的情况，政府对事件做出反应的过程会变得越发地缓慢，显得特别谨慎。那么，如果权力越集中，则决策过程就越迅捷，但这样一来居民对决策的过度参与就会在一定程度上影响决策效率。故此，如果居民参与的行为时时处处都严格按照参与机制的构建来要求，这在社区事务的决策方面将会减慢行政效率。但是，对此 L 街道分管社区的干部也有不同的看法。L 街道社工局副局长 ZLH 说：

让居民和广大的社区力量来参与社区建设，我觉得是必要的，也是将来的一个方向。怎么说呢，因为我们居委会的一个自治章程吧，是鼓励我们的民众和群众自我管理、自我服务、自我教育，也是鼓励我们公民参与到社区建设和服务中。现实来讲呢，比如说我们的义工啊、自愿者的服务，是我们组织起来慰问帮扶啊、对市民进行教育啊、市政管理啊，比如社区有些树倒了、路边窨井盖丢失了，他们都及时告诉我们，我们很快就处理了，如果是要我们去巡查的话，这个管理的效率就很低了。这样可以直接降低我们政府管理社区的成本，提高管理效果。比如说，自我教育这一块，公民的素质提高了，我们请的环卫工人都少了。如果是走程序的话，当然是会影响的。这个效率其实是保证实施更加科学的，如果科学了，那么效率的问题也就弥补回来了，古话讲说："磨刀不误砍柴工。"你为居民的服务也不是很紧迫的事情，应该要提前征询大家的意见，哪怕是慢一点，虽然有时时效性是耽误了一点点，但是总的效率还是提升了。

可见，对于居民过度参与是否影响社区事务管理的效率问题上，可谓是，仁者见仁，智者见智。它不仅是一个基层社会管理的实践效果的问题，更表现为一种管理理念与管理态度。

---

① 参见赵杰：《浅析我国公共决策中公民参与的适度性》，载《广西青年干部学院学报》，2008（6）。

第五章 影响居民参与机制的因素

居民参与机制的建构将受到来自内、外部因素的影响，从参与机制构建的外部环境来看，社区自治权力的获得与增加以及社区资源的利用程度是居民参与机制运行的外部环境，将直接决定参与机制运行条件的优劣；同时，居民参与机制的构成与运行不是一成不变的，它将受到社区类型这一外部因素的影响，在不同类型的社区里，人口结构不相同，就导致参与机制构建的内容有其不同的侧重点和特色；从参与机制构建的内部环境来看，居民个体社会资本的状况也将直接影响居民的参与行为抉择与效果，影响参与机制的顺畅运行。

第一节 社区自治权力的获得与社区资源的利用

关于权力的研究由来已久，韦伯（Max Weber）曾指出权力是行动者在公共活动中实现其意志的机会，是一种社会关系，而阶级、地位群体和政党则是社会权力分配的现象。[①]可见，权力分配的不同将会导致社会行动者拥有不同的生活机会。换言之，获取经济、社会和政治资源的能力是随着权力的分配而呈现出不平衡的分布。那么，对于社区建设来讲，社区权力的分配直接决定着社区资源的获得与使用。而构建社区居民参与机制则需要居民获得民主的社会权力，即由宪法和法律赋予社区全体居民共享的管理公共事务的自治权。[②]

一、 社区自治权力的获得与增强

社区内，是谁在决定要不要举办某一次活动？是谁有能力找到需要的资源？是谁宣传

① See Gordon Marshall, The Concise Oxford Dictionary of Sociology, 1994: p. 72, p. 412.

② 参见吴克昌：《中国城市社区民主自治的理论与实践研究》，北京：人民出版社，2009 年，第 121 页。

最得力？又是谁说话比较有说服力？面对这些影响社区生活者的权力动态的问题，社区权力模式的经典理论研究给出了回答：精英控制论认为，社区政治权力掌握在少数社会名流手中，他们支配着社区生活的各个方面，控制着社区内的大部分资源；而多元论则认为社区权力不是由极少数人或一个小群体控制，是分散在多个团体或个人的集合体中，它们都有自己的权力中心。① 那么，如果说正在转型中的中国社会将是一个自主社会，这一社会的日常生活领域会以不同类型的共同体形式建构，在共同体的日常生活领域中维持社区生活秩序的权力究竟是什么？换句话说，在失去了单位庇护之后，居民在共同体的日常生活中究竟需要一种什么样的权力进行行动整合，并推进社区居民参与社区事务及活动？一直以来，由于我国城市社区制度建设是由政府强制实施的制度变迁，所形成的社区权力结构具有行政化的特点，② 这导致了目前我国城市社区已经成为多种利益主体博弈的公共空间，在彼此博弈过程中，社区权力关系出现了多重形态，即社区党组织对居委会由外在干预转入内在介入，居民代表大会与居委会从形式上的行政层级转向实际上的协商参与，政府行政吸纳居委会，辖区单位冷处理居委会。③ 然而，这样的权力形态不利于居民参与机制的构建，亟须一种社区居民获得属于自己的民主权利。就前面两种社区权力理论主张来看，以往基层政府在主导社区建设过程中更关注社区政府职能的承接而不是自治功能的发挥，这直接造成了当前城市社区建设过程中社区组织、职能和权力出现行政化倾向，权力多集中于社区的精英群体手里，由一小部分人控制并支配着社区的各项资源。而发展到今天，社区建设的发展趋势是走自治的道路，也就是说要实现居民自治的社区相关事务这一目标，通过居民参与机制的有效运行来扩大居民参与的广度与深度。对此，社区自治权力的获得与增加将是一个首要的必需条件。

那么，何谓社区自治权力？首先，可以肯定的是，它不属于政治权力，而是对社会生活的一种管理资格。其次，在通常情况下，人们所投入的价值资源并不是由所有人来共同进行支配，所产出的价值利益也不是由所有人来共同进行分配，而是由一个人（即领导者）或若干人（即领导集体）按照相应的法律、制度、规章或伦理道德，根据集体的基本意志或利益要求，对投入的价值资源或产出的价值利益进行支配。④ 为了充分利用集体的各种价值资源，使集体的公共价值资源能够充分代表集体的意志或集体的利益价值观，从而产生最大的价值增长率，就必须推选一些领导能力强、道德品质好、利益相关性强（股份数多）的人来支配这些公共价值资源，并赋予相应份额价值资源支配份额的资格，这种资格就是权力。由此给出权力的本质，就是集体赋予领导主体（领导者个人或领导团体）支配公共价值资源份额的一种资格。那么，社区自治权力就是指社区建设脱离强制性干预的外部力量，社区内各利益主体通过民主协商的方式来处理社区公共事务，⑤ 并使社区呈现出自我教育、自我管理、自我服务、自我约束这一发展状态的资格。而这样一种资格是政府通过法律赋予社区居民的权利，它的获得与增强直接决定着居民参与机制运行环境与条件的优劣，成为参与机制中的动力机制的最强来源，有力地推动了居民更好地参与社区公共事务的管理和各项活动。

---

① 参见夏建中：《国外社会学关于城市社区权力的界定》，载《江海学刊》，2001 (5)。

② 参见彭健：《城市社区权力结构行政化与社会政策供给》，载《湖州师范学院学报》，2010 (4)。

③ 参见陈伟东、孔娜娜、卢爱国：《多元博弈、多重形态：城市社区权利关系模式》，载《社会主义研究》，2007 (6)。

④ 参见陈兴云：《权力》，长沙：湖南文艺出版社，2011 年，第 52 页。

⑤ 参见陈伟东：《社区自治》，北京：中国社会科学出版社，2004 年，第 41 页。

总之，社区是各种社会人群、各种资源聚集的节点，研究社区权力的来源、分配和履行必然就成为分析影响居民参与机制时的一大因素。经过十多年全面建设社区的努力，城市社区权力已从居委会单一中心转向多元权力组织并存的格局，社区居民通过对社区管理者的选择、社区权益的保护、社区问题的解决等路径表达公民性。[①] 故此，社区建设强调参与，基层政府在积极动员居民参与的同时，要及时而充分地授权给居民，增加他们参与决策的机会，尽可能把社区层面与居民直接有关的公共事务交给居民自己来决定，逐步使居民从认可具体事务上的自我决定，进而认可自我决定的方式，认可做出自我决定的权力，最后形成和尊重自我决定的习惯和制度。也只有主动地同意才是真正地同意，在这种同意基础上的权力，才能得到广泛的认可和服从。由此，群众自我管理的"草根民主"就有了基础，就可以比较顺利地建立起来。[②] 值得指出的是，虽然政府现在提放权，放权并不表示失控，浮出水面来管理才是更有把握的一种方向，一旦放权就需要很多民间团体来承接政府的公共服务工作和职责。而现实的状况是现有的民间团体力量很弱小，并没有那么多的社会组织来承接政府的部分公共职能，需要一些枢纽型社会组织支持政府的社会管理工作。

二、 社区资源的利用效率

人类的发展由于种种条件的差异造成不平衡，是非常自然的现象。有的民族在一个时期发展得快一些，在另一个时期发展得可能缓慢一些；而有的民族在一个时期发展得慢一些，在另一个时期又可能突飞猛进地发展起来。然而，在任何社会中，资源都是有限的，因此，每个社会都存在人与人之间为资源而产生的利益冲突。社区更不例外，有限资源的争夺不仅仅是会产生利益不协调的后果，也会使得社区居民自我管理这一社区建设目标很难顺利实现。反过来，居民参与机制的运行一方面受社区资源利用效率的影响，同时也可以反作用于社区资源的利用效果。良好的参与机制不但可以激发起居民的参与热情和品质，更能够实现多元利益的统筹兼顾，平衡大多数居民的需求。从城市管理的角度入手，通过社区资源的公共服务与设施的空间布局（至少通过补偿性布局）的方法可以改变机会结构，从而提高社区居民对社区资源的可接近性，以达到提升社区日常生活空间的"人本化"质量水平。[③]

社区资源总的来看分为人力资源与物质资源。从广义来看，社区资源指一个社区内一切可运用的力量，包括人力、物力、财力、知识与资料、历史传统、生活习俗、发展机会、地理与天然物质、人文社会环境等。从社区资源开发与整合的角度来看，任何社区资源都不是孤立存在的，大都依附于社区中的社会组织或社会网络。因此，对社区资源开发与整合可以从两个层面来考察：一是对社会组织资源的开发与整合；二是借助社会网络的建立达到利用资源的目的。[④]

首先，居民参与机制能否很好地构建与该地区的经济发展水平以及居民自己的社会经

① 参见闵学勤：《社区权力多元认同中的公民性建构》，载《社会》，2011（4）。

② 参见费孝通：《对上海社区建设的一点思考》，转引自夏树人、曾海龙：《费孝通九十新语》，重庆：重庆出版社，2005年，第186页。

③ 参见刘晓霞、王兴中：《城市社区的社区资源公正配置研究》，载《人文地理》，2008（2）。

④ 参见林闽钢：《社区资源的开发与整合》，载《中国社会保障》，2002（9）。

济地位密切相关。许多研究表明，在不同的经济条件下，居民参与的程度及政策偏向可以极不相同。虽然经济发展的程度与居民参与的程度不存在简单的对应关系，但从我国各地区发展的长远过程来看，一般而言，经济发展程度越高，社区居民的参与程度也越高，当地政府对于居民参与的一整套机制的打造越加完善。其次，特别重要的是，居民参与机制的状况还与其所在地区的民主环境直接相关，特别是与当地政府所倡导的民主精神和公民意识直接相关。居民的参与必须有相应的政策保证和宽容精神的支持，否则就难以有真正的民主。地方政府要为居民参与机制更好地运转提供合法的渠道、方式、场所，并且当居民的参与行为受到非法侵害时，保护居民的正当参与权。另外，场所、技术性的手段、工具等也会影响居民参与的质量和结果，是居民参与机制运行的重要保障条件之一。例如，社区内有没有可供居民活动的场所和设备，大众媒体和现代通讯技术能够在多大程度上服务于居民参与，这些都直接关系到居民参与的效率和效果，更关系到参与机制的最终实现。最后，归根结底，人才是所有资源中最为核心的资源。居委会在多大程度上使用好了本地的人力资源便成为居民参与机制能够顺利运行的关键因素之一。换句话说，居委会能够最大限度地充分发挥骨干的作用，现有的人是不是用到极限了，要么就是挖掘更多的人才，这需要居民和居委会平时通过观察、推选来完成的工作，也是对促进居民参与机制良性运行的重点所在。L 街道社工局副局长 ZLH 说：

早期是只有几个人，现在是好多人都有这样的意识，参与的意识是慢慢地培养起来的。把社区建设好，把社会管理好，这个是非常需要鼓励的。这几年，我就一直在想，利用我们身边的资源，为我所用，人的资源就是最大的资源。

另外，社区的发展和建设一定要从社区居民的真实需要出发，政府有集中资源办大事的能力，但是也容易带来一个问题，即所有的地方都按一个模式去做。当今中国社会很多的问题，通过社区建设和发展以及公共产品的供给解决问题是毫无疑问的。但是我们不要在单位层面上建设社区，单位只是建立在国家对社会的垄断的关系上，这与以社会自我管理为核心的社会管理理念相悖。

此外，很多地区注意对本地人（即是说土著）的利益保护，直接影响着资源分配的方式，影响着参与机制的构建。L 街道社工局副局长 ZLH 说：

我们社区的管理与服务，也不存在什么秘密问题。说老实话，有些策划也不是完全能先去征求意见。因为我们的人手很有限，时间也很紧张，工作量大，不能及时去做相关的事情。其实，私底下我是有去征询大家的意见。像是这次的社区整合，他们是不大愿意的，主要是因为之前的工作已经很熟悉了，打乱了重新来，人员之间的配合很难，加上服务也不能做得那么细致了。关键时候看到大家的磨合了。作为政府，我们也不赞成。其实社区管理，最科学的是 2,000 户最好的，但是我们领导的思路是“大社区、大管理、大服务、多资源”，但是从管理精细化的角度来看，从贴心的服务来说，小的还是有小的好处。我觉得社区建设事无大小，都应该跟居民公开。

L 街道社工局副局长 ZLH 说：

但是，对于活动的组织、策划和协调方面，他们的能力稍微欠缺一点。我们搞一个大型活动，可能是市政用电啊，场地申请啊，公安保卫啊，这些资源可能就是要我们去统筹安排，为他们搭台，等他们自己来活动了。因为，按我们的国情来说，我们的行政色彩是很浓郁的，如果活动是民众自己去申请的，有关部门是很难受理的。比如说，设施的建设啊什么的，只有参政议政、监督评议的权利，但是具体的，我们要走程序啊，争取领导的重视，这些还是要我们来做，牵涉到实权的东西，公民就很难做了。像是设施啊，活动申请啊。

值得指出的是，NH区在社区建设的过程中非常注重社区内资源的利用效率，并通过资源整合的方式来提高对社区资源的利用率。其中，L街道就于2012年5月上旬正式对街道的B、C、D三个社区资源进行整合，并作为试点探索了一条整合现有社区资源的方式。整合后，撤销原B、C、D三个社区，合并成立新的B社区，同时设立社区党委办、社区事务办、社区居民服务所等，L社区行政服务站更名并升级为B社区服务中心，取得法人资格独立运作，不再依托居委会。三个社区整合后，原服务点不变，社区居委会对群众服务质量不减，居民依然享受十分钟服务圈生活，同时公共场所、设施的利用将实现最大化，新的B社区内拥有L中心广场、L文化公园、城中公园、状元公园等场所，同时还保留原C社区活动中心、原B社区活动中心和原D社区活动中心。社区居民可以到更多公共场所开展文体活动或使用公共文体设施，以往居民在活动场地方面受到的限制被打破。[①] 过去居民反映，过去L虽然实行多社区一站的试点，设立了社区行政服务站，负责处理社区内的行政服务工作，但由于该服务站没有机构代码证，所盖的公章不被其他部门承认，因此很多群众到服务站办理相关证件后仍然需要回居委会盖居委会的公章。如今升级为社区服务中心，三个社区居民的行政服务都集中到中心办理，盖的公章将会是B社区居委会的章，可减少群众的麻烦。

总之，我国城市社区的建设一直缺乏资源、基层管理人员与居民的能力都不够，这些方面的改革都是针对当前的问题，意义重大。不过也要注意，在推动社区建设的资源整合方面不能片面，需要综合考虑政府的行政行为力度是否过大、人事安排是否合理、居民是否能接受等因素，否则会带来一些负面的影响。概言之，社区自治权力的获得将直接影响着参与机制中动力机制的设置，而社区资源的利用效率将决定着参与机制中保障机制的设置。

第二节　不同类型社区及其人口结构特征

不同类型的社区有着不同的人口结构特征，不同的人口结构又决定了居民对社区生活的需求，决定了他们的参与内容与方式，使得参与机制的构建重点需要根据社区的类型来进行调整。由于城市社区建设各方面资源都是有限的，应根据不同的社区类型，在参与机制的打造上体现出不同的建构特点和重点。以往，根据社区经济、社会结构以及规划等多种因素来划分，主要可分为传统式街坊城区、单一式单位社区、混合式综合社区以及新型房地产物业管理型社区等几大类。[②] 随着社会流动的加剧，外来人口的迅速涌入，对于社区类型的分类可以根据社区人口比例的特点来划分，[③] 将社区类型分为以老年人口为主的

① 《L街道三社区整合成为“B社区”》，2012年5月14日，见http://news.fs.soufun.com/2012-05-14/7660232.htm。

② 参见张鸿雁：《论当代中国城市社区分异与变迁的现状及发展趋势》，载《规划师》，2002（8）。

③ 参见张俊芳：《我国城市社区空间组织管理》，载《经济地理》，2003（2）。

传统式街坊社区和以外来人口为主的混合式综合社区。根据L街道的4个城市社区各自的居民参与情况，并结合参与机制的构建，本书主要针对以老年人口为主的传统式街坊社区和以外来人口为主的混合式综合社区，来分析不同社区类型对构建居民参与机制的影响。

一、 传统式街坊社区

在本次调研中，L街道的传统式街坊社区有一个明显的人口特点，即老年人口比例高。而在我国，人口老年化问题越来越严重，它是老年人口在总人口中所占比例超过一定界限的一种人口现象。按照联合国的有关规定及我国目前采用的统计方法，60岁以上的人称为老年人，老年人占人口10%以上的地区或城市称之为“老龄型地区”或“老龄型城市”。人口老龄化将使家庭的负担加重，在核心家庭、独生子女家庭增多的情况下，人口老化对社会带来的问题不容忽视。随着人口平均寿命的延长，老年人需要照料的时间随之延长，为满足老年人口需要的商品和生活服务设施将大幅度增加，其中主要是适宜老年人衣、食、用的商品数量，老年公寓、老年医疗保健、老年教育及娱乐活动设施的需要量明显增加。加之高龄老人发病率高、生活自理能力差，需要家庭和社会的帮助，这使得老年人的问题超出家庭的范围而变成社会问题，需要通过家务劳动社会化和老年人服务机构来解决。在社区服务中，为老年人提供的关怀和帮助就更大，这也成为居民参与的重点内容之一。对此，老城区的居民参与群体单一，以离退休老年人和居住年限较长的本地居民参与为主体，参与的类型包括强制性参与、自发性参与、指导性参与和计划性参与。[①] 而在参与主体的分布中，老年人所占的比例是比较高的，尽管他们参与的都是社区公益或休闲活动，很少涉及社区公共事务的管理，但是他们对于提升社区的居民参与热情和氛围起了很大作用。在构建老年人口型社区的居民参与机制时，有利于发展整合机制与培养机制。通过社区老年服务的大力开展，促进社区公益性服务组织的成长，整合居民的社区参与行为，并且逐渐培养居民的社区参与意识和对社区的认同感与归属感。

在L街道，C社区是老年人居多的社区，社区居委会就着力于开展创建活力型社区及服务型社区，成立了“党员之家”并实行“四知四访”制度，定期每个月的第三个星期六上门探访年老或生病党员。同时，针对老年人多的特点，建立老年人健康档案，并开展针对老年人的各式社区服务活动。C社区为老服务代表区接受佛山市老龄办关于开展老龄事业“十一五”规划实施情况中期检查评估，受到检查组的一致好评，并于2009年被评为佛山市首批志愿服务爱心社区。L街道社工局副局长ZLH说：

C社区，你知道老人居多，慰问老人的项目就比较固定，比较频繁。什么时候去探访、谈心啊，都不用居委会安排来的，都是自己设计的。看到老人家没有鞋啊，第二天就买一双布鞋给他。看到老人没有肉吃了，就煲汤送去。现在大家出来做事，帮助别人的热情很高啊。可能是生活富裕了，特别是老人家这一辈，真的很热心，也不用很多钱，反正是一点点心意。我觉得年轻的，还不如老的，特别是二三十岁的，那个意识啊，都不如老的。另外，C社区的市政啊、卫生啊，因为他们是老城区来的，所以这些问题就比较多。比如是公园的水池被覆盖了，要搞一个篮球场啊，这些都是居民提出来的。理事会的话，就是理事成员拿一些钱出来，请老人家吃饭啊。

① 参见马丽娜：《老城区居民参与问题的研究——以苏州市平江区A社区为例》，苏州大学学位论文，2011。

D社区居民XZH说：

比如说，我们小区马上也要成立邻里中心了，我觉得我们就应该根据自己小区的人口结构状态来定这个性，不能说都统一标准，比如说我们小区老人多，而且只有400来户，不像他们有七八百户，中青年多，我们只能是从琴棋书画方面来搞。我们过去叫横向到底，纵向到边，邻里中心也可以成立这些。以前我还有叶落归根的想法，老了还是要回去，现在就不想了，这次过年准备回家去把户口和组织关系都迁过来。工作是个过程，思维也是个过程。我就说，我们这里是美食城，只要你喜欢美食，就总能找到一款你喜欢的菜品。文化活动真的就是这样子的，去到别的地方真没有这种感觉。

在L街道尊老敬老良好的人文环境中，居民可以参与、共建居家养老服务型社区的一系列活动，营造出其乐融融的温馨和谐氛围，并受到各级政府和居家养老长者广泛赞誉，社区居民称赞道，“政府花小钱办大事，为老百姓办实事、办好事”。

(1) 多种形式居家养老服务，包括区民政局所属“NH区居家养老服务”L街道的服务对象，在2008年7月与L街道办事处签订“NH区居家养老服务购买协议书”，又选定4个社区33名长者提供试点居家养老服务。在一年的服务过程中与社区通力协作，切实解决了居家长者养老的实际困难，并使社区中特困失业“4050”妇女8人再就业，养老护理员爱老敬老辛勤工作，与长者建立的鱼水深情，深深感动了居家长者和社区居民，得到各级政府及老百姓的一致好评。

(2) 广泛宣传，营造居家养老服务氛围。一是与社区居委会共同组织了“L义诊NH区居家养老宣传日”“奥运中国2008 NH区居家养老义演”；积极参与各社区“义工服务日”等为民服务，帮助老人解决具体困难。为丰富居民精神文化生活，利用板报、专栏、标语和发放宣传资料等形式，宣传居家养老政策规定及相关内容。二是通过社区教育平台的建立，与社区居委会共同组织居民学习有关老龄问题的法规、文件，让公众都来关注老龄问题、关爱老年人。三是通过电视、报纸等新闻媒体实事追踪报道，让社区居民感受到居家养老服务实实在在改善了老年人的生存环境、提高了老年人的生活质量。通过以上三种形式的宣传教育，使社区居民充分了解居家养老服务对家庭、社区、社会持续健康发展和精神文明提升的重要性，促进了社区和谐建设，受到各级政府和社区居民广泛赞誉。

(3) 提供优质安全居家养老服务，努力提高老年人生活品质，实施《L街道居家养老服务项目与质量控制汇总表》。对此，政府的推动引导具体体现在三个方面，一是资金，二是政策，三是协调。在L街道办事处的积极支持和领导下，NH区居家养老服务以“六好”平安和谐社区建设为切入点，对L居家养老长者情况进行整体评估、制定计划、安排具体实施工作，及时评价工作效果并改进提升，其中“政府买单、老人受益”，受到居家长者及社区居民表扬，居民称赞道，“政府真为老百姓办实事、办好事”。

(4) 建立社区协管制度，解决社区中特困失业“4050”妇女再就业问题，改善社区内潜在的社会不稳定因素。在NH区居家养老服务部承办具体工作中，负责与L街道、各社区协调，与之建立沟通协作关系，督促各项政策的落实，策划居家养老服务实体运作机制。与社区专干协助对困难老人提出的服务补贴申请进行确认，动员社区中特困失业“4050”妇女参加居家养老服务工作以实现再就业，参与居家养老服务受益老人年度复审，参与督促、检查、评估和追踪，形成社区协管制度。

(5) 居家养老长者幸福度提升，本协议期间满意度达95%，圆满完成了协议内容。解决了长期困扰居家长者的家庭问题和具体困难，促进社区和谐。NH区为居家养老长者均建立了居家养老长者健康档案；每次入户服务登记表；生病住院探视记录；每季度满意度调查表；年度健康体检报告；服务质量追踪记录；投诉意见反馈记录等，综合测评服务满意度，努力追求高品质服务，不断提升老年人幸福度。

总的来看，在传统式街坊社区居民参与主体较为稳定，均为老年人，他们的参与内容和方式也都比较单一。这直接决定着在构建居民参与机制时需要重点打造保障机制，丰富社区的老年人服务，加强社区活动设施的建设。

二、 混合式综合社区

随着外来人口的增加，有关社区治安治理、环境卫生管理、教育宣传等方面的活动都成为居民参与的重点和热点。在提供参与保障上，社区居委会要做更多的协调工作来推进居民的参与行为。对于外来人口型社区，在构建居民参与的整合机制、培养机制、保障机制、激励机制以及控制机制方面都需要做很多工作。L 街道的 A 社区就是一个非常典型的外来人口型社区，辖区内有 90%以上的人口都是外来人口，本地居民很少。如此一来，除了激励居民参与到社区公共事务的管理中以外，还需要帮助外来人口更好地融入到本地的工作、生活中来，让他们找到归属感。针对这一问题，社区居委会于 2012 年 11 月开展了首届融入服务计划活动，该活动包括一系列的子活动，吸引了很多居民的参与。①

（1）社区简介会服务活动。A 社区服务中心为了迎接新 A 人，社区工作人员通过走访和需求调查方式之后召集了许多外来务工人员。这些服务对象有的是跟随家人随迁过来的，有的过来为了找到更好工作，有的过来是准备做小生意的。但是，来了这么长时间，对社区的了解、本土风情的知晓、居民之间的相处方式这些方面基本都处于空白状态。在社区简介会上，大家首先通过自我介绍和互动来增强感情。社区居委会工作人员和社工一起分别向大家介绍了 A 社区的历史沿革、地理分布、居委会与行政服务中心工作职责、范围以及办事流程、社区各项服务活动、志愿服务等。对于大家提出的疑问和问题，工作人员现场一一给予解答，义工现场还派发了许多关于居住证、医保、社保等相关宣传资料。

（2）社区半日游服务活动。为了进一步加深服务对象对 A 社区的了解，社区工作人员与义工带领 13 名新 A 人围绕着 A 社区的辖区范围走了一圈，举行了半日游小活动。游览路线从南区开始，到东区，再到北区，到 A 西街，再到叶问纪念馆。一路上，工作人员现场讲解和指点社区的地理分布、小区名称，以及居民的休闲生活和文化场所等，最后参观了著名的叶问纪念堂。通过这样一个小型的参观游览活动，对于他们了解 A 社区地理分布、知晓 A 历史发展和本土文化，了解居住地的风土人情及文化帮助很大，更是让他们进一步融入到环境当中。

（3）白话培训班服务活动。针对外来人口的语言交流障碍，A 社区新 A 人白话培训班（入门和提升班）在三楼活动中心开班，“一家亲”服务项目的所有服务对象全程参与了培训。

（4）邻里互助面点制作服务。早就听说社区里正在开展针对新居民的社区融入服务活动的热心义工清姨和华姨，想要通过面点制作活动，与大家互动交流，增进居民间的感

① 《A 社区首界融入计划服务》，2012 年 12 月 1 日，见 http：//www.cncv.org.cn/community/2012 -12/01/content_135433941930002.html。

情。在社区居委会工作人员的引导下，她们就在张罗着面点材料，将工具齐齐搬过来。新A人在看到满屋子里飘香的馅料和忙碌地义工们时，心里升起了一股家的温暖和亲密感。将欢笑与互动融合于面点制作和分享之中，新居民们既开心又快乐，放松了许多，更是开怀了许多。现场所有的人都被融入“你来自哪里啊?”“能教我怎么包这个馅料吗?”“以后我俩之间多走动啊!”“我以后就叫你姐姐啦!”这些的温馨话语当中。整个活动在温馨、和睦、轻松的氛围中结束，邻里之间多了一层认识，沟通更近了一步，人与人之间那种最初相见的心理隔阂开始烟消云散了，大家的话题不断，仿佛此时，融爱于一体，感觉到了一种我们都是一家人的归属感。

(5)“一家亲”项目分享会活动。在一系列活动如社区简介会、半日游、白话班、邻里互助面点制作之后，大家对社区、对社区的风土人情有了一定的了解，社区居民之间的交流和互动增多了，对社区也产生了一定的归属感。社区工作人员召集服务对象齐聚社区活动中心，开展了一场针对整个服务项目的分享交流活动。

在混合式综合社区，针对外来人口多、人口异质性高的特点，居民参与机制的构建需要把重点放在整合机制、培育机制、激励机制以及控制机制这四个二级参与机制上。这些机制的完善将决定着混合式综合社区的居民参与发展的速度与成效。

第三节 居民的社区社会资本状况

目前我国大部分城市社区居民参与的积极性都不高，这源自居民之间的信任、合作以及参与等社会资本的缺失。[①] 从微观层面来讲，居民的社区社会资本状况是影响居民参与机制构建的基础因素，它将制约居民参与机制中六个子机制的功能发挥。

一、 社区社会资本与居民参与机制构建的关系

1916年，美国社会学家翰尼范（L. Judson Hannifan）发表《乡村学校社区中心》一文，首次使用社会资本的概念并用于解释一个学校成功的原因。[②] 20世纪80年代以后，经过法国社会学家布尔迪厄，美国社会学家科尔曼、帕特南等人的重新阐释与应用，社会资本概念及其理论研究得到了广泛关注与认同。随着社会资本分析范畴的兴起，社区的社会资本研究也开始受到学术界的关注。隋广军、盖翊中认为城市社区社会资本是城市社区共同体内的个人和组织在长期的互惠规则与规范下，通过内外互动而形成的互利关系，其存在于人与人或组织与组织之间，是一种无形的纯公共产品，它具有复杂化、层次性和地域意识弱化三个特点。[③] 王亮认为通过培育社区社会资本可以弥补社区管理在制度上的不

① 参见涂晓芳、王双凤:《社会资本视域下的居民参与研究》，载《政治学研究》，2008(3)。

② Hannifan, L. J. (1916), “*The Rural School Community Centre*”, *Annals of the American Academy of Political and Social Science*, No. 67.

③ 参见隋文军、盖翊中:《城市社区社会资本及其测量》，载《学术研究》，2002(7)。

足，为社区居民提供有力的社会支撑，增加居民的社区归属感。[①] 姜振华指出，要从扩大社会自主空间入手，通过社区治理结构改革的实现，构建我国城市社区社会资本的制度供给。[②] 蔡禾认为，社会当中公民之间存在一个网络、信任和有序的规则，而这种社区的居民之间相互熟悉、信任、有序的互动的规则就叫做社会资本，并提出了政府要建立两个公共平台，一是不同利益公平博弈的对话平台，二是搭建促进社会交往的公共平台，让人们在一个公共空间里面交往，彼此认识建立起关系，促进社会和谐。[③]

在社会资本理论的相关研究中，“参与”指的是个人的社会关系网络以及参与社会事务的机会，通过社会事务的参与从而加强对个人关系网络的认同和归属感。[④] 在实践里，自 20 世纪 90 年代我国拉开城市社区建设序幕以来，社区发展中的基层民主建设与社会资本二者紧密联系、相依相存，既相互制约，又相互促进。一方面，社区居民的广泛参与有助于加强社区内邻里之间的沟通与团结，编织居民的社区关系网络，形成凝聚力，增加彼此的社区社会资本；另一方面，社会资本的增量是在居民的人际互动以及居民参与社区建设中所逐渐实现的。因此，在构建居民参与机制时，需要考虑通过推动居民参与社区公共事务的管理和各项活动，培育起居民的社区社会资本；反过来，居民拥有良好的社区社会资本也将促进居民的参与行为。如果居民没有从社区交往中获取丰富的社会资本，居民的参与行为也不会得到增强。可见，社区社会资本对社区建设有着积极的作用，很多学者从推动社区发展的角度来研究社区社会资本功能和作用。赵坤阳认为社区资本的积累及其功能的发挥可以推动社区自治的真正发展，并最终促进整个社区的和谐发展。[⑤] 就社区建设而言，社会资本总量的大小与分布情况，将决定着社区居民的参与活力度与效率大小以及社区凝聚力的强弱。社会资本存量丰富且分布均衡，居民的社区归属感就强，社区参与度就越高，社区建设的效果就好；反之，如果因居民不愿参与社区公共事务的管理并对各项活动而缺乏认同感，社区发展的目标就很难实现。从这个意义上说，社区是社会资本存在与发展的基础，社区建设也依赖于社区社会资本的高存量和均衡分布，社区社会资本对社区建设与居民参与起着明显的促进或制约作用。概言之，居民的社区社会资本是居民参与机制的内在动力和源泉，居民在参与社区各项公共事务管理和活动时所拥有的社会资本将会直接影响居民参与机制的良性运行。居民社区社会资本的不足将直接导致参与机制中动力机制和保障机制的减弱，这将是影响参与机制构建的重点内容。对于居民的社区社会资本存量较高的社区而言，在构建参与机制时，构建的重点内容就会发生转移，会更多地放在激励机制和控制机制上。

二、 居民社区社会资本的培育

社区社会资本存量是影响居民社区参与水平的关键因素，积极培育社团资本和邻里资

① 参见王亮：《社区社会资本与社区归属感的形成》，载《求实》，2006（9）。

② 参见姜振华：《论构建城市社区社会资本的制度供给》，载《理论前沿》，2008（17）。

③ 《创新社会治理模式，走好科学发展新路》，2012 年 7 月 2 日，见 http：//epaper. nfdaily. cn/html/2012－07/02/content_7098903. htm。

④ 徐伯阳：《城市居民社区参与行为的个案分析——基于深圳三个社区的实证分析》，2010 年 2 月 10 日，见 http：//www. ccpg. org. cn/Article/ShowArticle. asp? ArticleID＝935。

⑤ 参见赵坤阳：《社会资本视角下的社区发展》，载《特区经济》，2009（9）。

本将有助于居民参与度的提升。[①] 对此，在我国社会转型期，城市社区社会资本普遍缺失，可以从培育公民社会、促进居民利益的社区化、发展社区非政府组织、构建互动频繁的社区关系网络和平等交换的社区规范等方面构建城市社区社会资本。[②] 在实践中，培育居民的社区社会资本最有效的两个途径，即为社区居委会自治功能的强化以及对互联网的利用。

（一） 社区居委会自治功能的强化是居民社区社会资本形成的原动力

在理论上，社区居委会是在居民区党组织领导下依法开展群众自治性工作的自治组织。但在实践中，由于居委会长期以来形成了街道的"脚"的角色，接受上级指派的行政任务较重，所以在考虑社区发展问题上投入的时间就少，与居民沟通和为居民服务的时间更少，没能代表居民参与到城市公共决策过程中去，[③] 其自治功能就无法得到根本的体现。但居委会又在地方权力结构中扮演着一个主要的角色，对于推动居民参与社区建设将发挥主要的作用。对此，通过社区居委会自治功能的强化，可以增强居委会与居民之间的互动与信任，也可以整合居民的参与行为，把分散的个体居民组成集体，将促进居民社区社会资本的增长，有利于居民参与机制的顺利运行。

（二） 互联网的利用提高了居民社区社会资本形成的机会

随着科技的发展，人们的通讯手段越来越高级，从手机到互联网中的许多即时通讯工具，极大地增加了人与人之间的交往频率和便利程度。然而，互联网就像一把双刃剑，也有它不利于人际交往的一面。有研究指出，7%至16.5%不等的网民在使用互联网后，减少了与亲戚、朋友、同事等一些重要的社会关系面对面交往的时间，其中以朋友这一关系最为显著。[④] 但是，更多的情况是互联网的出现拓宽了人们的人际交往范围，使得人们可以有更多的机会跟与自己兴趣爱好相同、志向相近的人来往，从中获得交往的快乐。对于培育居民的社区社会资本而言，在社区建设过程中，居委会利用互联网技术可以增加社区居民的互动，打造居民的交往网络，通过频繁的人际交流，增加彼此的信任与合作，以此加大居民社区社会资本的存量。

总之，社区社会资本可以为社区居民提供有力的社会支持，提高了我国社区居民的关联度。培育社区社会资本，是提升社区归属感的应对举措。[⑤] 社区社会资本使居民间拥有更多的信任与合作，彼此理解、相互支持，促进一个由陌生人组成的社区打造成为一个熟人社会。同时，居民社区社会资本的存量增加将是构建居民参与机制的基础力量，这种力量像润滑剂，将推动参与机制中的六个子机制协调运行。

---

① 参见周林刚：《社区治理中居民参与的制约因素分析——基于深圳A区的问卷调查》，载《福建论坛》（人文社会科学版），2008（12）。

② 参见孙璐：《缺失与重建：中国城市社区社会资本探析》，载《云南社会科学》，2007（3）。

③ 参见杨敏：《公民参与、群众参与与社区参与》，载《社会》，2005（5）。

④ 《互联网对人际交往的影响》，2007年12月21日，见http://tech.sina.com.cn/i/2007-12-21/17131932966.shtml。

⑤ 参见王亮：《社区社会资本与社区归属感的形成》，载《求实》，2006（9）。

第六章 推动居民参与机制运行的条件

从实践来看，居民参与机制的作用发挥离不开一系列的运行保障，从改革管理体制到培育社区民间组织，从出台配套的支持政策到完善参与的法律法规，从打造社区硬件设施到激发居民参与热情等，构成了保障居民参与机制协调运行的关键内容。本书主要从社区管理体制的改革、社区民间组织的成长以及居民参与意识和能力的培养等四个方面来讨论保障居民参与机制运行的需求。

第一节 创新社区管理体制的模式

以往的实际情形是社区内的大量事务基本上都由街道办事处和居委会以行政的方式来完成的，居民很难主动参与社区公共事务的管理和各项活动。即使少有的介入，也只是参加街道、居委会组织的公益和文娱休闲活动，而无法参与到社区公共事务的立项、组织、决策等过程中去。这使得居民的参与在很大程度上完全是被动的，根本不能提升居民的参与程度和水平，更不用谈激发居民的参与热情和社区认同感。可以说，社区管理体制的改革对于推动参与机制的协调运行是最根本的制度保障，为促进居民的参与行为提供了良好的外环境。如果没有基层政府的职能转变和社区管理制度的创新，就没有居民参与机制的顺利运行。体制改革是在不改变社会基本制度的前提下，通过对具体制度的变革，实现该制度的自我完善和自我发展。①

一、 政府职能转变与社区管理模式的创新

我国城市社区建设是以政府的力量为主导进行的，社区管理模式的调整与政府职能转

① 参见贺荣伟主编：《邓小平理论概论》，重庆：重庆大学出版社，2003 年，第 77 页。

变二者同步进行。[①] 目前，我国城市社区的建设尚处于自治发展的探索阶段。由于一直以来社区的治理手段带有浓厚的行政化特征，从而导致了社区工作中绝大部分内容都是政府的行政任务。据以往的调查显示，上海市的城市社区居委会就曾经有承担十大类近百项行政工作的历史，这些行政工作分派的主要来源是政府部门。[②] 然而，随着我国经济体制改革的深入发展，需要政府转变职能，从全能型政府的角色中走出来。从理论上来看，政府将街道办事处作为自己的派出机构，是需要街道办事处代表政府承担起管理城市基层社会的职能。而社区居委会从法律上看是群众性的自治组织，则应该代表民众与政府展开良好的交流、互动，二者之间是协作的关系，职责是分离开来的。但实际上，大量的行政事务压到居委会，使居委会丧失了群众性自治组织的身份，社区建设初期具有明显的政府痕迹。但这也是不可避免的，毕竟让政府从社区建设中完全退出需要一个过程，尤其是在目前社区自治能力比较薄弱的情况下。[③] 但可以肯定的是，政府必须转变职能才能适应经济体制改革的步伐，这就需要政府进一步深化体制改革，通过推动社区的自治发展来提高整个社会的自治水平，还权于社会。同时，政府创造各种条件，引导居民学会自我管理，增强自理、自治的能力。而要推进政府职能转变，提升基层社会的自治能力和水平，首先就得通过政府职能定位的转变，逐步实现政社分开、政企分开、政事分开，促使社区管理实现重心下移，构建“小政府、大社会”的格局。政府重心下移也就是放权于社区，将基层社会的管理职能下移到社区，提升社区自身的管理职能与水平。这样一来，不仅突破了原有计划经济体制下形成的全能型政府管理模式的弊端，也为推动居民参与机制的运行打造了良好的制度环境基础。在建立社区管理新体制的过程中，全面有序地推动居民参与社区事务管理，将有助于把政府的行政管理职能和社区社会组织、社会团体的自我服务职能分离开来，使政府的工作逐步过渡到只承担宏观调控的职能，并对社区社会组织和团体进行政策引导和法律规范。[④]

L街道自2008年起进行的社区管理体制改革创新的探索，一方面为居委会自治功能的回归提供了制度保障，促进了社区服务工作的提升；另一方面为居民参与到社区建设中来搭建了很好的平台，为居民参与机制的运行提供了制度保障，也是居民参与机制的最佳动力来源。

（一）L街道创新社区管理体制的基本情况

为了提升社区服务，2008年L街道结合社区党支部、居委会换届选举工作，按照“政社分离、服务优先”的原则，通过建章立制，先后由街道办事处出台了9份配套性文件，推进社区管理体制改革，搭建起“两委一站”的社区管理新体制。“两委”即社区党支部和社区居委会，“一站”即社区政务站。同时，各社区党支部书记兼任社区行政服务站的站长或副站长职务，各社区党支部的支委成员既可以通过竞争上岗担任社区行政服务站的工作人员，也可以留任社区居委会，从事社区党支部和居委会的工作。L街道按照地域及片区管理的原则，其中在A社区采取“一站一居”的形式，由社区居委会书记主任兼

---

① 参见薛冰：《社区建设中的政府职能转变》，载《西北大学学报》（哲学社会科学版），2002（1）。
② 参见桂勇、崔之余：《行政化进程中的城市居委会体制变迁》，载《华中理工大学学报》（社会科学版），2000（3）。
③ 参见王思斌：《体制改革中的城市社区建设的理论分析》，载《北京大学学报》（哲学社会科学版），2000（5）。
④ 参见邱玉婷：《新时期城市社区管理体制改革：现状、思路与方向》，载《学术论坛》，2012（09）。

任政务站长，政务站有社区雇员和综合协管员 14 人，居委会专职“两委”4 人，兼职委员 3 人，合计 7 人；在 B、C、D 三个社区按片区采用“一站多居”的形式，即设置一个社区政务站，合理统筹政府在 B、C 以及 D 社区的政务工作，共有社区雇员和综合协管员 21 人，下设 4 个工作组，分别是行政事务组 4 人、民政事务组 1 人、综合管理组 7 人、计生管理组 6 人。B、C 以及 D 社区分别设立社区党支部、社区居委会，每个居委会各有 5 人，专职“两委”3 人，兼职 2 人。从 2009 年 6 月起，各政务站与居委会在人员管理、工作职责、经费预算及办公场所上开始实施真正的分离。可以说，通过社区行政服务站来为居民提供“一站式”的政务服务，保证党和政府各项工作在社区基层的落实，是解决社区居委会行政化问题的重点，也是建立新型社区架构的基础，为社区居委会集中精力服务居民群众创造条件。另外，社区党组织领导社区政务站、社区居委会工作；社区政务站履行政府在社区的行政职能，协助社区居委会处理居民公共事务；社区居委会依法开展社区自治和服务活动，代表居民对社区政务站提出建议、进行监督评议。

可以说，通过社区管理体制的改革，L 街道的城市社区理顺并完善了社区的组织架构，明晰了各部门的职能，逐步构建起居民民主自治的平台。同时，街道还加大了社区硬件基础设施的投入，提供了社区综合服务，以丰富居民生活，满足居民需求。L 街道的城市社区试点工作通过了 NH 区政府的验收，并且国家、省、市、区社区建设的专家、领导先后多次到街道调研、检查社区工作，L 街道先后获得“省六好平安和谐社区”等称号。L 街道也被 NH 区推荐成为佛山市唯一申报全国和谐社区建设示范街道的单位，开展创建“省六好平安和谐社区”及创建“省体育先进社区”的工作。L 街道社工局副局长 ZLH 说：

政社分离这条路，应该是我们走得比较准。2007 年的时候真的没有这个概念。政社分离，服务优先。这个是搞了好多次，才提出来的。我也赞一下我们的领导，他们真的是很有魄力，要么不搞，要么就搞彻底一点。当时，我们也在讨论是一站一居，还是一站多居的问题，怎么分。如果是一站一居，可能就会换汤不换药，就可能分得不彻底。相互调换人手。人财物不能独立的话，就很麻烦。虽然 A 还是一个账目，没有分开，但是一个账目下是分作两个分账的，居委会的是居委会的，与政务站的经费是不能交叉的。现在，我们改革啊，一定要坚持，工作一定要专。居委会你就一心搞活动，不能走回老路。我们有更多的精力来搞活动、搞服务了。中共中央办公厅 2010 年年底出台了加强社区建设的意见，就不赞成政务站独立出来。我们当时就想把政务站作为政府的一个行政派出机构来搞，后来说，这要慢慢实施。现在政务站工作上独立，但是行政上作为社区服务的机构。我们的指导思想是做好服务，我们的行政服务也很专业，居民服务也很到位。我们一直在争取政务站作为事业单位来管理，关于定性的问题，我想最主要、最迫切的是我们现在改成“社区服务中心”，需要区里面的指引。属于哪类组织都好，反正是一定要做好居民服务。我们社区的分管领导换了好几任了，我就一直没有换。我常常跟领导说，我们不能走回老路啊，一定要确保人员的本位回归。

（二）社区管理新体制下各社区组织的明确职责与健全的制度

创新社区管理体制后，L 街道城市社区的社区党组织、社区自治组织和社区政务站各自的职责被划分开来，并得到了明确。首先，社区党组织是社区内各种组织的领导核心，负责统筹社区建设的各项工作，通过团结、组织党员和居民，完成社区的各项任务，其由社区党员大会或党员代表大会选举产生，在街道党工委的领导下开展工作。其重要的责任有：首先，领导社区居民自治组织依法开展活动，完善社区党建联席会议制度，加强自身建设，分类管理党员，做好党员教育管理和发展党员工作，监督评议社区政务站和社区居委会的工作；其次，社区政务站是L街道设置于社区内的一个专门负责社区行政事务管理工作的平台，承接了原来由社区居委会负责的行政工作，为社区内的居民提供民政、社会保障、户籍、就业、人口与计生、卫生安全、安全生产、文化市场、治安、流动人口与出租屋等各类行政服务。社区政务站按辖区总人口的一定比例配备工作人员，实行“一站式”服务；再次，社区居委会是居民依法实行民主选举、民主决策、民主管理、民主监督的群众性自治组织，应以社区自治和社区公益服务为工作重点。社区居委会依法履行“自我管理、自我教育、自我服务”的职能；及时向党委政府反映社情民意，向群众传达党委政府意图；管理政府无偿提供的社区活动场所，开展社区便民利民服务；根据社区居民需求，自行或接受政府委托，组织各类机构团体开展公益性服务。

另外，在明确党支部、政务站和居委会的分工，特别是政务站和居委会的分工后，L街道还落实了工作章程和职能分工，使各部门工作有章可循。L街道要求各职能部门制定相关的制度，包括党支部发展党员制度、组织生活制度、纪律制度、政务站管理制度、用车制度、考勤制度、考核制度、居委会管理制度等，以期通过制度化管理来加强组织和监控力度。经过一年多的尝试，2009年开始在新一届社区党支部成员中，除A社区党支部书记兼任A社区政务站站长外，其余3个社区居委会书记兼任L街道行政服务站副站长。同时，以社区居委会换届为契机，还选拔和补充了一批综合素质高、工作理念新、服务能力强的基层社区工作人员，提升了居委领导班子的战斗力和驾驭全局的能力。通过换届选举，L街道居委会人员将由3—4名专职委员及2—3名兼职委员构成，兼职委员作为沟通居委会与居民之间的桥梁，除参加社区重大决策和重要活动外，还要及时通报社情民意和群众需求，研究涉及社区民生的重大事项，当选的兼职委员都要与社区党支部、居委会签订《履职承诺书》，承诺任期内参与社区重大决策和重要活动，每季度开展一次社情民意调查，至少提出一条建设性意见。

（三）推行“政社分离”与增强居民参与

在L街道的城市社区实施的“政社分离”这一管理体制创新的尝试并不算全国首例，从20世纪90年代中后期开始，各城市政府便主动进行改革，上海市就做过“议行分设”的努力。但是可以说，在L街道收到的实际效果是很显著的，它以社区公众利益的深入推进为社会整合点，不仅提升了居委会提供社区服务的水平和能力，还有利于居民参与的增强，真正实现将自治权、参与权以及监督权都交给居民，对于正在形成并完善的居民参与机制运行来讲有着积极的现实意义。L街道A社区居委会委员、专业社工HXF说：

创新，其实就是用心，在现有的资源下，很多东西你突破不了，要从小的细微处去做，真的要加班，要积累工作经验的。如果我一个人搞一两项工作，我真的会做得更好的。现在很多工作，没法跟进，居民就会觉得你是在做形式了。所以，居民的帮手真的很重要。创新是在原有的基础上，用更富有内涵的东西，不然，哪有那么多创新，为了创新而创新，只能是流于形式了。现在居民加入进来了，就是一种很大的创新和突破，我们是彼此需要的。好多工作，都不可能离开居民的帮助和支持，居民真的能帮到很多的忙。

C社区居委会主任HLY说：

居委会政社分离之后，少了行政那一块啊，我们可以专注在服务上，但是琐碎的东西多了，服务细化了，像老年啊、青年啊、妇女啊，要做嘛，这些群体都要做嘛。理事会和邻里中心运作得都还可以。我们社区是旧城区，老年人居多。还有就是经济不宽裕的，还有就是出租屋房多。管理也是行政服务站在搞，很少有什么事情要我们协助。治安和卫生是比较大的问题。通过创文，组织卫生监督员进行监督，平常由义工收集一下情况，每个月进行一次大巡逻，然后将情况反馈到市政单位。我们主要是搞活动，例如昨晚举办的乒乓球比赛，有个小孩子 11 岁，非要参加成年人的乒乓球比赛，最后以小组第一出线，很多人看啊，一直打到晚上 11 点半，真的很不错，比赛很激烈，大家感觉到很开心的。但是成年人输给小孩子，面子还是有些挂不住的。所以说，社区这样改革下来，我们真的有更多的时间和精力来做好服务的事情，也有空间给居民，要多地请他们参加到我们的工作中来，自己管理好自己的事务，自己丰富自己的社区生活和服务。总之，居民的参与要更多。

综上可见，在城市社区管理体制的改革过程中，虽然其具体的变化是循序渐进的，但它对于每个个体的影响明显而又深刻。一直以来，社区的管理有着注重自下而上的行为逻辑，因此居民提出的日常问题很可能会超出街道相关负责组织的管辖范围。[①] 对此，基层政府在充分了解民意、尊重居民的合理利益需求原则下，应积极整合各方资源、协调各方利益，打造一个有组织、有系统的社区管理网络，与社区内的社会组织缔结良好的合作伙伴关系，[②] 从而建立起一套新的社区民主管理方式，使因受到市场冲击而成为一盘散沙的各利益群体重新团结起来，共同为社区公共利益诉求而贡献力量。[③] 那么，要实现政府的职能转变就需要创新社区管理体制，构建起“条块结合，以块为主”的社区管理主体之间的新型权责体系，将职能部门所负责的社区事务的专业管理工作与基层政府的综合管理工作结合起来，并以基层政府的综合管理为主。由此，条块之间的权责关系就将逐步得到区分，街道办事处一方面负责把各职能部门的专业管理与街道办事处的综合管理统筹起来，另一方面会将街道办事处的综合管理优势进一步凸显出来。这样一来，社区内的管理资源就得到了有效的协调，并且，也加强了社区内各职能部门的专业化管理水平。

二、 基层政治互信的提升

居民参与面临的重要问题是如何有效地促进居民与基层政府之间的相互合作，达到社区公共利益的最大化。就目前的情形来看，制约我国草根民主发展困难的重要因素之一在于普通民众缺乏现代公民意识。而提升普通民众的现代公民意识，需要在社会互动中逐步建立起人与人之间相互信任的社会关系，尤其加强普通公民之间的信任性互动，这将有利于传播民众关于社会建设的积极意见和想法，亦有利于促使公民的积极参与行为。[④] 可以

---

① 参见费孝通：《关于当前城市社区建设的再思考》，转引自夏树人、曾海龙：《费孝通九十新语》，重庆：重庆出版社，2005 年，第 92 页。

② 王中起：《非政府组织与公民社会：中国的实践与反思》，2006 年 7 月 11 日，见 http://theory.people.com.cn/GB/41038/4580579.html。

③ 参见王颖：《社区管理：从为“人民”到为“市民”》，载《中国国情国力》，2000（06）。

④ 参见梁莹：《居（村）委会善治与居民参与社区志愿服务的意愿——基于互动关系视角的分析》，载《东南学术》，2012（2）。

说，在这一过程中，基层政治互信是很重要的基础。德国社会学家西美尔（Georg Simmel）在1900年出版的专著《货币哲学》中曾谈到，信任是社会中最重要的综合力量之一，离开了人们之间像理性证据或个人经验那样强或更强的一般性信任，社会自身将变成一盘散沙，很少有什么关系能够持续下来。① 社区管理体制的改革不仅为居民参与机制的运行提供了有效的制度保障，更为基层政治互信的提升打下了坚实基础。可以说，在现代社会确立政治信任与国家制度建设是同一过程，是高度契合的，国家制度建设构造政治信任在根本上是通过制度化不信任的建立健全与有效实施来实现的。② 而基层政治互信一旦呈现良好局面，居民的参与积极性和热情将更加高涨。

（一）来自居民的声音

在任何情况下，信任都是一种社会关系，社会关系本身从属于特殊的规则系统。③ 基层政府与居民的关系需要建立在信任的基础之上，这样可以使得社会管理事务在实际操作过程中得到简化，降低管理成本。而信任作为秩序建构的一个中心元素是良好的社会秩序得以建立并维持下去的重要因素。④ 据相关调查显示，我国目前总体的社会信任指标比2012年有所下降，已经低于了及格线，不到50%的人表示出了对社会上陌生人的信任感，这意味着人与人之间的不信任感越来越强。此外，不同群体、不同社会阶层之间的不信任也越发地加深和固化，具体表现在看病就医、商业贸易、社会治安维护等方面。这一现象的出现，预示着社会冲突将日益增加，越来越多的利益共同体会采取组织化的方式去表达他们的利益诉求。⑤

对此，L街道的城市社区居民对政府的信任情况相对来说还是比较乐观的。据调查显示，对于街道（镇）政府能否建设好社区，只有0.6%的居民表示绝对相信，2.4%的居民很不相信，8.2%的居民比较相信，有高达60.3%的居民一般相信，28.5%的居民不太相信；而谈到对于是否相信区政府能建设好社区的问题时，情况与对于街道政府的信任情况是相似的，超过半数的居民都表示还是相信区政府的。并且，这一结果在性别、文化程度、年收入等变量上没有显著差异，只有在户籍状况这一变量上呈现显著差异，通过卡方检验的Sig值为 $0.012 < 0.05$。那么，为什么有居民不信任居委会可以做好社区建设工作呢？那是因为居民知道居委会的能力是有限的，能做什么，不能做什么，都要受到上级政府的限制，自我管理的权力较小。A社区居民WBZ说：

你说道社区理事会邀请我参加活动，怎么说呢，讲得直白点呢，讲内心话，我觉得这些组织成立都没有什么实在性的意义啊。因为社区的工作本来就是这样的，上边有意图搞什么事情，问问大家的意见啊，本身这些都是居委会自己的职责嘛，所以呢，讲回来，成立什么组织，组织去做的事情，其实是居委会应该去做的嘛。于是，我的理解就是这样，看在自己有点时间，有什么活动喊我，我就去参加。我本人很愿意参加文体活动，居委会组织群众性比赛，我就参与下，有时做一下裁判，以前在单位就做过了，所以居委会知道

① 参见〔德〕西美尔著，陈戎女译：《货币哲学》，北京：华夏出版社，2002。

② 参见上官酒瑞：《制度建设与政治信任的修复》，载《探索》，2012（5）。

③ 参见〔德〕尼克拉斯·卢曼著，瞿铁鹏、李强译：《信任：一个社会复杂性的简化机制》，上海：上海人民出版社，2005年。

④ 参见〔波兰〕彼得·什托姆普卡著，程胜利译：《信任——一种社会学理论》，北京：中华书局，2005年。

⑤ 参见王俊秀、杨宜音主编：《中国社会心态研究报告（2012—2013）》，北京：社会科学文献出版社，2013年。

了，就过来叫我参加了，我打乒乓球啦。其他活动就没怎么参加了。老实讲呢，要体谅他们工作的难度，提过多要求呢，就很难办。如果碰到紧急的事情，就提一下建议。毕竟居委会的能力有限。居委会的领导其实很不容易了，力所能及地做事情，很热心，又诚信，行就是行，不行就不行。所以，我们都很乐意跟他们聊天的。有时候，牵涉到治安问题啊，希望大家协作一下，大家多给点支持。

可以说，政府管理是影响政治信任程度高低的标志之一。在社区建设中，是否满足居民的生活需求是造成政治信任或政治不信任的首要原因。当居民对社区服务表现不满意时，对政府的不信任就随之而来。故此，在经过近五年的社区管理体制改革过程中，L街道政府通过切实的工作赢得了老百姓的认可。

（二） 增加居民政治信任的做法

邓小平关于政治信任的基本内容，以人民的根本利益作为政治信任的基石、以“经济的政治功能”作为政治信任的物质基础、以完善制度建设作为政治信任的制度保障是其基本特征。[①] L街道城市社区的居委会干部与员工对于增加居民的信任、提升工作的效率都有非常清楚的认识，并且通过他们自身的努力也收到了积极的效果，除了社区管理体制改革这一制度性做法以外，街道和社区的干部和工作人员还从以下四个方面入手，提升居民对基层政府的信任：

（1）公开政府信息，确保居民的知情权

公开透明是现代政府治理运行的基本特征之一。[②] 一直以来，政府在公开信息方面存在三个问题[③]：一是政务公开太过形式化，缺乏实质性的内容。基层政府在公开政务信息时，往往只公布日常性事务类的信息，表现出避重就轻的现象，对涉及居民切身利益的社区公共事务并没有告知居民。再或者，只有在接受上级领导的检查时，才象征性地公开部分信息；二是对于居民的意见没有进行及时的反馈。尽管，有些地方政府和社区单位可以按照程序，及时地对有关社区建设较为重要的政务信息用不同的方式公开，但并不重视收集居民的意见，使政务信息公开的效果大打折扣；三是尚未做到公开政务决策的程序。基层政府在处理关系到社区居民重大利益的问题时，很难做到征求群众的意见，而仅仅是直接公布结果，透明度太低。这些情况都既不利于增加居民对政府的信任，更不利于推动居民参与社区建设。只有在居民能够充分把握自己所在社区的政务信息时，才能产生对基层政府的信任，提升参与认知，认为自己的参与是有效的。

（2）加强听证制度的建设，提高居民意见的合法性

听证制度是一种程序性的决策制度，指政府在制定公共政策的过程中，按照章程听取有关团体、专家，特别是与该决策有直接利害关系的当事人的意见。[④] 该制度目前已成为个体公民表达意见、维护个人利益的重要保障。但由于现阶段的听证制度建设还存在一定的问题，如代表资格的遴选不够科学、公开，使其代表性较低，并且，大多数的听证会尚处于流于形式的阶段等。这些问题的存在既不利于居民意见的表达，又阻碍了政府与群众

① 参见范碧鸿：《论邓小平政治信任思想及其当代价值》，载《河南师范大学学报》（哲学社会科学版），2012（4）。

② 参见白艳、刘苗苗：《政务公开与政府治理模式的转换》，载《理论探讨》，2010（4）。

③ 参见李瑜青、张善根：《政府信息公开制度实施的问题及对策建议——以上海为例》，载《北京行政学院学报》，2010（3）。

④ 参见王旺杰：《转型时期我国公共政策制定中的公民参与研究》，西北大学学位论文，2007。

之间的交流沟通。那么，要使听证会更加完善，可以从健全听证程序及规则，规范代表产生的方式等工作入手，来保证代表的广泛性与代表性，进而确保听证制度在政府公共政策制定中的重要地位与积极作用。

（3）加强理论学习，提升工作能力

很多社区改革实践都是一种创新活动，没有以往的成功经验可以参照，在这样的情形下，只能是多加强理论学习，用理论的知识去推动实践。L街道A社区居委委员、专业社工HXF说：

工作上，一是跟进，二是创新。比如，党建这一块吧，我觉得自己还做得不够，我自己本身要不断去学习新的政策嘛，不是找借口，真是没时间去学习理论的东西，不学理论真的不行。就讲邻里中心，这个是社会管理创新工作，我不是自己吹嘘，就是我自己带两个兼职委员下去落实，这样一步一步做上去的，我们付出了很多。邻里中心成立之初，要下去物色那些人员，所谓的精英吧，我们也没经验，肯定要发掘人才，要考虑那些人是否经得住考验，讲一下子很容易，但是实际行动是不是可以实现，真的是很难。首先，我知道同乐花园有哪些积极的活跃分子啊，先从党员里找，有没有，再从居民代表里找，最后去综合考虑。每一次搞活动，从妇女那里找活动中表现突出的人，再听听居民的意见，看行不行。还要动员一下他们，听他们的意见，肯不肯来做啊，都要遵循大家的意思啊。内容其实大家都是知道的啊，但是过程真的要摸着石头过河，自己去试，边学习边做了。我这个人也很执著。

（4）提升干部素质，保持对工作的积极性与饱满热情

可以说，社区干部在一定程度上是基层政府的形象代表。他们的工作态度、工作能力与个人素养以及对居民的热情与关心程度等是决定居民对政府信任的重要因素。L街道A社区居委委员、专业社工HXF说：

我的想法啊，还是居委会的工作人员也好，干部也好，我们的热情要跟上去，工作态度太重要了，要自己不断地学习。我们组织者的热情和工作态度都上去了，才能带动居民的参与热情。比如说我的话，不是自我吹嘘，那么多义工来支持我工作，不仅是我光能说会道，最重要的还是自己要用心去放到工作上，认真一点，把各方面的准备工作做得充分一些。如果你都随随便便在那里，参与不参与都差不多，那给人家的感觉就是你有没有热情，所以筹划方面的工作是很重要的。我觉得自己之所以有那么高的工作热情和积极态度，主要原因还是应该归结于一个人的素质啊，修养很重要。我自己，还到佛山电大去上课、学习，我付出了很多时间，因为我英语不太好，花很多时间和功夫进行学习。你如果想要得心应手地去做事的话，必须自己用功。现在我就是被英语和电脑给卡住了。因为英语要靠基础的嘛。其实，时间充足的话，凭耐心和认真应该也是可以的。

（5）多听取群众意见，加大对居民的关怀和爱护

对于群众的意见认真听取，尽量采用，将是提高居民对政府信任的有效方法之一。在收集民意方面，L街道采用了固定会议、联席会议（社区理事会）、街坊组长会议、走访制度等方式。L街道社工局副局长ZLH说：

那我们有接访组长啊，居民代表啊，党员代表啊，平时的会议，做宣传。我们党员又分6个支部，每个片都有支部，宣传工作呢，他们就知道哪些是弱势群体，每个活动都有义工和我们一起去收集资料，我都有参加。邻里中心都注册了，上个月都挂了牌，现在有万元资助。我们一起搞活动3∶1的资金来赞助。我们都是申请专项经费的。开展邻里中

心服务。搞得好的话，都有奖励的，做有特色的活动。每周都有便民活动，发动自己社区的单位的专业人士、义工中的退休医生、维修工，为居民服务。邻里中心的成员现在都没有工资发的，但是他们都很积极。

对于L街道的4个城市社区而言，外来务工人员比例较多，他们都没有受过高等教育，素质相对偏低，这就需要居委会和居民增强互动，多了解居民的想法，关心居民的需求，熟悉是信任的前提。A社区居委会主任WQG说：

他们都以为我们政府有好多钱，所以一般的活动都不满意的。所以我们就要利用好周边的资源，比如在搞活动的时候做一些捐款的事项，然后给有困难的家庭。本来他们是有钱的，过来买房子，但是因为家庭成员因病致贫，所以我们就用募捐的方式帮助他们渡过难关，让他们感受到我们的港湾能为他们挡风挡雨。不能政府让我们行一步就行一步，我们要行三步，真正了解到群众的所需所想，帮助到需要帮助的人。我们也可以通过搭桥的方式，去牵线，直接让企业老板去帮扶困难群众和家庭，这样就不需要我们出面了。通过这几年我们搞服务，整个社区群众感觉在这里住得很好，他们能出去买楼也不愿意出去。他们信得过我们。

A社区居委委员、专业社工HXF说：

真的很想把工作做好，要听群众的意见，了解他们的所需所求，居民如果还没达到一定的水平，你搞的东西是没用的，这是成本跟效益的问题，不是居民需求爱好的东西，你就不搞，平时就要留个心，看看他们需要什么。要多为居民想一点。不是每个人都能做得到的。像以前我在医院，你怎么对待人家，人家就怎么支持你。你多为他想一下，人家就会积极参与，什么事情都会量力而行，在力所能及的范围内去帮你，以心换心地去支持你，参与进来。居民其实很容易满足，要求不高的，只要我们干部站在他们的立场，为他们解决一点困难，他们就特别感激你，对你的社区特别有信心，会很理解你。多为居民办一点难事、实事，多一些生活上的关心，多去八卦一下，是的嘛，到下面去问一下他们，小孩怎么样，人家就觉得你很亲民啦，没官架子。我的感受很深，你对居民好，居民就会对你好。人家就会心甘情愿地帮你做事。你一说，人家就会帮你做得很好，让我很放心、很感动。人家不是傻子，你不认真，你不上心，你就没有形象、没有威信，不以身作则，怎么能得到居民的信任。我们都是实实在在的，言出必行，讲诚信。我们现在所处的环境，要做得很好，是很难的，但是这不重要，我们要的是过程，在其中树立我们的团队形象，努力去做，卫生方面也好，文体活动也好，进步很大，有我们这帮人在做，这与居民的参与也是分不开的，要不断去做。

为进一步发挥社区居委会桥梁纽带作用，树立居委干部、党员、居民代表先锋模范作用，使社区居委会尽可能地贴近居民，努力做到听民声、访民意、察民情、排民忧、解民难、做群众的贴心人，实现社情民意与社区建设、社区服务的有效对接，更好地为社区居民服务，增强社区工作的凝聚力和战斗力，结合L街道社区实际，L街道特意制定了社区联系走访制度。该制度的重点联系走访对象：残疾人、重点优抚对象、困难户、孤寡老人、独居老人、失业人员、特殊家庭中的未成年人。联系走访的形式为走访联系居民采取入户走访和电话访谈两种方式。入户走访的对象主要是辖区困难弱势群体，一年内走访的居民户数不少于居民总户数的30%。对有特殊需求的居民，将根据实际情况随时走访。其具体做法为：第一，走访联系人分组、分片区联系走访社区居民，其中每小组固定联系社区内1—2个重点走访联系对象；第二，深入居民家庭，关心居民的生活，耐心听取居民的意见和建议，熟悉对所管社区的居民楼、户的情况；第三，对群众提出的问题，按法律法规和政策规定，能够当场答复、解决的，当场进行答复解决；不能当场答复、解决的，指定经办人限时解决；不符合法律法规和政策规定的，给予耐心细致的解释说明；第四，建立联系走访档案，记录每次联系走访的内容；第五，每次联系走访后及时对收集到的问题进行梳理并向居委会反馈。居民对社区居委会自身工作提出的意见和建议，社区居委会应当根据实际情况进行落实。不属于职权范围的意见或建议，各社区居委会要向有关部门反映，并向居民做好解释工作。社区居委会应当在5个工作日内将受理、办结或转交办理的情况反馈给居民；第六，每季度召开工作会议，及时总结联系走访情况，制定下一季度联系走访计划；第七，重点关注社区内弱势群体的情况，对社区孤寡老人、独居老人和困难家庭做到“六必访”，即发布台风蓝色预警信号时必访、发布高温橙色预警信号时必访、发布低温黄色预警信号时必访、病重并长期卧床不起时必访、家庭发生重大困难时必访、死亡时必访。

（6）领导重视，积极配合和支持居民的参与行动

通常情况下，居民的参与热情和积极性将在基层领导的支持和鼓励下越来越高涨。在这一过程中，居民与基层领导的良好互动将在很大程度上提升居民与基层政府的政治互信。A社区居委会主任WQG说：

这些年，A社区发生了翻天覆地的变化。首先，党委政府对我的信任，对社区的支持。我把了解到的群众的需要放在工作计划里面。其次，在推动居民参与城市社区建设方面，通过这些年搞得很多活动，通过好多热心人士的组织，在什么都没有的情况下，现在的情况已经发展得很好了，许多事情都不需要我们烦恼了，只需要我们下基层去了解他们的需要。最大的优势就是现在居民的信任，居民和我们没有利益关系，通过搞服务、搞活动，我们得到了大家的认可。现在在基层就可以解决矛盾和问题，政府也放心了。基层嘛，什么文化程度的人都有，所以要去化解很多矛盾，需要一个过程的。我们能自己解决的，都不推给相关部门。像卫生等小问题，就请义工搞定啦。

A社区邻里中心副主任LY说：

请领导多多支持居民们开展的活动，这样可以引起大家的重视，其实居民群众对政府的依赖和信任还是很大的。

此外，针对目前社会心态所反映出的问题，《社会心态蓝皮书》提出了一些政策建议：一是未来的民生工作要关注社会心态，既要满足民众衣食住行等生活需求，也要重视群体接纳、认同、尊重等社会性需求，通过高效、廉洁的公共服务体系切实保障民众各方面的基本权益。二是发挥公共权力在建立社会信任机制的核心作用，要从制度层面建立社会信任机制，摆脱社会信任困境。三是要关注社会阶层意识，关注社会中低层认同群体的心态和处境，切实保障他们的权益。关注不同群体、身份、民族、阶层等的认同问题，研究化解群体矛盾、民族矛盾、阶层矛盾和身份地位矛盾的有效策略，避免群体和社会冲突的发生，避免社会的割裂。四是要关注社会情绪，特别是关注社会负向情绪，尽量消解那些不利于社会良性运行的负向情绪。而消解负向的社会情绪要依靠对正向情绪的激励，要靠切实满足民众的基本需求，建立公平有序的社会秩序。五是应该倡导和正向激励那些对社会有利的基本价值观念，引导他们逐渐固化为全体成员的核心价值，成为社会稳定的坚实基础。

总之，虽然政府在基层社会治理模式上开始实施了转变，但是政府要深入地推动社区

居民的参与行动，需要彻底改变内部的管理思维。从某种意义上讲，政府是自己把自己的手脚束缚起来了。因为在政府的内部行政工作中有很多考核，甚至用和谐、稳定来压倒一切。这就导致政府其实是不能容忍社会发出不同的声音，政府是包容不了不同的声音的，这个是最大的束缚。一旦政府表现出不能听取基层的不同意见，那么在老百姓眼里无论政府怎么推动社区参与都是假的、都是虚的，是为了树立“民主”的形象而已。可以说，是政府的管制思维的局限造成了推动居民参与的困难。此外，我国的城市社区居民参与机制不像美国那样有正式的立法、大量优惠的政策和财政支持。对于我国而言，当前居民参与主要还是依赖于党和政府的推动及社区组织的动员，社区成员的参与力量还未发挥出来。

第二节　促进社区民间组织的发展

近年来，我国城市社区居民参与的重要趋势和特点就是通过加入社区民间组织的一系列活动，从而有秩序、有效率地参与社区建设中的各项公共事务的管理和各类活动。非营利组织在居民参与社区公益活动中起重要作用，它完善了居民参与社区公益活动的组织形式和动力机制。[①] 可以说，社区民间组织的兴起和成长一方面是居民参与的新途径，另一方面又在居民参与机制的运行中扮演着特别重要的角色，它既可以整合个体居民的参与行动，也可以实现基层政府对居民参与行为的间接控制。此外，社区民间组织的成长还为我国市民社会的发育奠定了良好的基础，而市民社会的发育从长远来讲会对居民参与意识和能力的提升产生深远的影响。所以，大力发展社区民间组织是重要且必需的。

一、社区民间组织发展的理想模式

众所周知，社区内一些具有共同利益的群体可以组成各种正式或非正式的组织。这些有组织的群体包括宗教组织、大学、公司、商会、各类工会、各种协会等，他们都有自己的利益，它们会采取行动游说政府做出有利于自己的决策。然而，社区居民的范围是很大的，如果只是一些精英或者利益群体代表所有的社区居民反映意见，通过政府的培养，获得了更多的项目，满足了需求，那么普通居民的利益就有可能得不到很好的维护。社区民间组织是国家政权组织与广大人民之间的中介，[②] 它的生成与发展，关乎居民实际生活的需要。社区建设不是一个抽象的名词，它体现了一批人所发生的地缘关系和互相合作的关系，包含着许多服务性内容。[③]

在我国，在从计划经济体制向市场经济体制转变的过程中，如何发育社会组织、构建政府与社会的良性关系是必须认真解决的问题，这又与社会体制、社会管理体制相关。可

---

① 参见李伟梁：《论非营利组织在居民参与社区公益活动中的地位和作用》，载《理论与改革》，2003 (3)。

② 参见郑杭生、洪大用：《政府、非政府组织和社区在中国社会发展中的作用》，转引自郑杭生：《中国特色社会学理论的应用：当代中国社会学的热点问题》，北京：中国人民大学出版社，2005 年，第 60 页。

③ 参见费孝通：《对上海社区建设的一点思考》，转引自夏树人、曾海龙：《费孝通九十新语》，重庆：重庆出版社，2005 年，第 186 页。

以预测，在今后并不短的一段时间内，我国并不会普遍出现西方发达国家那样的国家与社会的关系，其中一个重要环节就是我国社会组织的发展有自己的特点。可以说，它是我国国家一元化结构向国家、市场、社区多元化结构转型的结果。此外，单位社会职能外溢、城市社区人口结构变化、城市居民闲暇时间增多等也是社区民间组织兴起的重要原因。① 正是由于这些复杂的成长背景，我国社区民间组织的兴起注定带有自己明显的特征和生长适应方式。

我国社区民间组织本土化的过程中，发展不平衡，社区民间组织的社会功能尚未充分发挥。从长远来看，我国社区民间组织的发展应形成内生协调型发展模式，逐渐朝着内生性、协调性及专业性的方向发展。

（一） 内生协调型发展模式的特点

内生协调型发展模式是指在社区民间组织以自身能力建设为主要发展动力，通过调整内外关系，适应外部环境，实现内生性、协调性及专业性发展，充分发挥民间组织在社区发展与社区建设中的功能和作用。内生协调型发展模式将社区民间组织看作是与本社区的各种环境或有关系统组成的有机整体，强调社区民间组织发展的内生性、协调性和专业性。内生协调型发展模式具有以下几个特点：

第一，发展动力的内源性。我国社区民间组织的本土化道路总体而言呈现出一种迟发展的状态，不仅起步较晚，而且最初的动力因素也不纯粹是发源于社区生活的需要，而是部分来自于政府的行政力量。在此情况下，政府有责任，也有能力使用自身的资源优势去培育社区民间组织的生长。近年来，政府在完善财政、税收及社会保障等方面出台了相应的优惠政策，力图通过建立相关的法律法规，改革现有不合理的管理体制，为社区民间组织的发展营造一个良好的政策法规环境。社区民间组织获得了一定的发展机会，与政府的合作逐渐增多，二者的良性互动也成为常态。但随着基层社会治理模式的转变和社区公共服务需求的不断提升，迫切需要社区民间组织通过自身能力的建设来获得持续、稳定的发展，增强其内部的发展动力，而不是仅仅依靠政府的支持。社区民间组织的定位、发展不能仅仅依照政府的价值判断，还要以保障社区居民的切身需求为原则，实现选择主体的转换，即从政府选择到社会选择的转向。②

第二，发展关系的协调性。社区民间组织的兴起源于对居民日常生活的现实考察和对社区公共服务提升的促进，这极大地有利于其在成长过程中与社区内各组织形成协调的发展关系，从而促进适应社会主义民主政治的社区组织体系的建立，③ 通过有效地利用政府提供的资源，并整合一切有可能的资源，与其他社会组织的力量形成合力，以提升社区的自治功能。而社区民间组织发展中的关系协调应由政府主导变为扶助社区群众自治为“主导原则”，制定推动民间组织参与社区发展的社会发展战略，理顺社区民间组织与各类组织的关系，划分职责，鼓励居民的积极参与，促进社区新型人际关系的建立。④ 概言之，社区民间组织的发展并不等同于社区的发展，它只是整个社区发展中的一个环节。社区民

---

① 参见何金晖：《社区民间组织兴起缘由及发展策略探讨》，载《社会主义研究》，2010（1）。

② 参见杨贵华：《社区民间组织“小政府、大社会”的组织细胞》，载《中国社会报》，2004。

③ 参见向德平：《社区组织行政化：表现、原因及对策分析》，载《学海》，2006（3）。

④ 参见赵莹莹：《论我国城市社区民间组织的培育与发展》，兰州大学学位论文，2009。

间组织的发展是一个与社区内各组织协调共生的整体性发展过程，需要考虑各组织之间的互动关系与互动方式。

第三，发展手段的专业性。发展手段的专业性是指用“专业”的方式来操作和提供服务，它包括了运作方式的专业化、人员的专业化以及服务内容和形式的专业化。[①] 随着社区工作者职业化程度的不断提高，社区民间组织的建设得到了专业力量的支持，提升了发展手段的专业化水平。可以说，社会工作的职业化发展已成为推动社区民间组织成长的一种重要的专业力量。如果社区民间组织的发展缺乏这一系列专业化的手段，就无法实现与政府、社区内各组织之间的有效合作，也无法发挥社区民间组织在整合社区资源，满足社区居民多元化需要等方面的作用。

（二） 社区民间组织对居民参与机制运作的推动效果

随着政治体制和经济体制改革的不断深化，政府对城市基层社会生活干预逐渐减少，政府职能发生了微妙的转变——逐渐重视社会服务职能，为居民自发参与各种社会活动开辟了广阔的空间。政府也在一定程度上被看作是提供公共产品的第三产业。城市政府这种职能的转变为社区民间组织的发展提供了实际的发展空间，同时社区民间组织的发展也填补了政府的部分职能空间，二者相得益彰。另外，国家对社会资源和社会空间垄断呈现“弱化”态势，体制改革释放出更多的“自由流动资源”，使城市社区民间组织有可能获得一些社会资源维持自身的生存和发展。总之，政府要实现其社会服务的职能，就必须最大限度地调动各种积极因素参与到社会服务的事业中去，支持和鼓励社区民间组织的发展就成为必然的政策选择。

第一，承接政府职能，参与社会公共管理与服务。

政府职能转变不仅仅是放权的问题，更为关键的是放下去的“权”社会能否承接得了。就目前看来，政府行政权力在社区管理和服务中的“越位”、社区居委会职能的“错位”以及社区民间组织的“缺位”等问题仍然存在。对此，转变政府职能将是理顺三者关系的关键所在。为了主动顺应现代社会发展的要求，政府要调整对民间组织的监管方式，改变长期以来的过度防范措施。在对民间组织取得合法身份进行严格审批的同时，亦从“强政府、强社会”的长远格局出发，大力培育民间组织，对民间组织投入更多的服务与指导，充分发挥其积极作用，从而实现与民间组织的良性互动，构建新型社区的治理模式。L 街道 A 社区居委委员、专业社工 HXF 说：

成立邻里中心的困难啊，就是有啊。工作负荷大，压力大啊。现在是理顺了一点点。这个邻里中心，从去年开始，已经慢慢可以放手下去做事了，不会的，我们都可以再指导。他们就相当一个小居委会嘛。居民参与的人数多，热情高啊，这些基础都有了，只要把群众工作细化一点可以了，做得好就可以减轻居委会的压力。像宣传这方面的工作，邻里中心的人主动协助办理，问题很快就解决了。

此外，社会组织发展要走法治化道路，必将推动社会组织领域的立法工作，必将推动社会组织内部法人治理结构的完善，提升社会组织治理、发展和服务能力的提升，更好地参与社会管理和公共服务，与政府、市场一道形成多元参与、共同治理的格局。LH 社区邻里中心主任 LY 说：

---

① 参见田玉荣主编：《非政府组织与社区发展》，北京：社会科学文献出版社，2008 年，第 141—145 页。

社区建设再发展到一定阶段就会遇到很多瓶颈，想突破是很难的。邻里中心就是有点以点带面的感觉。我们以前是晚上搞活动，现在是白天搞活动，有些人没有特别的兴趣爱好，就去打牌、健身、聊天。目前邻里中心是以小区为一个单位来成立的，以后会逐渐推广。邻里中心成立要有两个条件，一是有物业用房，不论大小，二是找到一批热心人来服务，因为是居民自治管理，所以不是所有小区都能立即成立。我们做这个也是做义工。就是以骨干去带动更多的居民。

第二，满足居民生活需求，架起政府与居民之间的沟通桥梁。

居民急剧增长的服务需求与现有的社区服务供应严重不足的矛盾为社区民间组织的产生创造了条件。社区民间组织在满足社区服务需求、解决社会问题方面显示出强大的生命力。同时，正在兴起的民间组织成为沟通政府与居民的一座重要桥梁。参与的实质在于政府与居民的良好合作，但这种合作并不总是直接的，常常需要一个中介组织来协调，民间组织就是这样一个中介。一方面，各种民间组织及时将其成员对政府的需求、愿望、建议、批评集中起来，转达政府；另一方面，又将政府的政策意图和对相关问题的处理意见转达其成员。民间组织在这一利益表达和利益协调过程中，推动了政府与居民的合作。

第三，社区居民自我组织、教育和管理的新平台。

在推动居民参与社区建设方面，在内部管理的透明度方面，社区民间组织起到了关键的作用，它成为社区居民自我组织、教育和管理的新平台，特别是那些活跃在基层的民间组织如各类协会与各种社区公益组织，民主化程度都相对较高，其成员的参与行为达到了“全方位”和“一体化”的程度。L 街道 A 社区居委委员、专业社工 HXF 说：

居民的想法很多，各种各样。它可以弥补我们政府的某些不足来实现居民的诉求。但其毕竟是民间组织，没有很多资源，没有职权，只可以将居民的诉求，通过组织反映给我们，但是要直接解决问题，现在就很难做得到。我觉得民间组织的培育有几方面。一是赋予它一定的职权，明确其职能；二是让组织人员发挥其热情；三是政府的支持，政策的、资金的。如果它登记了，就合法了。凡是民间组织一旦登记了，工作就很灵活了，什么收费啊、搞项目啊、购买服务啊、捐资助款啊，都可以进行了。所以我们认为，条件成熟的民间组织，都给一个身份给它，注册登记，成为合法的组织，以便于开展活动。我们还可以通过以奖代补的方式帮助它们，初期发展肯定是很缺资源的，钱的资源啊、人的资源啊、物质的资源啊，我们可以把义工引导到这个组织里面去，设立专项资金，设计购买服务的项目啊，有人、有钱就可以慢慢运作起来，慢慢成长。

（三）L 街道促进社区民间组织发展的措施

根据上文分析，民间组织的动员机制建构，应充分考虑组织与个人在工具理性与价值理性两方面的诉求，借助正式组织结构与非正式关系网络两种沟通渠道，使用现实与网络两种平台，建构法律制度与文化氛围两方面社会背景。具体来说，包括如下几方面：完善民间组织登记备案制度、制定民间组织促进政策、完善民间组织的内部治理机制。①

（1）打造社会组织的孵化基地

NH 区社会组织的孵化基地位于桂城怡翠花园的创益中心内，是广州市第一个社会组织孵化基地。建立近半年来，已有 11 家社会组织进驻。在这里，社会组织每年只需象征

① 参见赵凌云、邓蕾、陆烨：《民间组织动员机制论析》，载《广西社会科学》，2010（8）。

性地缴纳1元场地租金，而且可以利用政府搭建的平台承接公共服务项目。着重培育公益服务类社会组织，鼓励社会组织提供医疗服务、就业维权、体育文化等公共服务。通过建立孵化培育基地，为社会组织提供办公场所、政策咨询、项目策划等服务，可以让社会组织集中资源走专业化道路，提升社会组织的自主运作和发展能力。2012年3月15日佛山市社会组织孵化工作现场会在桂城创益中心举行，NH区社会组织孵化基地被确定为佛山市社会组织孵化示范基地。[①] 经过评估后，可成为确定具备承接政府职能转移和购买服务资质的社会组织。2013年1月，L街道计划成立“邻里空间”，打造具有示范作用的社会组织培育基地，进一步推动创新社会管理。“邻里空间”将以“邻里·帮、邻里·助、邻里·缘、邻里·爱、邻里·情”五大板块，开展针对外来工、老人、青少年、妇女、困难群体开展关爱帮扶等服务。

（2）简化登记程序

国际上多数国家对社会团体的登记程序，基本上是“一次申请”，有关部门审批时间也较短。而我国对社会团体的成立登记程序要求比较严格，规定必须经过申请筹备和申请成立两个阶段。其中申请筹备的时间为60个工作日，申请成立的时间目前为30个工作日，简化登记只是针对公益慈善类等特定类型的民间团体，如社区内服务老人、儿童的组织，但很多其他类组织没有得到一些真正的优惠，包括一些手法比较先进的倡导性机构，或者服务于外来工、艾滋病人的组织。民间组织的登记简化与管理科学化将是促进民间组织更好发展的重要措施之一。

（3）加大资金扶持力度

广东省财政从2012年起设立培育发展社会组织专项资金，用于支持社会组织有效承接政府职能转移、购买服务和授权委托事项，支持社会组织培育服务品牌，提供公共产品和公益支持。同时，2012年度申报专项资金扶持的社会组织共1,084家，发挥枢纽作用的社会组织18家，通过资格审查的社会组织共1,009家，终审报告提出专项资金扶持360家，其中发挥枢纽作用的社会组织1家。[②] 按照省级培育发展社会组织专项资金管理相关规定，省财政厅、省民政厅拟对终审报告提出的360家社会组织按照行业协会类30万元、公益类20万元、学术联谊和公正仲裁及群众生活等类10万元，其中发挥枢纽性作用的社会组织不分类别按30万元予以扶持。2012年5月，NH区民政和外事侨务局发布了《关于公益服务类社区社会组织财政补贴的实施细则》。按照细则，该区将对在成立阶段确有困难的公益服务类社区社会组织给予1万元开办费补助，同时对每个社区公益服务类社会组织每年补助财务审计费用1,000元。目前，NH区登记在册的公益服务类社区社会组织有22个，其中2012年成立8个，均为L街道的邻里中心。

（4）购买公共服务

从2007年开始，L街道采用政府购买服务、项目管理的方式，将部分公共服务委托社区居委会组织社会力量承担，减轻了社区居委会的工作压力，提升了社区服务的专业化水平，还承担起了居委会工作人员、义工、社工等的培训工作，起到了较好的传帮带作

① 盛正挺：《全市社会组织孵化（培育）示范基地落户南海》，2012年3月16日，见http://epaper.nfdaily.cn/html/2012-03/16/content_7067078.htm。

② 《广东省财政专项资金扶持社会组织》，2013年01月04日，见http://www.gd.xinhuanet.com/newscenter/2013-01/04/c_114239352.htm。

用。2008 年 6 月，L 街道共出资 28.57 万元，向社会 3 家服务机构购买社区服务，更好地满足社区居民的各种不同需求。其中，向广州仁爱社会服务中心购买社区综合服务项目，包括青少年、长者社区支援、家庭及社区、社区康复 4 个方面共计 41 项服务，并对街道居委会工作人员、社工、义工起到传帮带的培训作用。向 NH 区福利中心购买居家养老服务，为 33 名长者提供生活照料、家政服务、康乐活动、精神慰藉和医疗护理等居家服务。此外，还积极开展居民喜闻乐见的各类活动，包括专题讲座、街头义诊、咨询服务等，开展居民调查，发挥桥梁纽带作用，积极向政府部门反映居民意愿心声等。通过前几年的经验积累，2011 年政府购买服务在形式和内容上进行了调整，务求服务更专业、更具效益：一是向 NH 区福利中心为社区 10 名老人购买居家养老服务；二是向佛山春晖社区服务中心购买社区服务技巧培训和个案督导服务，由资深的社区服务导师现场向社区邻里中心的人员传授社区服务的初级技巧，并开展社区个案服务；三是继续向火龙科技有限公司购买网站维护服务。为配合创建全国文明城市及 A 社区、D 社区创建“全国综合减灾示范社区”，社区网站开辟了“创文”及“防灾减灾”专栏，及时宣传“创文”及“防灾减灾”知识和活动动态，有效地推动两项创建活动的开展；四是街道与华中师范大学社会学院合作，共同研究探索“L 社区建设与社区发展调查研究”，总结 L 城乡社区建设与社区发展的经验，思考 L 城乡社区未来的定位和发展方向，探讨进一步挖掘和整合社区资源，打造 L 社区建设品牌，提升社区服务和形象的路径和方法。

总之，一方面，培育多一点的民间组织，用团体去发声。如果仅仅是鼓励社区居民以个体的名义一个个地站出来提意见的话，效果也不是很明显，除非他们彼此都有一致的利益诉求，不然也很难站出来；但是如果有组织的话，一般情况下他们都会有一些共同的诉求，起码是有一些共同的生活追求，或者是利益、兴趣、目标。对此，目前正在逐步实施的社区参与孵化措施就显得尤为重要。要为社区孵化民间组织提供法律、政策、财务、社会保障等方面的咨询服务，要不断提高社区工作者和民间组织负责人的管理水平和能力，毕竟社区组织是最重要的参与平台。另一方面，正在创新的居民参与形式，因地制宜地探寻适合本区域的居民参与模式，也给居民参与机制的运行加大了马力。特别是在信息时代，社区参与渠道方面的创新正在加强，充分借助信息化平台，拓展参与渠道。此外，虽然社区民间组织的发展在我国城市社区建设过程中表现出许多的先天不足，目前都还是一个新兴事物，处于发展的初期。然而，随着我国社区建设的不断深入，社区民间组织的作用日益凸显，成长轨迹越来越清晰，发展道路也更加明朗。所以，在新的历史时期，政府要承担的社会责任从未减少，而是更加重大。要唤醒民众的市民意识，整合“单位制”解体后的个体行为，使社区民间组织成长为可以与政府协作并共同完成基层社会事务管理的伙伴，还有一段较长的路要去探索。

二、 社区民间组织发展模式的实现路径

社区民间组织的内生协调型发展模式的实现需要从以下五个方面着手：

第一，创新社区管理体制，为社区民间组织的发展提供制度空间。目前社区居委会承担着大量的政府行政事务，它的行政化倾向使政府权力过度地延伸到居民的社区生活中，这在客观上限制了基层社会自治的发展，压缩了社区民间组织的生长空间。而我国社区管理制度的建设是在政府的主导下进行的制度变迁，政府不仅是制度改革创新的主导力量，

也是制度供给的主体之一，它的新制度供给能力和意愿将决定着社区发展的方向和速度。[①]这就意味着，在社区民间组织成长的初期，需要创新社区管理体制，明确政府的社区权力边界，赋予社区更多的自主空间，为社区民间组织的发展提供更多的制度空间，并不断探索社区民间组织与政府的协作关系。

第二，改革管理措施和加大扶持力度，为社区民间组织的发展提供政策保障。一方面，结合实际，放宽登记条件，降低准入门槛，简化登记程序，使不同规模、不同类型的社会组织都能在政府的制度环境下依法注册（备案）、合法活动、健康发展。长期以来，大多数社区民间组织没有登记注册，过去称之为“准民间组织”，也称为“备案制民间组织”，对这些社区民间组织可以采用登记备案双轨制的办法，对已具备登记条件的社区民间组织，进行登记管理；对不符合登记条件的社区民间组织，可根据社区公益事业的发展需要，经各级相关部门逐级核准备案，以此解除社区民间组织成立的登记困境。另一方面，进一步加大经费支持的力度，可以采用资金资助、项目资助或活动奖励表彰等多种方式缓解社区民间组织发展的压力。

第三，整合社区资源，为社区民间组织的发展打造培育机制。实践证明，社区民间组织的培育是一项系统工程，要将其发展纳入到社区公共服务体系的构建之中，[②] 通过整合社区资源，发挥区县、街道、居委会等各方力量的作用，协同推动社区民间组织的发展，以打造良好的培育机制。一直以来，社区服务都存在居民需求的多元化与供给机制单一化的矛盾、居民日益增长的服务需求与社区服务供给不足的矛盾。对此，将社区民间组织的发展与社区服务的提供相结合，不仅可以缓解社区服务供给的矛盾，还可以增强社区民间组织的服务功能，以拓展其生存空间。

第四，提升自身能力建设，增强社区民间组织可持续发展的动力。从发展的眼光来看，社区民间组织的成长不应只靠市场，也不应仅依靠政府的资金和政策，而主要的应该是要靠自身服务公众的能力和互惠性的社会机制。[③] 社区民间组织的能力培养是其成长的一个最为关键的因素，需要建立健全社区民间组织内部的各项规章制度，加强成员行为的规范性，做到服务、活动有章可循，通过科学管理以提高社区民间组织的持续发展能力。同时，需要以活动促发展，通过各项公益活动的开展，不仅能提升社会对社区民间组织的认可，增加其美誉度，更能使组织内成员的工作能力得到充分的锻炼，提升整个组织的运作水平。

第五，加大专业人才的培养，促进社区公共服务供给的专业化。专业人才队伍是社区民间组织运作的能量源泉及其长期稳定发展的基础，[④] 也是社区民间组织提供专业化公共服务的保障。一是要通过政策宣传引导、活动吸引、典型带动等多种方式，吸纳优秀人才加入到社区民间组织中来；[⑤] 二是要加强对社区民间组织的教育培训，不断提高其依法开展活动的自觉性和服务社区、服务居民的能力与水平；三是要引入激励机制，社区内各服

---

① 参见蔡小慎、潘加军：《转型期我国城市社区治理中的分权问题探讨》，载《社会主义研究》，2005（2）。

② 参见贺铭惠：《社区民间组织的发展研究——以普陀区长寿路街道为例》，华东师范大学学位论文，2009。

③ 参见夏建中、〔美〕特里·N·克拉克等：《社区社会组织发展模式研究：中国与全球经验分析》，北京：中国社会出版社，2011年，第43—44页。

④ 参见廖鸿主编：《社会组织建设的新视野：中国和澳大利亚经验分析》，北京：时事出版社，2010年，第157—159页。

⑤ 参见马丽娟：《关于我区社区民间组织发展的思考》，载《管理观察》，2008（17）。

务部门根据不同类型的社区民间组织的不同特点，独立展开活动，并制定各自考核评比标准，给予社区民间组织中的优秀从业者物质和精神上的奖励，增强自身的竞争意识。

在社区建设的过程中，通过社区民间组织的发展，逐渐培育起一个强大的、理性的市民社会对于整个社会的民主自治有着非同一般的意义和价值。市民社会（civil society）这一概念的最初用法可以追溯到亚里士多德对于“政治共同体”即“城邦”的理解。[①] 这一概念更多地带有“政治”“公民”和“国家”的含义。直到19世纪，国家与社会界分的思想才真正确立起来，这一完全界分最早是由黑格尔提出的。在黑格尔看来，市民社会是社会中的市民部分，它不同于家庭，也不同于国家，[②] 是按自身法则运行的一种社会和经济秩序。在我国，构建当代中国的市民社会必然是一个长期的过程，它不仅要突破制度障碍，而且还要与传统共同体争夺社会资源，不可能一蹴而就。要解决这一问题，需要从基层社会找到成长点，借助社区和社区居民的视角进行思考。

随着城市社区民间组织的日益成长，真正有意义的“市民意识”正在居民参与社区公共事务管理和各项活动中逐渐觉醒并形成。换言之，个体市民在脱离单位的利益主体之后，在关注社区以及与自身利益有关的各种城市问题的过程中，居委会和由街道办事处派生出来的中介组织正在努力扮演着中国城市社会结构的中间层。它们借助政府的力量，通过组织各种活动、提供各种服务，规范着社区居民的行为，增进居民间的互动和互助，培养着市民的参与、环保、互助、公德等现代意识。它们通过自身与政府的关系，沟通市民与外界的联系，特别是与政府职能部门的联系，建立起制度化的参政议政渠道，维护小区治安，在社会层次上实现综合执法，建立和维护社区公共空间的正常秩序和规范，为维护居民利益做出了巨大的贡献。L街道A社区居委会兼职委员、党员代表ZM说：

其实，有些事情出发点是好的。但是要长期全部是义务进行，就很难了。比如做义工，这个月有时间，我可以来，但是没时间就不能做了。而且，有些费用都是自己出。长此以往，热情就会降低。现在社区打麻将的人比较多。我碰到很多有钱的人，人家会说，你那个东西有什么好搞的，你怎么那么笨，只会戴着治安巡逻的章傻乎乎地走，我才不干。还有人认为，你是不是想出风头！有这样的评价，很多人就不愿意做了。而且，你说没钱收，人家都不信。你说没有报酬，你都做了3届，7年喔，他们不相信是没钱的。不然你不可能那么努力做社区的工作的。人的话，就是这样子，你说，做好事，一两件是没问题，但是年年都做，就不好说了。现在消费又高，赚钱又难。我就说，你不信，你就来做做看。所以，现在社会风气不好，大家都觉得总是有报酬的，不然你干什么干，才没那么傻呢。你知道，要扛住这些舆论压力的还是不容易的，但是时间长了，就习惯了嘛。所以，大家都说我挺好的。现在表扬的人开始多起来，误解是需要时间去化解的。以前，政社没有分离的时候，我就开始做义工了。分开之后，大家负责的事情各自都分开了，大家各自忙各自的。现在，营养也过剩了，晚饭吃饱了，大家都要出门运动，你想运动来我这里运动不就好了，大家一起运动。我们搞什么活动，就告诉大家，让大家来这里玩，玩熟了之后，大家就聊聊，也认识了更多的朋友。

总之，目前以民主自治为核心的社区建设，正在成为城市社区居民与城市政府所共同追求的目标。市民社会独立程度的高低与其成熟程度成正比：市民社会愈成熟，其独立程

---

① 参见蔡英文：《主权国家与市民社会》，北京：北京大学出版社，2006年，第113页。

② 参见〔德〕黑格尔著，范扬、张企泰译：《法哲学原理》，北京：商务印书馆，1961年，第197—201页。

度就愈高，自治性也就愈大。[1] 城市政府希望通过社区建设，培育起负责任、能自觉约束自己行为、主动对城市建设献计献策的公民和公民社会组织，以承担共同治理的重任。可以说，社区是培育中国市民社会的摇篮。[2]

第三节 提升居民的参与能力

在居民参与机制的运作过程中最为核心的因素就是人，任何一个二级参与机制的设置都是围绕着参与主体展开的。社区民众参与意识和民主意识的逐步增强是推动社区建设与发展的主要力量。[3] 可以说，没有参与主体主观能动性的提升，很难有整个参与机制的成功运行。而参与主体是否积极主动地参与到社区公共事务的管理和各项活动中去，机制设置只是外在条件，其自身的参与意识和能力的增进才是关键。即是说，居民参与的能力提升与意识培养是参与机制运行取得何等成效的内在动力源。

一、 加强社区宣传

据调查，随着居民经济收入的增加、文化程度的提高以及居委会社区建设工作的深入开展，居民的参与意识被日益激发，但是由于缺乏对社区公共事务的了解，加之居民本身的参与能力的不足，居民的参与行为从数量到效果都显得不够。故此，将针对社区开展的一切活动更多地告知老百姓，让他们知道发生在自己身边的人和事，增加对社区的熟悉感和亲切感。同时，引导居民合法、有序地参与社区建设，将有利于提升居民的社区认同和参与认知。

除了传统的社区宣传栏设置、社区活动开展之外，L 街道切合现代都市人的生活方式与习惯，采用了多条宣传渠道和手段，充分利用网络、媒体的新优势。例如，《L 社区周刊》的创刊，这是 L 街道和《珠江时报》的重要合作，《珠江时报》派驻记者扎根社区，报道社区内发生的大事小情，不仅成为政府与群众沟通的一个良好平台，更在宣传基层文化与社区建设方面做出了贡献。B 社区居委会兼职委员、社区理事会理事 KZP 说：

我感受就是，以前因为是没有宣传，居委会的模式啊，怎么操作，居民就不知道啊，大家也没什么感情。我退休之前对社区的事情真是没有什么了解。以为就是一些大妈在搞搞巡逻啊、治安啊，居民投诉啊、家庭矛盾的调解啊，关于下水道问题的投诉啊，以为就是这些工作。我真的还没想到其还有那么多职能。现在，我们对他们的任务了解得比较透彻。

A 社区居委会主任 WQG 说：

要告诉他们我们创建全国文明城市有什么意义，搞大型的宣传活动，让居民了解“创

---

① 参见邓正来：《国家与社会：中国市民社会研究》，北京：北京大学出版社，2008 年，第 7—9 页。

② 参见王颖：《城市社会学》，上海：三联书店，2005 年，第 195—209 页。

③ 参见魏娜：《我国城市社区治理模式：发展演变与制度创新》，载《中国人民大学学报》，2003 (1)。

文”的目的在哪里。例如，问卷调查，如果居民不配合，怎么调查啊。还有社区干部的工作评议啊，像我们的居民代表啊、党员啊、我们的职工啊，都有参与工作评议的。像我之前谈到的创建活动，现在就有两个创建，一是孝德社区，二是宜居社区。首先通过我们的宣传发动，提出我们要做什么，让居民知道我们的工作计划，召开居民代表会议、党员会议，向他们告知。在计划出台之前，就会告诉他们，听听他们的意见啦。像我们在做调研的时候，都会到他们家里去，告诉他们接下来我们准备搞点什么啊，有什么好处，问这样好不好啊，为了居民群众着想，怎样怎样的……然后，两委成员开会，做决定。

D社区邻里中心主任GCL说：

邻里中心其实也是可以协助政府的工作，比如说居委会的工作，把一些政策做些宣传，收集一下社情民意。比如，民政工作。低保户的审核之类的工作，需要你们帮把手？这个是行政服务站的工作。

此外，经济利益对社区居民的参与意愿影响很大，但是很多社区居民对社区经济参与目标不太明了，因此表现在行为上就不那么积极。[①] 针对这样的情况，居委会需要开展更多的关于社区经济发展的宣传介绍，与居民切身利益相关的社区经济事务要多与居民沟通、协商。A社区居委会兼职委员、党员代表ZM说：

我们才过来的时候，这边连一棵树都没有，我就后悔了。到现在，觉得越来越好了，领导也好，他们都没架子，大家都是商量事情，像是朋友聊天一样。真的不是钱的问题，就算是你拿再多的钱来，领导不好，我也不做的。比如，以前我在国有企业，大家钩心斗角，黑的给你说成白的，哎，搞不定，你吃亏了做了很多活。

二、 深化社区教育

社区教育指的是以社区人员为对象所实施的教育活动，目的是为社区服务和有利于社区发展。[②] 目前，社区教育的内容和形式都比较丰富，对象也在逐渐扩大，包括外来务工人员也可以接受社区开展的各项免费培训活动。这有利于消除外来务工人员在生活中经常有受排斥、歧视等现象，更加突破除了他们和本地居民之间的文化壁垒，进而减少受到户籍制度所造成的权利不平等的影响。A社区居委会书记WQG说：

居民是有参与能力的，没有他们的参与的话，就没得搞啊。除非是十几年前，全部由政府操作，无需群众做主。现在不同了，很多事情还给群众了嘛，社会透明度都好高。

C社区邻里中心副主任LY说：

还是希望像春晖啊这些机构，不定时地来看看，帮个手什么的，或者一个月一次。或者时常来看看我们有什么需求。虽然工作走上了正轨，但是还有很多情况需要指引。

A社区居委委员、专业社工HXF说：

如果居民的素质都不高，你搞些超前的东西，就不行。你看，我们A社区都是中等收入，打工族、做小买卖的，他们来自五湖四海，素质偏低，我走访的时候，看到她们在搞刺绣，年尾的时候，我就搞了个刺绣展，参与度很高啊。

B社区居委会兼职委员、社区理事会理事KZP说：

---

① 参见周崇：《单位型社区的社区参与研究》，华中师范大学学位论文，2008。

② 参见邓伟志主编：《社会学辞典》，上海：上海辞书出版社，2009年，第261页。

我们居委会也是在不断地学习，改变了一些理念。2008年6月之后，我们请了专家来给我们搞讲座，谈谈居民的概念是什么，怎么为居民服务。然后，我们慢慢把工作做到居民自治上去，我们社区里的居民，连同外来人口是1.8万多人。所以，只有居民自治了，才能充分地发动群众。80多个居民代表，就要积极调动大家的热情，来参与社区建设。当时成立了四个界别的组织，去召集群众参加，大家分开来讨论、学习。最初居民还是不怎么肯出来，也是一次一次的活动，才调动他们的积极性。他们也不是全是老人，也是有各种年龄层次的。比如教育界，有老师，有学生，有时间大家都来开会的。工作的时间，都没法来。业余的时间，大家都是尽量来的吧。

总而言之，社区建设的硬件是必要的，但是软件更重要。要使社区真正成为一个守望相助的共同体，还得依靠居民的共识，共识来源于共同的需要和活动，我们要面向有着不同需求的居民，找到大家共同的生活内容和共同的活动方式，为居民的共识建立一个现实的基础，也需要创造条件，帮助居民形成集体生活的行为习惯和道德意识。如何结合居民的生活，开展道德建设，帮助他们提高自己的素质，培养自己在社区中的自主安排事务的观念、能力和习惯，仍是社区建设和社区研究的一个重要而紧迫的课题。社区建设的目标之一就是要建设一个基于中国优秀文化传统之上的守望相助、尊老护幼、知礼立德的现代文明社会，实际上也是社会主义道德建设的一部分。坚持党的领导是“草根民主”建设的基本保证，在居民经济上已经自立，社会生活上也开始逐步自理的情况下，如何改进党组织对各类社区组织的领导方式和工作方式，如何充分发挥社区党员的示范和凝聚作用，如何在尊重居民的意愿和要求的同时，促成全社区的互相合作，协力安排共同生活的格局，建设起多样化的、充满生机活力的、以群众自我管理为主的新型社区。①

第一，公共精神也不是一朝一夕就可以养成的，它必须在社区居民日常生活中各个方面加以贯彻，逐渐获得训练，积久成习，公共精神就成了自然而然的思维、态度和行为方式。这些过程包括参与社区公共事务的讨论，以实际行动投身公共活动，以合作方式解决社区公共事务集体行动中的困境等。第二，要使每个社区居民的切身利益与社区治理密切相关，即凡是与社区居民有关的事务，如房屋的权属关系、社会福利关系、社会保障关系等，社区居民都有权参与并能够实际参与，这样才能激发和调动社区居民的积极性和创造性。

第四节　培养居民的参与意识

一、转变参与认知

居民参与意识的强弱取决于社区意识，这种社区意识包括居民的自治观念和社区归属

① 参见费孝通：《对上海社区建设的一点思考》，转引自夏树人、曾海龙：《费孝通九十新语》，重庆：重庆出版社，2005年，第188页。

感。[1] 长期以来，社区行政化的管理造成了社区建设力量单一的局面，主要依靠政府自上而下的推动。因此居民对于社区参与的认知和态度都不积极，社区意识更是比较淡薄，一方面产生了对政府权力和资源的强烈依赖，但另一方面也对基层政府排斥居民民主参与产生了不满。另外，在现阶段人们“单位人”的角色定位也没有得到根本转变，对社区的归属感很弱、社会参与程度不高，对社区的发展表现出一种观望甚至漠不关心的态度。本研究就对居民的参与认知、参与态度以及社区意识等情况进行了调查。

（一） 居民的参与认知与参与态度

据调查，对于如何看待居民参与社区建设事务的问题，居民们都有各自的想法和意见（见图 6.1）。

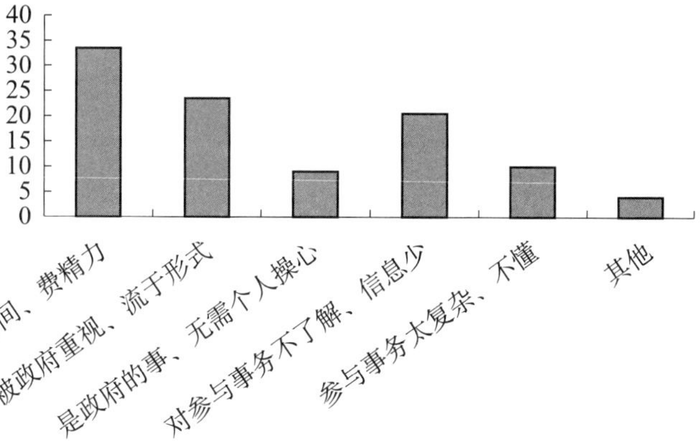

图 6.1　居民如何看待参与社区建设事务

从图 6.1 可见，有 33.7%的居民认为参与社区公共事务管理和各项活动需要花费时间和消耗精力；有 23.3%的居民认为民主参与这样的事情根本是流于形式，没有被政府所重视，毫无实际意义；有 8.8%的居民则认为社区建设是政府的事情，无需个人操心；有 20.6%的居民认为自己对社区信息了解较少，不知道该如何参与；有 9.8%的居民则认为参与社区建设是件很复杂的事情，自己能力有限，搞不懂；而有 3.8%的居民表示对于参与社区建设有其他的想法。简言之，居民对于参与社区建设的想法还是积极进步的，只有很少数的居民认为社区建设就只是政府的事情，大多数的居民还是觉得自己有责任参与到社区的各项事务中来。并且，由于居委会的宣传和教育工作不到位的缘故，导致很多居民感到参与的信息很缺乏，不懂怎么参与，因而放弃了。

而在如何看待居民参与社区建设对于居民个体和社区的发展会产生怎样的效果时，有高达 83.5%的居民认为可以丰富个人生活，也有利于社区的发展，对社区的满意度提升；有 15.5%的居民认为仅仅只能丰富业余生活，对社区的发展来讲没有较大的影响；只有 0.2%的居民认为不利于个人和社区的发展；也只有 0.8%的居民认为没有任何的影响。可见，对于居民参与社区建设的作用绝大多数居民都是有积极的认知和判断的。但是，在实际生活中，仍有 45.1%的居民对于社区事务的态度是参不参与都可以，不太坚定。那些积极参与社区活动的居民也给出了不一样的参与原因（见图 6.2）。

---

① 参见周伟文、赵巍：《培养社区意识　促进社区发展》，载《社会》，1999 (11)。

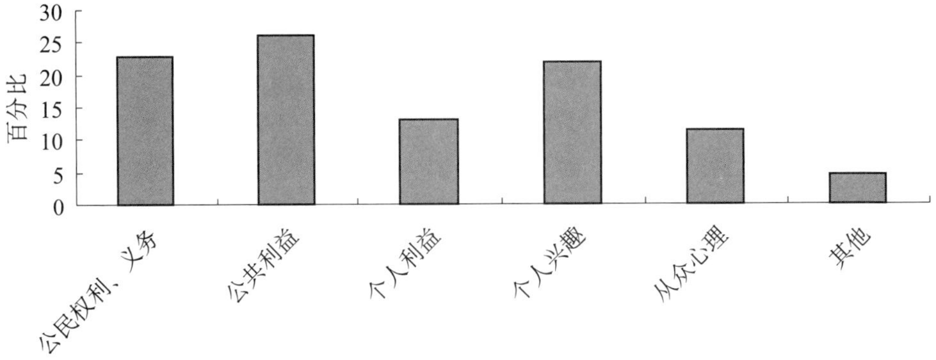

图 6.2　居民参与社区建设事务的原因

从图 6.2 可见，有 22.9%的居民是因为觉得参与社区建设事务是居民应有的公民权利和义务，有 26.1%的居民给出了公共利益这一原因，有 13.2%和 21.9%的居民分别给出了个人利益和个人兴趣需要的理由，而有 11.4%的居民是由于从众心理导致其参与到社区建设的事务中去。总之，从上述数据可以看出，一方面居民的公共意识在提高，对于参与社区事务的管理有了公民意识；另一方面社区建设事务是否与居民的切身利益息息相关仍然是居民愿不愿意花时间关心社区事务的一个关键原因。

（二） 居民的社区意识

共同的社区意识是社区强大的凝聚力，社区居民出于对本社区的强烈关注而积极参与社区事务的管理。有学者认为城市居民的社区意识与社区参与存在显著正相关关系。城市居民的社区满意、社区认同、社区依属、社区凝聚与社区参与存在显著正相关，其中社区凝聚对社区参与具有最强的预测力。[①] 而如何在居民心中慢慢产生巨大的社区凝聚力，这是一个需要长期努力的问题。但可以肯定的是，社区凝聚力的起源应该来自于居民如何看待“社区”，也就是说，政府正在建设的“社区”究竟是什么。在本次调查中，有 39.6%的居民认为“社区”就是居委会，这是一个非常传统且符合我国社区发展实际的认识；有 14%的居民认为“社区”就是自己的住宅区，这是一种典型的地域理解；也有 43.5%的居民认为“社区”应该是有归属感、认同感以及人际关系融洽的地域性生活共同体；仅有 0.8%的居民不清楚什么是“社区”；2.1%的居民没有去思考过这个问题。可见，居民对社区的认识在提升，这应该得益于 L 街道的社区宣传活动和特色社区建设的开展。

此外，社区意识的另一个重要方面就是社区认同感的增加。有学者研究表明，城市居民的社区认同正在逐步形成，这主要表现在新兴商品房小区居民的社区认同明显高于传统单位制的社区。在这种情况下，居民的社区参与动力也逐步发生了很大变化。[②] 据调查显示，有 59.1%的居民很乐意与他人正面评价自己所居住的社区，而有 33.7%的居民表示就算有条件，也不愿意搬出现在的居住社区，对目前的社区生活很满意。可见，居民对社区的认同感在增强，越来越多的人感到自己所居住的社区管理良好，社区服务也不错。

总而言之，社区居民参与意识的形成是一个多层次、多结构的复合体，而非简单地来自某一两个因素。一般来说居民的参与意识来源于其社区认同感与归属感，取决于居民的

① 参见陈钒：《城市居民的社区意识与社区参与的关系研究》，四川师范大学学位论文，2009。

② 参见陈振华：《利益、认同与制度供给：居民社区参与的影响因素研究》，清华大学学位论文，2004。

社会责任意识，受制于社区整体环境包括社区公共管理职能的完善。[1] 基层政府和居委会在推动居民参与社区建设的事务和活动时应该从社区认同感着手，开展切合实际的工作，给居民更多、更真实的参与感受。

二、 创建特色社区

提高社区居民参与意识，首先要激发和培育社区居民的公共精神。公共精神也被称之为公民性和公民精神，是指在由公民组成的共同体中，公民对共同体公共事务的积极参与，对共同体价值的认同和公共规范、公共原则的维护。[2] L 街道在培养居民的公共精神，提升居民的参与意识和能力方面做了大量的工作，其中最为突出的是创建特色社区以及社区宣传与教育。

L 街道是全国 500 强示范街道，在社区建设方面取得了非常明显的成绩，先后创建了全国“宜居社区”“爱心小区”。近年来，以创建“文明社区”“孝德社区”等为契机，一方面不断丰富居民的文化娱乐生活，另一方面唤起居民共建美好家园的意识。可以说，这不仅是物质上的硬件管理，也是精神上的建设，形成了群众主动参与的文化生活氛围，使居民在潜移默化中接受教育，增强了社区归属感，形成了社区凝聚力，有力地促进了社会的稳定和经济的发展，为社会全面进步提供了有力的思想保证、精神动力和良好的社会环境条件，社区精神文明建设提高了广大干部群众的文明素质，同时将创建活动与制度管理、法规约束结合起来，提高社区人的卫生意识、环境意识、法制意识和文明意识，在活动中推进居民的参与行动。L 街道社工局副局长 ZLH 说：

L 街道也是整个佛山市、全国 500 强示范性街道嘛，各方面建设都比较好。创建的工作量很大，居委会的成员工作很辛苦，做资料很辛苦。“创文”啊，创六好和谐平安社区、孝德社区，创体育先进社区、全国宜居社区、爱心小区。

自 2007 年 12 月起，L 街道就开展了第一届孝德文化节，先后开展了“孝德小天使厨艺大赛”、孝德文化论坛、爱心慈善花灯千叟宴会等 16 项活动，历时 3 个月。通过文化节一系列活动的开展来促进居民的传统文化和道德观念的提升，在全街道逐步形成了崇孝道、善感恩、尚美德、倡文明的良好道德风尚，营造祥和融洽的社会建设氛围。在创建活动过程中，很多居民就慢慢地被吸引到了社区建设中来。D 社区居委会兼职委员、邻里中心主任 GCL 说：

我们 L 街道不是在“创文”嘛，治安呢，应该说都还是不错。我是理事会代表。我们理事会是去年年尾成立的，大概一个月都要开一次会的，规定也是很严格的，一般迟到 3 次就会被取消资格了。理事会成员大概有 30 多个，单位呢，有治安的、医院的、执法的。我是居民代表。我的工作是做人寿保险的，我做义工也有五六年了吧。因为感兴趣就来了。还没做保险的时候，就做义工来了。有个小区有一个叫阿莲的，她是黑龙江人，长期做义工，跟我同年的，她又在家带孩子，又做那么多义务的事情，她带动了我，我就来报名了。她说，现在社会上缺少这样的人，做义工虽然很麻烦，又得罪人，耗时耗力，但是人总要体现自己的价值，对家庭、对社会，都要负起自己的责任。我觉得，慢慢来吧，某

① 参见贺妍：《对城市社区居民参与意识的实证调研》，载《西南民族学院学报》（哲学社会科学版），2004（9）。

② 参见吴光芸、李建华：《论公共精神的培育与和谐社会的构建》，载《四川行政学院学报》，2009（1）。

些认识也是要去提高嘛。我们都会对朋友说，来L街道买房子，住得比较舒服，社区文化氛围比较好。

D社区党员代表HYT说：

我们L街道，每年都有孝德文化啊、状元文化啊。我是从广东罗定来的。街道每年搞很多大型活动都是公益的，群众的参与度很高的。好像孝德文化，连续搞了5年了，每年都有开闭幕式，还有花灯节，有好多人的，大家都是自发来的，不是组织的喔，比如那个花灯，每年初九、初十开始，好多人都从国外回来参加，比如澳洲啊这些地方。那一天从来就不会下雨。我在文化站工作。我比较喜欢画画。我也是党员义工、志愿者、邻里中心的成员。

此外，孝德教育延伸至外来务工人员。孝德不仅是弘扬尊敬长辈、感恩父母的亲情的孝道，更加要延伸至爱岗敬业、尽职尽责以及关爱他人、奉献社会的美德。目前，在L街道生活的外来务工人员已达10多万人，成为L街道社会经济发展不可缺少的一股力量，在策划孝德文化节的时候，街道工作人员专门为外来务工人员量身策划了“儿行千里、孝行天下”的一封家书评选活动，通过活动增强外来务工人员的归属感、认同感和责任感，让他们在L街道找到家的感觉，在“城市L”“和谐L”的建设中发挥更加重要的作用。

截止到2012年1月，L街道的孝德文化节已经成功举办了五届。2012年1月8日，L街道正式启动创建孝德社区活动，孝德文化已经成为L街道的一张名片，引领社区各项事业发展。对此，L街道大力推进孝德文化进家庭、进学校、进企业、进社区，扎实做好L街道孝德文化建设工作和孝德社区创建工作，将L社区打造成为全国性的具有孝德深厚文化基础的孝德文化基地。孝德社区创建是指以社区居委会为单位，发动辖区所有的机关、企事业单位和居民群众共同参与社区孝德文化建设，倡导孝德文化资源共享、优势互补、群策群力的群众性创建活动。孝德社区的创建将对机制、管理、服务、环境和文明等做出考核，每年年底验收评选。此外，“孝德社区”称号非终身制，而是每三年命名表彰一次。创建孝德社区是L街道创新社会管理的一项新举措，将在原来创建“六好社区”“和谐社区”的基础上，评选孝德社区，把孝德文化融入社区文化，促进形成社区建设和管理的长效机制。

第七章 结论与思考

随着基层社会治理模式的转变，城市社区建设取得了明显的成绩，在搞好社区服务的同时积极推动各方力量参与社区建设，使社区工作逐步实现社会化。[①] 在这一过程中，长期以来存在的居民参与不足、参与效果不佳等状况得到了一定的改善，同时居民在参与社区公共事务管理和各项活动时的广度、深度、路径以及方式等都在发生着明显而深刻的变化。本书通过城市社区居民参与情况的调查，分析了居民参与在新的社会发展背景下所呈现出的特点和发展趋势，构建了城市社区居民参与机制，并阐述了居民参与机制的形成、分类、运行及成效，提出了推动居民参与机制良好运行的基础保障。通过前文的分析，本书对城市社区居民参与行为的特点、参与机制构建的问题进行了如下的总结与思考：

一、 城市社区居民参与行为的特点与发展趋势

在城市社区，居民参与的总体参与率低下、参与主体不平衡、参与热情不高、参与效果不足可以说是一个全国性的问题。[②] 然而，随着经济体制改革的深入推进，我国的基层社会治理模式、社会组织方式、价值观念和行为方式等正发生着更加深刻的变化，[③] 如政府的管理与基层社会的民主自治日益结合，社会组织的快速成长以及居民权利意识的增加等，这一系列变化给基层政府推进社区居民参与的探索与实践产生了巨大的影响，带来的机遇与挑战使得居民参与呈现出以下特点与发展趋势：

第一，居民参与行为数量加速倍增。外来人口的增加，一方面给社区的有序管理增加了难度，外来人口的部分参与还是受到当地基层政府的限制，如政治性事务的参与；但另一方面由于他们对社区归属感的渴望更多，这促使其更多地参与社区活动中去，积极性比本地居民更高，给居民参与增添了活力。

第二，参与内容涉及社区建设的各个方面，正逐渐从部分参与转向全面参与，包括政治性事务、社区服务、环境与治安以及公益与文娱活动等内容，但参与的程度并不深、力

---

① 参见冯晓英、魏书华：《大城市社区建设管理体制比较与借鉴》，载《北京社会科学》，1998 (3)。

② 参见张远芝：《居民参与社区民间组织的态度与行为研究——对武汉市城市社区的调查》，华中农业大学学位论文，2007。

③ 参见宋林飞：《中国社会转型的趋势、代价及其度量》，载《江苏社会科学》，2002 (6)。

度不大，尤其在社区的政治与经济建设方面的居民参与较少，呈现出参与内容不平衡、参与层次不高的特征。同时，性别因素对居民参与社区公共事务和社区文化活动的影响是显著的，女性居民的参与远远高于男性居民；户籍状况对居民参与社区治安保卫和环境卫生维护的影响是显著的，本地居民比外来人口更多地参与到社区治安和环境的维护工作中；年收入与居民参与社区公益活动的程度呈正相关，居民收入越高参与社区公益活动的频率越高。

第三，在居民参与路径与方式上，基层政府开始大力培育社区民间组织，为居民参与探索了新的途径，使居民参与方式呈现组织化状态，促进参与行为越来越协同化发展，并且广泛运用互联网的手段，大量增加新闻媒体的介入，打造了更多的参与渠道和平台。随着社区民间组织的发育与成长，居民参与行为开始从个体参与转向组织参与。虽然，相较于西方的个体意识而言，我国文化的思想内核是群体意识。[①] 然而，这样的群体意识是基于血缘关系的维系，还需要走向契约关系。

第四，参与意识逐渐增强，参与热情有所提升，开始从被动参与转向主动参与。但整体而言，居民的参与仍然是被动的。

二、关于居民参与行为发生的一种可能的解释框架：需求—条件—信任

近年来，社区居民参与不足的集中表现在于缺乏对社区政治性事务和公共管理事务的参与。从调查结果显示，绝大多数居民有参与社区公共事务管理的意愿，却没有采取相应的行动。究其原因，一方面是由于对社区建设和参与的了解不够、信息不足、自身能力有限；另一方面更为重要的原因是居民对基层政府的不信任，不相信自己的建议或意见能够被重视或采纳，认为政府所倡导的民主治理都是流于形式，没有实质性的意义。对此，居民在参与社区公共事务管理时所进行的行动决策将有一种可能的解释框架：需求—条件—信任。第一，居民对于参与社区公共事务的管理和各项活动是有需求的。随着居民权利意识的觉醒，社区成为多元利益主体博弈的交汇点，觉醒的利益主体急需权利的表达，包括与居民权利密切相关的政治权利（选举与被选举权）、经济权利（产权）、社会权利（社会保障、小区环境、文体活动、子女教育）等，实现这些权利都需要民主参与和民主表达的渠道。[②] 第二，有参与的需求还不能决定居民一定会有参与的行动，政府是否创造了参与的条件成了第二个关键的因素。这需要政府提供一定的参与条件，包括投资修建活动场所与设施，配备素质较好的工作人员，搭建参与的平台，聘请专业督导支持活动的开展等。第三，在参与需求与条件都具备的情况下，居民理性地参与选择在于精确地预知参与效果。正如前文所述，居民对政府的不信任最终使得居民放弃了参与社区建设事务。那么，为什么会有这样的不信任呢？一直以来，城市社区建设的经济来源主要来自政府的财政投入，与居民切身经济利益无直接关联，加之社区法定组织与民间组织等社会力量都还很弱小，政府仍是城市社区最大、最强的治理主体，社区的各项事务基本上还是在政府的控制

---

① 参见易中天：《中国文化与中国人》，转引自费孝通、〔法〕德里达等：《中国文化与全球化——人文讲演录》，南京：江苏教育出版社，2003 年，第 119 页。

② 参见蔡青、李淑娟：《城市社区居民民主参与问题研究》，转引自李腊生、李金红主编：《社区民主与社会和谐》，北京：社会科学文献出版社，2010 年，第 102—107 页。

之下。[1] 这是导致居民对于真实的参与效果较为清楚，参与社区公共事务管理的积极性和热情都很低。甚至出现居民从最初使用平和的手段表达意见到最终采取一些非常规的手段表达意见的情况，如静坐、示威等。可见，政府管理是影响政治信任程度的主要原因之一，而基层政治信任则主要涉及的是民众与政府之间的互动关系。[2] 只有政府职能进行转变，重构与民众的互动关系，居民的能动性与积极性才将有所提高。

三、 促进居民参与行为的因素

总体参与率不高，从近年来对居民参与的调查资料显示，尽管在调查中人们表示希望参与社区的活动的愿望比例较高，但真正付诸行动、参与到各项活动中的人数的比例还是不高。很多时候呈现出负面参与多、正面参与少，被动参与多、主动参与少的情况。那么，居民在决定是否要参与社区公共事务管理和活动的时候都是如何决策的呢，有哪些因素在影响居民的参与决定呢？对此，可以从居民参与的动力、能力以及意识上找到答案。

第一，参与的动力。可以说，我国的城市社区建设是在全能政府“失效”及“单位制”解体的背景下发生的，[3] 政府治理的主要目的是通过构建新的管理体制和组织体系，达到政治社会稳定的局面。为了实现这一社会治理目标，政府需要大力推进社区建设，使社区服务得到完善，以承接因单位制解体而大量回归到社会中去的社会事务。加之，社区事务的管理任务太过繁重，快速的社会流动对社区安全、服务、环境等提出了更高的要求，需要居民的参与和协助才能顺利完成。换言之，政府的推动力是社区居民参与的重要原因和现实动力，形成了居民参与的外在驱动。同时，随着居民经济生活水平的改善，整体文化素养的提升，居民主动参与的想法越来越强烈，形成了居民参与的内在驱动。当然，这种来自民间的需求转化成为现实需要一个较为漫长的过程，与当前政府的强大推动力相比，居民的参与力很微弱，使得今天居民在社区建设中的自觉力量不足，这是一个典型的“强政府弱社会”的二元动力格局。[4]

第二，参与条件与参与能力。“没有活动场所”“没有吸引我的活动”“组织者能力不够”“不知道自己有能力参加什么项目”“很多会议参加了也没什么用”等说法往往成为影响社区居民参与社区事务管理与各项活动的几种主要说法。由此看来，居民参与率不高、深度不够、持久度不足、分布不平衡等状况，既存在硬件设施建设不够这一物质匮乏的原因，也有参与能力不足这一主观原因。但社区的硬件条件总是有限的，需要我们更多地从参与能力上来找原因。实际上，居民参与行为将更多地受到来自组织者和参与者本身的能力限制：一方面是组织者的能力问题。近年来，社区居委会的不断改革和发展，居委会的干部和工作人员整体文化素质和工作能力都得到了不同程度的提升，开展了许多生动、丰富的社区活动来吸引居民的参加，还协助居民组建社区民间组织，提升居民参与的力度与效果。但是即便如此，居委会的能力也是有限的，尤其是在社区公益服务、救助弱势群体的关爱服务、环境卫生的维护以及治安等方面的工作仍无法独立完成，需要设计活动让居

---

① 参见钟裕民：《新中国成立以来我国城市社区建设模式之嬗变》，载《当代中国史研究》，2011 (1)。

② 参见 L. Keele，“Social Capital and the Dynamics of Trust in Government”，*American Journal of Political Science*，2007 - jstor. org.

③ 参见王佃利：《政府创新与我国城市治理模式的选择》，载《国家行政学院学报》，2005 (1)。

④ 参见崔永军：《中国城市社区建设模式研究》，吉林农业大学学位论文，2003。

民广泛参与；另一方面是居民的参与能力问题。在参政议政方面，受过良好教育的居民就展示出了较强的参与能力，能找准问题，用恰当的交流方式和用语来表达自己的意见或观点，还能说服他人支持自己的想法。而在文娱活动方面，大量来自北方的外来居民表示很喜欢参与社区唱歌、跳舞等文娱活动，他们中不乏歌唱技巧比较好的，曾经在家乡长期受到训练的，就特别喜爱参与这类活动，由于他们对于本社区归属感的一种需要，参与积极性就很高。总的来说，社区硬件设施建设、组织者的能力以及参与者的能力也是影响居民参与行为的重要因素。

第三，居民的参与意识。毋庸置疑，人类的选择行为不仅仅是由理性思维支配的，还有由感性意识支配的选择行为。[①] 目前，居民的参与意识正受到现代生活的影响开始逐渐增强，理性思考与感性需要驱使居民参与到社区公共事务的管理和各项活动中去，他们体会到参与的重要性，开始逐渐意识到参与不仅仅是一种民主权利，更是一种生活需求与方式。而这一现代生活方式的建立只有发展出新的社会关系、新的社会结构、新的文化制度、新的规范才可以实现。[②] 同时，由于政府、社区、居民三者对社区治理的理解和需求是不同的，社区机构并不是真正的居民自治组织，很难保证切实地满足居民的参与需求，社区治理的推进程度需要居民提高主动参与的意识。通过居民参与意识的增强，促进社区管理机构给予居民更多的参与空间和平台。故此，居民的参与意识强弱也是推动居民参与的关键因素之一。

四、 居民参与机制构建的影响因素及内容特点

本书认为居民参与的机制包括动力机制、整合机制、培养机制、保障机制、激励机制、控制机制六个二级机制。居民参与机制的建构将受到诸多因素的影响，从宏观方面来看，社区自治权力的获得与增加以及社区资源的利用程度是居民参与机制运行的外环境，将直接决定参与机制运行条件的优劣；从中观方面来看，居民参与机制的构成与运行不是一成不变的，它将受到社区类型这一因素的影响，在不同类型的社区里，人口结构互不相同，就导致参与机制构建的内容有其不同的侧重点和特色；从微观方面来看，居民个体社会资本的状况也将直接影响居民的参与行为抉择与效果，影响参与机制的顺畅运行。

这个机制虽然是在居民参与的实践之上总结形成的，具有一定的现实意义，然而它目前仍然是对居民参与机制构建的一种理想设计，其运行还尚处于初期的起步阶段，也有它自身的特点和不足：

第一，参与机制的构建尚未完善。本书尝试着总结了一套居民参与机制，包含了六个二级参与子机制。但在实践过程中，不是每个参与子机制的运行都很完善。其中，运行最强的是控制机制，基层政府在对居民参与行为的控制方面仍然体现出了很强的行政力量，并且拥有强有力的制度化方式与保障，这使得居民参与从整体上来看还处于被动局面。同时，构建中最弱的二级参与机制是培养机制和保障机制。由于社区资源有限，财政投入也不充足，加之基层政府对社区工作人员和居民的培养工作都很欠缺，导致了参与意识与参与能力的不足。此外，每个二级参与机制下面还应设置更为细致的运行子机制，以构成居

① 参见刘少杰：《感性意识的选择性》，载《学海》，2005（5）。

② 参见司马云杰：《文化社会学》，北京：华夏出版社，2011年，第438—443页。

民参与的三级机制，但目前的建构尚不成熟。

第二，促进保障机制构建的社区组织机构不够完备。由于受特定国情和制度背景的影响，我国城市社区建设是一种“规划性变迁”，居民自治属于政府主导型自治。[①] 社区居委会作为群众的自治性组织是政府承认的合法机构，也是构建居民参与机制主力军。但仅仅依靠居委会的力量是不够的，通过近年来社区民间组织的培育和发展，保障居民参与机制构建的组织机构在逐步增多。不仅基层政府在设置部门上有居委会、社工局，在社区还有公益性民间组织来协助居委会构建居民参与机制。这些社区社会组织的培育可以强化居民的社区自治参与意识，客观、及时地反映居民诉求，同时也是社区管理体系中的重要的有机组成部分。[②] 因此，在构建居民参与机制的实践中，政府要将微观的社区管理和公共服务职能转移给社区福利组织、志愿者组织、慈善组织、社区服务组织等社区自治组织，让它们更好地表达居民的不同诉求，以扩宽居民参与的渠道与方式。

第三，尚未具有健全的法律法规支持居民参与机制的构建。规定政府处理居民参与社区公共事务管理和各项活动的职权和职责，确定依法对居民参与实践的法治原则，对参与的内容、方式、途径做出明确的规定，使其可以按一定的程序实际操作，并用法律的形式固定下来，这是对于居民参与机制构建的法律支持，也是确保居民参与机制有效运行的最佳保障。但是目前这方面的支持尚不具备，需要加强法规政策配套，使社区各系统运作和管理逐步纳入法制化轨道，要建立新型的社区管理体制，必须使社区管理纳入法制化轨道。[③]

第四，构建居民参与机制的有利条件。关于居民参与机制运行的优势主要存在于以下三个方面：(1) 基层社会治理模式的转变。随着改革的深入推进，我国城市基层社会生活发生了根本性的转变，一直以来实施的一套行政全能主义的“地区管理”模式也随之失效。与此同时，城市社区建设开始兴起并逐步朝着政府主导型自治的方向前行，正在积极探索一条城市基层社会治理模式重构的道路。这无疑成为构建居民参与机制最大的优势；(2) 经济投入作保障。目前，我国城市社区的居民参与毕竟还处于萌芽状态，虽然没有直接的经济利益去刺激，但也有与居民切身利益和生活直接相关的事件去推动居民参与，[④] 譬如创建文明城区以及本地的特色社区。由于利益相关的直接性太弱了，居民一旦感觉与自己的福利没有关系就会放弃一些参与机会。现在，由于增加了社区建设的经济投入，这些投入所涉及的事件与居民利益息息相关，例如政府给予社区建设的财政倾斜和支持，设立社区参与发展专项资金，并主要用于支持社区参与补贴，建设社区参与引导的人才队伍，表彰奖励诚信守法、严格自律、贡献突出的社区组织，培育扶持有利于本地经济建设和社会发展的社会组织等，居民对于社区建设的关注度也就越来越高；(3) 政府越来越重视对居民参与意识和参与能力的培养。观念的转变永远是行动改变的根本动力来源。[⑤] 近

① 参见徐勇：《论城市社区建设中的社区居民自治》，载《华中师范大学学报》（人文社会科学版），2001 (3)。

② 参见李莉、陈秀峰：《城市社区组织管理体制改革探讨》，载《中国行政管理》，2001 (4)。

③ 参见刘书祥：《城市社区法律制度体系构建的立足点——关于中国城市社区发展模式的探讨》，载《中共天津市委党校学报》，2000 (2)。

④ 参见周林刚：《社区治理中居民参与的制约因素分析——基于深圳 A 区的问卷调查》，载《福建论坛》（人文社会科学版），2008 (12)。

⑤ 参见〔美〕Dennis Coon，〔美〕John O. Mitterer 著，郑钢等译：《心理学导论：思想与行动的认识之路》（第 11 版），北京：中国轻工业出版社，2007 年，第 197—201 页。

年来，在城市社区建设中，基层政府越来越注重培养社区居民的参与意识，通过开展各项宣传和教育活动来培养居民的社区意识和社区参与能力，引导并激励居民更多地参与到社区各项公共事务管理和活动中。

第五，居民参与机制运行的不利因素。面对现实的很多制约因素，参与机制的良好运行比构建更难。虽然政府在基层社会治理模式上开始发生着转变，对参与机制的形成与运行创造了良好的制度环境，但是政府要深入地推动社区居民的参与行动，使参与机制更好地运行起来，需要彻底改变以往的管理思维。从某种意义上讲，政府是自己把自己的手脚束缚起来了。由于在政府的内部行政工作中有较多的考核任务。这就导致政府在公众心中的包容度极为有限，这是对居民参与机制运行的最大束缚。可以说，政府长久以来根深蒂固的管理思维造成了推动居民参与机制运行的困难。

居民参与是推动城市社区建设的一股重要力量。随着经济体制的深入改革与基层社会治理模式的转变，基层政府在推进社区居民参与的探索与实践已呈现出新的特点与趋势。本书试通过社会学的视角去探讨城市社区建设中居民参与的状态，从理论上分析居民参与的基本要素，总结居民参与机制的形成、分类、运作及影响因素，深入分析个体居民如何通过加入社区民间组织去实现参与社区公共事务管理和各项活动。但本书所构建的居民参与机制尚不完善，并且对于参与机制构建的认识还有待于实践去验证，六个二级参与机制之间的关系还需进行更深入的讨论，这些内容将是笔者要继续思考的问题。

参考文献

A. 专著

[1]〔德〕斐迪南·滕尼斯著，林荣远译．共同体与社会：纯粹社会学的基本概念［M］．北京：北京大学出版社，2010.

[2]〔德〕斐迪南·滕尼斯著，林荣远译．新时代的精神［M］．北京：北京大学出版社，2006.

[3] 郑杭生主编．社会学概论新修（第三版）［M］．北京：中国人民大学出版社，2003.

[4] 郑杭生．中国特色社会学理论的拓展：当代中国社会学的前沿问题［M］．北京：中国人民大学出版社，2005.

[5] 郑杭生．中国特色社会学理论的应用：当代中国社会学的热点问题［M］．北京：中国人民大学出版社，2005.

[6] 汪熙，〔美〕魏斐德主编．中国现代化问题［M］．上海：复旦大学出版社，1994.

[7] 孙立平．失衡——断裂社会的运作逻辑［M］．北京：社会科学文献出版社，2004.

[8] 张乃和主编．现代公民社会的起源［M］．哈尔滨：黑龙江人民出版社，2007.

[9] 何友晖，彭泗清，赵志裕．世道人心——对中国人心理的探索［M］．北京：北京大学出版社，2007.

[10] 陈幽泓主编．社区治理的多元视角：理论与实践［M］．北京：北京大学出版社，2009.

[11] 方明，王颖著．观察社会的视角——社区新论［M］．北京：知识出版社，1991.

[12] 高清海等著．社会发展哲学——中国现代化的理性思考［M］．北京：高等教育出版社，1999.

［13］白友涛．城市社区建设新杠杆——社区民间组织研究［M］．南京：东南大学出版社，2006.

［14］郑芸．现代化视野中的早期市民社会——苏州市民公社个案分析［M］．北京：社会科学文献出版社，2007.

［15］朱健刚．国与家之间——上海邻里的市民团体与社区运动的民族志［M］．北京：社会科学文献出版社，2010.

［16］桂勇．邻里空间——城市基层的行动、组织与互动［M］．上海：上海书店出版社，2008.

［17］周文建，宁丰主编．城市社区建设概论［M］．北京：中国社会出版社，2001.

［18］梁莹．基层政治信任与社区自治组织的成长——遥远的草根民主［M］．北京：中国社会科学，2010.

［19］〔波兰〕彼得·什托姆普卡著，程胜利译．信任——一种社会学理论［M］．北京：中华书局，2005.

［20］尹维真．中国城市基层管理体制创新：以武汉市江汉区社区建设实验为例［M］．北京：中国社会科学出版社，2003.

［21］于燕燕．社区自治与政府职能转变［M］．北京：中国社会出版社，2005.

［22］吴克昌．中国城市社区民主自治的理论与实践研究［M］．北京：人民出版社，2009.

［23］向德平编著．城市社会学［M］．武汉大学出版社，1994.

［24］奚从清．社区研究——社区建设与社区发展［M］．北京：华夏出版社，1996.

［25］蔡禾主编．城市社会学：理论与视野［M］．广州：中山大学出版社，2003.

［26］〔美〕阿瑟·梅尔霍夫著，谭新娇译．社区设计［M］．北京：中国社会出版社，2002.

［27］沈鸿新，史平，沈帅著．社区策划学［M］．上海：上海远东出版社，2006.

［28］刘少杰等著．社会学理性选择理论研究［M］．北京：中国人民大学出版社，2012.

［29］李腊生，李金红主编．社区民主与社会和谐［M］．北京：社会科学文献出版社，2010.

［30］荀关玉主编．西部城镇社区自治组织研究［M］．北京：人民出版社，2011.

［31］陈文著．社区业主自治研究——基层群众自治制度建设的理论分析［M］．北京：中国社会出版社，2011.

［32］王俊秀，杨宜音主编．中国社会心态研究报告（2012－2013）［M］．北京：社会科学文献出版社，2013.

［33］徐永祥．社区发展论［M］．上海：华东理工大学出版社，2000.

［34］〔英〕安东尼·哈尔，〔英〕詹姆斯·梅志里著，罗敏，范西庆等译．发展型社会政策［M］．北京：社会科学文献出版社，2006.

［35］潘小娟．中国基层社会重构——社区治理研究［M］．北京：中国法制出版社，2004.

［36］李文良等编著．中国政府职能转变问题报告［M］．北京：中国发展出版社，2003.

［37］丁元竹．社区的基本理论与方法［M］．北京：北京师范大学出版社，2009.

［38］俞可平主编．治理与善治［M］，北京：社会科学文献出版社，2000.

［39］陈伟东．社区自治［M］．北京：中国社会科学出版社，2004.

［40］李培林，李强，马戎主编．社会学与中国社会［M］．北京：社会科学文献出版社，2008.

［41］〔美〕理查德·C. 博克斯著，孙柏瑛等译．公民治理：引领 21 世纪的美国社区［M］．北京：中国人民大学出版社，2005.

［42］黄晓勇主编．中国民间组织报告（2010－2011）［M］．北京：社会科学文献出版社，2011.

［43］唐忠新．中国城市社区建设概论［M］．天津：天津人民出版社，2000.

［44］雷洁琼主编．转型中的城市基层社区组织［M］．北京：北京大学出版社，2001.

［45］王青山，刘继同．中国社区建设模式研究［M］．北京：中国社会科学出版社，2004.

［46］周荣德．中国社会的阶层与流动——一个社区中士绅身份的研究［M］．上海：学林出版社，2000.

［47］林尚立．社区民主与治理：案例研究［M］．北京：社会科学文献出版社，2003.

［48］孟固，白志刚．社区文化与公民素质［M］．北京：中国社会出版社，2005.

［49］袁方．社会研究方法教程［M］．北京：北京大学出版社，1997.

［50］风笑天．社会学研究方法（第三版）［M］．北京：中国人民大学出版社，2009.

［51］李沛良．社会研究的统计应用［M］．北京：社会科学文献出版社，2001.

［52］薛薇编著．SPSS 统计分析方法及应用［M］．北京：电子工业出版社，2004.

［53］Abbott. *Sharing the City*：*Community Participation in Urban Management*［M］. London：Earthscan Publication，1966.

［54］Pierre Bourdieu，Loic J. D. Wacquant. *Invitation to Reflexive Sociology*［M］. Chicago：University of Chicago Press，1992.

［55］Mark Irving Lichbach，Alan S. Zuckerman. *Comparative Politics*：*Rationality*，*Culture and Structure*［M］. Cambridge：Cambridge University Press. 1997.

［56］Clusky. *The Social Construction of Community*［M］. Chicago：University of Chicago Press，1980.

［57］Skocpol，Theda，Morris P. Fiorina.（eds.）*Civic Engagement in American Democracy*［M］. New York：Russell Sage Foundation，1999.

D. 学位论文

［1］曾智君．我国城市社区管理中的公民参与［D］．四川大学，2007.

［2］秦敏．城市社区管理中的公众参与［D］．上海交通大学，2011.

［3］肖星．社会资本视角下的城市社区建设［D］．上海大学，2007.

［4］彭惠青．城市社区居民参与研究——以武汉市两社区的实地考察为例［D］．华

中师范大学，2009.

［5］张大维．中国共产党城市社区建设的理论与实践研究［D］．华中师范大学，2010.

［6］夏晓丽．城市社区治理中的公民参与问题研究［D］．山东大学，2011.

［7］陈振华．利益、认同与制度供给：居民社区参与的影响因素研究［D］．清华大学，2004.

［8］张晓霞．城市居民社区参与模式及动员机制研究（博士学位论文）．吉林大学，2010.

［9］周璇．我国社区建设中的居民参与问题研究——以 H 市新建住电 E 社区为例（硕士学位论文）．东北师范大学，2010.

F. 专著中的析出文献

［1］费孝通．人的研究在中国［M］//中国社会科学院科研局编选，费孝通集．北京：中国社会科学出版社，2005.

［2］王颖．市民自治与社区管理方式的变革［M］//俞可平等著．中国公民社会的兴起与治理的变迁．北京：社会科学文献出版社，2002.

［3］俞可平．中国公民社会的兴起及其对治理的意义［M］// 俞可平等著．中国公民社会的兴起与治理的变迁．北京：社会科学文献出版社，2002.

［4］孙立平，郭于华．“软硬兼施”：正式权力非正式运作的过程分析——华北 B 镇定购粮收购的个案研究［M］//清华社会学评论（特辑）．厦门：鹭江出版社，2000.

［5］蔡放波．论城市社区治理中的公民自治［M］//李腊生，李金红主编．社区民主与社会和谐．北京：社会科学文献出版社，2010.

G. 期刊文献

［1］郑杭生，郭星华．试论社会运行机制［J］．社会科学战线，1993（1）．

［2］杨贵华．转换居民的社区参与方式，提升居民的自组织参与能力——城市社区自组织能力建设路径研究［J］．复旦学报（社会科学版），2009（1）．

［3］崔彩周．试论中国经济体制转轨时期的社区参与［J］．广东社会科学，2002（6）．

［4］郑杭生，郭星华．社会运行控制机制初探——中国社会稳定、发展和改革的一个重要问题［J］．社会学与社会调查，1991 年增刊．

［5］高永久，刘庸．西北民族地区城市社区建设中的各族居民参与研究［J］．西北民族研究，2006（1）．

［6］沈君彬．论社区建设中的居民参与［J］．四川行政学院学报，2005（2）．

［7］郑杭生，郭星华．试论社会控制的度［J］．天津社会科学，1993（5）．

［8］杨敏．公民参与、群众参与与社区参与［J］．社会，2005（5）．

［9］姜晓萍，衡霞．社区治理中的公民参与［J］．湖南社会科学，2007（1）．

［10］郑杭生，郭星华．社会运行激励机制初探——中国社会稳定和发展的一个重要问题［J］．社会科学战线，1991（4）．

［11］王伟．沈阳社区建设新模式［J］．社会，2000（4）．
［12］〔英〕格里·斯托克，华夏风．作为理论的治理：五个论点［J］．国际社会科学杂志（中文版），1999（1）．
［13］张强，张锋．系统整体性的形成及其作用［J］．理论导刊，2008（3）．
［14］魏宏森，曾国屏．试论系统的整体性原理［J］．清华大学学报（哲学社会科学版），1994（3）．
［15］杜剑虹，李然．系统目的性初探［J］．兰州学刊，1990（1）．
［16］徐家良，刘嘉．城郊结合部异质型社区管理体制研究——以北京市丰台区莲怡园社区为例［J］．新视野，2008（5）．
［17］张大维，陈伟东．城市社区居民参与的目标模式、现状问题及路径选择［J］．中州学刊，2008（2）．
［18］路风．单位：一种特殊的社会组织形式［J］．中国社会科学，1989（1）．
［19］胡慧．社区自治视角下的居民参与有效性探析［J］．社会主义研究，2006（4）．
［20］涂晓芳，汪双凤．社会资本视域下的社区居民参与研究［J］．政治学研究，2008（3）．
［21］孙柏瑛，游祥斌，彭磊．社区民主参与：任重道远——北京市区居民参与社区决策情况的调查与评析［J］．国家行政学院学报，2001（2）．
［22］向德平．发展型社会政策及其在中国的构建［J］．河北学刊，2010（4）．
［23］张苏辉．社区居委会行政化的社会学微观视角［J］．求索，2006（5）．
［24］黄荣英．我国城市社区参与不足的一种理论解读［J］．求索，2010（3）．
［25］梁莹．困境中的社区“参与式民主”——基层政府信任与居民参与社区社会政策的困境之思［J］．学海，2009（3）．
［26］彭惠青．城市社区自治中居民参与的时空变迁与内源性发展探索［J］．当代世界与社会主义，2008（3）．
［27］张伟兵．社区服务发展中“居民参与”问题的思考［J］．科学·经济·社会，2002（2）．
［28］鲍跃敏．从提高居民参与看城市社区服务的拓展［J］．城市问题，1993（2）．
［29］崔彩周．试论中国经济体制转轨时期的社区参与［J］．广东社会科学，2002（6）．
［30］张琢．中国基层社区组织的变迁［J］．社会学研究，1997（4）．
［31］史云贵，屠火明．基层社会合作治理：完善中国特色公民治理的可行性路径探析［J］．社会科学研究，2010（3）．
［32］丁元竹．中国社会管理的理论建构［J］．学术月刊，2008（2）．
［33］王建军．论政府与民间组织关系的重构［J］．中国行政管理，2007（6）．
［34］张康之，张乾友．民主的没落与公共性的扩散——走向合作治理的社会治理变革逻辑［J］．社会科学研究，2011（2）．
［35］燕继荣．服务型政府的研究路向——近十年来国内服务型政府研究综述［J］．学海，2009（1）．
［36］向德平．社区组织行政化：表现、原因及对策分析［J］．学海，2006（3）．

［37］刘祖云．历史与逻辑视野中的“服务型政府”——基于张康之教授社会治理模式分析框架的思考［J］．南京社会科学，2004（9）．
［38］潘涛．公共治理理念下的城市社区自治［J］．中共山西省直机关党校学报，2009（6）．
［39］韦克难．论社区自治［J］．四川大学学报（哲学社会科学版），2003（5）．
［40］张康之．论新型治理模式中的社会自治［J］．南京社会科学，2003（9）．
［41］魏娜．我国城市社区治理模式：发展演变与制度创新［J］．中国人民大学学报，2003（1）．
［42］徐永祥．试论我国社区社会工作的职业化与专业化［J］．华东理工大学学报（社会科学版），2000（4）．
［43］张伟兵．社区服务发展中“居民参与”问题的思考［J］．科学·经济·社会，2002（2）．
［44］杨荣．浅论社区建设中的居民参与［J］．北京工业大学学报（社会科学版），2002（2）．
［45］潘小娟．参与和自治的本质精神［J］．社区，2005（10）．
［46］刘华安．城市社区建设与居民参与［J］．学习论坛，2002（10）．
［47］孙璐．利益、认同、制度安排——论城市居民社区参与的影响因素［J］．云南社会科学，2006（05）．
［48］张宝锋．商品房小区居民参与的微观机制——对三个小区的实证研究［J］．甘肃社会科学，2006（2）．
［49］孙晓莉．政府的角色定位与强政府能力［J］．教学与研究，2001（7）．
［50］吴刚．现代社会组织结构观与城市社区建设［J］．北京行政学院学报，2001（1）．
［51］张莉，风笑天．转型时期我国第三部门的兴起及其社会功能［J］．社会科学，2000（9）．
［52］王珍宝．当前我国城市社区参与研究述评［J］．社会，2003（9）．
［53］孙晓莉．西方国家政府社会治理的理念及其启示［J］．社会科学研究，2005（2）．
［54］李建斌，李寒．转型期我国城市社区自治的参与不足：困境与突破［J］．江西社会科学，2005（6）．
［55］朱红权．社区和社区民间组织概念解析［J］．经济研究导刊，2011（6）．
［56］何金晖．社区民间组织兴起缘由及发展策略探讨［J］．社会主义研究，2010（1）．
［57］郑杭生，王万俊．论社会学本土化的内涵及其目的［J］．吉林大学社会科学学报，2000（1）．
［58］吴锦良．政府与社会：从纵向控制到横向互动［J］．浙江社会科学，2001（4）．
［59］冯永军．论中国市民社会构建的民法基础［J］．河南师范大学学报（哲学社会科学版），2004（3）．
［60］柳拯．规律与模式——对社会工作任务的思考［J］．中国社会工作，2009（12）．

［61］姚华，王亚南．社区自治：自主性空间的缺失与居民参与的困境——以上海市J居委会“议行分设”的实践过程为个案［J］．社会科学战线，2010（8）．
［62］黎熙元，童晓频．我国城市社区建设的资源调动实践模式比较——上海外滩街与广州逢源街的个案比较［J］．学术研究，2005（1）．
［63］徐善登．社区公民参与特殊性之内外审视——基于治理视阈［J］．云南社会科学，2009（4）．
［64］周林刚．社区治理中居民参与的制约因素分析——基于深圳A区的问卷调查［J］．福建论坛（人文社会科学版），2008（12）．
［65］隋文军，盖翊中．城市社区社会资本及其测量［J］学术研究，2002（7）．
［66］王亮．社区社会资本与社区归属感的形成［J］．求实，2006（9）．
［67］姜振华．论构建城市社区社会资本的制度供给［J］．理论前沿，2008（17）．
［68］孙璐．缺失与重建：中国城市社区社会资本探析［J］．云南社会科学，2007（3）．
［69］赵鼎新．集体行动、搭便车理论与形式社会学方法［J］．社会学研究，2006（1）
［70］颜烨．转型中国社会资本的类型及其生成条件与机制［J］．西南师范大学学报（人文社会科学版），2004（1）
［71］田毅鹏．“典型单位制”对东北老工业基地社区发展的制约［J］．吉林大学社会科学学报，2004（4）．
［72］蔡志海．社区意识与我国的社区资源动员［J］．兰州学刊，2001（1）．
［73］陈万灵．“社区参与”的微观机制研究［J］．学术研究，2004（4）．
［74］陈伟东，李雪萍．社区治理与公民社会的发育［J］．华中师范大学学报（人文社会科学版），2003（1）．
［75］王亮．社区意识——社区共同体的灵魂［J］．广西社会科学，2006（4）．
［76］吴开松．当代中国动员机制转化形态研究［J］．内蒙古社会科学，2007（3）．
［77］郑杭生．从政治学、社会学视角看公民意识教育的基本内涵［J］．学术研究，2008（8）．
［78］陈剩勇．协商民主理论与中国［J］．浙江社会科学，2005（1）．
［79］叶南客．21世纪中国社区文化发展的方向与方略［J］．学习与实践，2006（4）．
［80］Arnstein Sherry. A Ladder of Citizen Participation［J］. *Journal of American Institute of Planners*，Vol. 35，1969.
［81］Howard White. Civic Responsibility and Collective Action：Game Theory Model of Community Participation in Development Projects［J］. *Oxford Development Studies*. 2002（2）.
［82］Benest，Frank. Reconnecting Citizens with Citizens：What is the Role of Local Government?［J］. *Public Management*，1999（1）.
［83］Hollnseiner，M. R. Citizen Participation and Social Planning［J］. *Assignment Children*. UNICEF. 1982（57－58）.
［84］Irvin，R. A. John Stansbury. Citizen Participation in Decision Making：Is it

Worth the Effort? [J] . *Public Administration Reviews*, 2004 (1) .

[85] Yang Kaifeng. Public Administrations Trust in Citizens: Amissing Link in Citizen Involvement Efforts [J] . *Public Administration Reviews*, 2005 (3) .

I. 电子文献

[1] 王建 . 居民参与是社区管理之本 [EB/OL] . [2010-12-23] .
http://paper. dzwww. com/dzrb/data/20101223/html/14/content _ 1. html.

[2] 梁理文 . 为什么说"必须创新社会治理模式"? [EB/OL] . [2012-6-7] .
http://epaper. nfdaily. cn/html/2012-06/07/content _ 7091535. htm.

[3] 徐晓军 . 社区建设:历程、现状及基本走向 [EB/OL] . [2008-07-26] .
http://www. xjass. com/jj/content/2008-07/26/content _ 25421. htm.

[4] 陈笑 . 居民参与社区问题治理探析——以北京市为研究样本 [EB/OL] . [2010-8-26] .
http://www. rmlt. com. cn/qikan/2010-08-20/8359. html.

[5] 向松阳等 . 创新社会治理模式,走好科学发展新路 [EB/OL] . [2012-7-2] .
http://epaper. nfdaily. cn/html/2012-07/02/content _ 7098903. htm.

附　录

附录 1

问卷编号：

城市社区居民参与调查问卷

尊敬的居民朋友：

您好！首先，衷心感谢您参与此项调查！本次调查的目的旨在研究在城市社区中居民参与社区建设的意愿及实际参与的情况，对该调研问卷的回答没有正确与错误之分，希望您能根据自己的真实情况和感受来填写。调查结果不记名、不涉及单个问卷的内容，只是用于资料的综合统计。因此，不会泄漏您的任何隐私，也不会给您及您的家人带来任何麻烦。

谢谢您的合作！

第一部分　基本情况

A1. 您的性别________ [1] 男　　[2] 女

A2. 您的年龄________周岁

A3. 您的文化程度

[1] 小学及以下　　[2] 初中　　[3] 高中（中专/中技）

[4] 本科（大专）　　[5] 研究生（硕士）及以上

A4. 您从事的职业

[1] 公职人员（公务员、教师、医生等）　　[2] 企业管理者

[3] 国企、集体企业员工

[4] 私企业主/股份制企业投资人　　[5] 私企员工

[6] 个体经营者（个体商贩、零售商贩等）　　[7] 商业、服务业人员

[8] 离退休人员　　[9] 在校学生　　[10] 其他职业

A5. 去年您家的经济收入共计（包括薪金、佣金、小费、奖金、投资收入等）

[1] 1 万元以下　[2] 10,001 元～2 万元　[3] 20,001 元～3 万元
[4] 30,001 元～5 万元　[5] 50,001 元～10 万元　[6] 100,001 元～20 万元
[7] 20 万元以上

A6. 您的婚姻状况
[1] 未婚单身　[2] 已婚（没有小孩）　[3] 已婚（有小孩）
[4] 离异　[5] 丧偶

A7. 您目前的身体健康状况
[1] 很好　[2] 良好　[3] 一般　[4] 较差

A8. 您的户籍情况
[1] 本地户口居民　[2] 外来务工者

A9. 您目前居住的社区类型
[1] 传统老城区（没有新开发楼盘）　[2] 半新半旧社区　[3] 新开发楼盘社区

A10. 您在本地居住了________年

第二部分　居民参与的现状

B1. 当您打算给社区居委会提意见或是想参与社区活动时，有没有受到过限制
[1] 有　[2] 没有（选此项，跳答 B3）

B2.（续上）您受到限制的原因是：________________________________

B3. 您觉得居民代表的意见和想法就是您对社区建设事务的意见和想法吗
[1] 是　[2] 部分是　[3] 不是　[4] 不清楚

B4. 您觉得社区理事会、邻里中心开展的工作就是您想解决的问题吗
[1] 是　[2] 部分是　[3] 不是　[4] 不清楚

B5. 您觉得社会协会、义工联能为居民生活提供的服务正好是您所需要的吗
[1] 是　[2] 部分是　[3] 不是　[4] 不清楚

B6. 您觉得社区内的文体组织开展的活动正好是您想参加的活动吗
[1] 是　[2] 部分是　[3] 不是　[4] 不清楚

B7. 您曾经参与过社区事务或活动有（请在适合栏打“√”）

	参与	没参与
选举人大代表		
选举社区居民代表		
讨论政府政策		
评议社区干部		
举报违法行为		
参与公共事务的讨论会议		
参与公益文化活动		
社区的互助合作		
参与救助弱势群体的志愿服务		
社区文体活动		
社区的治安保卫和环境卫生		
其　他		

B8. 您参与社区活动的身份是
［1］组织者　［2］参加者　［3］观众　［4］没参加过
B9. 在社区居民代表选举时，您家采取的方式是
［1］亲自投票　［2］委托他人投票
［3］知道，但没有参加　［4］不知道，没接到通知
B10. 您从哪些渠道了解社区各项信息、各项事务及活动【可多选】
［1］社区网站　［2］社区宣传栏　［3］居委会通知（如电话、短信或口头通知）
［4］居民相互告知　［5］其他
B11. 您最愿意参与的社区事务和活动是（请在适合栏打“√”）

	参与	没参与
选举人大代表		
选举社区居民代表		
讨论政府政策		
评议社区干部		
举报违法行为		
参与公共事务的讨论会议		
参与公益文化活动		
社区的互助合作		
参与救助弱势群体的志愿服务		
社区文体活动		
社区的治安保卫和环境卫生		
其　　他		

B12. 您曾经参与的社区活动是由什么机构组织的【可多选】
［1］政府机构　［2］社区自治组织（居委会）　［3］事业单位（如学校、医院）
［4］商业机构　［5］社区民间组织（包括社会团体、民办非企、基金会）
［6］其他
B13. 您曾经采取过哪些方式表达您对公共决策和公共生活的意见或建议
（请在适合栏打“√”）

	有	没有
投票		
竞选		
宣传、动员		
辩论、游说		
网络论坛		
民意调查		
手机短信		
上访、投诉		
加入民间组织		
其　　他		

B14.（续上）您觉得自己采取的反映意见的方式效果如何

［1］问题得到了解决　［2］只是给予了答复

［3］没有音讯、完全没有作用　［4］其他

B15. 您认为目前居民参与社区事务管理或社区活动的途径能不能满足您的参与需求：

［1］完全可以，现有参与途径已经很完善且通畅

［2］基本可以，现有参与途径相对完善且通畅

［3］不太能，现有参与途径不甚完善、通畅性不佳

［4］不能，不知道通过何种途径参与

B16. 您目前参加以下哪类社团组织【可多选】

［1］利益代表类社团（包括各种行业协会等，如眼镜行业协会、水产行业协会）

［2］业务管理类社团（包括各种企业管理协会等，如邮电、财贸业务、医疗器械管理协会等）

［3］文体联谊类社团（如足球协会、网球协会、围棋协会等）

［4］公益服务类社团（如社区互助组织、环保组织、扶贫组织等）

［5］学术交流类社团（包括各种学会、研究会等，如营养学会、建筑学会、城市科学研究会）

［6］政治领导类社团（如工会、共青团、妇联等）

［7］没参加过任何社团

［8］其他________

B17. 您更愿意参加下列哪种组织形式的活动【可多选】

［1］单位组织的　［2］居委会组织的　［3］朋友组织的　［4］家庭组织的

［5］社会团体组织的　［6］其他________

B18. 您对自己曾经参与的社区事务或活动是否满意（请在适合栏打“√”）：

	非常满意	比较满意	一般满意	不太满意	不满意	非常不满意
社区居民代表选举						
社区建设事务（如教育、治安以及环境卫生）						
社区志愿者服务						
社区文体活动						

B19. 您认为居民参与社区建设存在哪些不足【可多选】

［1］居民参与的权力没有保障　［2］缺乏居民意识、参与意识

［3］缺乏参与必备的信息　［4］具体的参与制度安排缺乏可操作性

［5］对居民参与的作用缺乏信任　［6］居民参与能力较弱　［7］其他________

B20. 您认为目前镇（街）举办的活动或社会组织开展的工作，如社区理事会、邻里中心等，对实现政府与老百姓之间的沟通、交流与合作互动有作用吗

［1］作用很大　［2］作用一般　［3］没什么作用

［4］没听说过　［5］说不清

B21. 对于居民参与城市社区建设，您想说：

____

____

第三部分 居民参与的认知与态度

C1. 您如何看待居民参与社区建设事务【可多选】
[1] 要花时间、花精力 [2] 居民参与没有被重视，往往流于形式，无实际意义
[3] 社区建设是政府的事，个人无需操心 [4] 对参与的事务缺乏了解、信息太少
[5] 居民参与社区建设太复杂，不懂 [6] 其他________
C2. 在社区建设过程中，您是否认为居民参与是很重要的一部分，能发挥重要的作用
[1] 非常重要 [2] 比较重要 [3] 一般 [4] 不太重要 [5] 不重要
C3. 您有无参与社区活动的意愿
[1] 有强烈的参与意愿 [2] 参与不参与均可
[3] 没有参与意愿（选此项，跳答 C5）
C4. 您愿意参与社区事务的管理原因是【可多选】
[1] 公民权利、义务 [2] 公共利益 [3] 个人利益
[4] 个人兴趣 [5] 从众心理 [6] 其他
C5. 您认为居民参与社区建设，对于个人和社区的发展会有怎样的效果：
[1] 丰富个人生活，有利于社区发展，对社区满意度提高
[2] 仅仅丰富个人生活，对社区发展和满意度没有影响
[3] 不利于个人与社区的发展
[4] 无任何影响
C6. 您觉得目前城市社区建设中居民参与的态度是
[1] 很积极 [2] 比较积极 [3] 一般 [4] 不太积极 [5] 很不积极

第四部分 居民的社区意识与基层政治信任

D1. 您认为“社区”是
[1] 居委会 [2] 住宅区
[3] 有归属感、认同感以及人际关系融洽的地域性生活共同体
[4] 想不清楚 [5] 没想过
D2. 您对目前社区的管理与服务的总体感受是
[1] 很满意 [2] 满意 [3] 一般满意
[4] 不太满意 [5] 很不满意 [6] 无所谓满意与否
D3. 您会很乐意跟别人正面评价自己所居住的社区吗
[1] 会 [2] 不会 [3] 不确定
D4. 如果有条件的话，您会搬出现在的居住地吗
[1] 会 [2] 不会 [3] 不清楚/没想法
D5. 您认为街道（镇）政府有没有与社区居民进行沟通、交流和合作互动
[1] 有 [2] 没有
D6. 您是否相信街道（镇）政府能建设好社区
[1] 很相信 [2] 比较相信 [3] 相信 [4] 不太相信 [5] 很不相信

D7. 您是否相信区政府能建设好社区

［1］很相信　［2］比较相信　［3］相信　［4］不太相信　［5］很不相信

最后，衷心感谢您参与本次调查！祝您工作顺利，家庭幸福！

调查员：________

复核员：________

附录 2

一、访谈提纲 1

访谈对象：镇街干部、社区居委会干部及工作人员

1. 关于对公民参与的认知及态度

（1）您是如何看待公民参与社区建设的？

（2）您是否认为，所有的社区建设事务都应该完全向公民敞开？为什么？

（3）您是否觉得应该鼓励公民参与到社区建设中来？为什么？

（4）您认为公民参与社区建设是否会影响政府工作的效率？

（5）您认为个体公民或民间组织有能力参与到社区建设事务中来吗？为什么？

2. 关于公民参与的基本要素（即参与主体、途径与方式）

（1）您觉得是否应该扩大公民参与的主体？比如鼓励更多居民参与社区活动，社区建设事务的讨论，或者培育更多的民间组织？政府对于公民参与社区事务的管理有哪些限制？

（2）您觉得目前参与社区建设事务那些很积极很活跃的社区精英分子他们的意见能否代表广大居民的想法？

（3）您认为现有的社区内民间组织能否很好地实现大多数居民的利益诉求？为什么？

（4）您打算在下一步工作中，如何来加大民间组织的培育？

（5）据您所知，目前都有哪些社区建设的事务是由公民参与进来，协助政府完成？

（6）目前，您了解到的推动公民参与社区建设都有哪些规范方式和途径？您认为公民参与城市社区建设采取哪些途径和方式会比较好？

（7）您认为现阶段以及未来一段时间内，社区建设的重点和难点在哪儿？有没有想过通过公民参与来推动这些建设工作？具体什么实施？

3. 关于推动公民参与的成效

（1）目前，政府在推动公民参与社区建设方面都做了哪些工作？效果如何？

（2）您认为在推动公民参与方面有没有形成比较固定的模式或机制？

4. 关于推动公民参与的困难

（1）您认为目前阻碍公民参与社区建设的因素有哪些？

（2）您觉得政府在推动公民参与社区建设方面的困难在哪里？

5. 关于推动公民参与的优势

（1）您认为在新的时期我们有哪些条件去推动公民参与社区建设事务？

（2）您觉得我们本地区推动公民参与社区建设的优势在哪儿？

6. 关于推动公民参与的构想

（1）作为领导干部，您是否有想过如何去培养个体公民参与社区建设的意识与能力，并推动他们的参与行为？

（2）您是否想过怎样去建立好政府与社区内各民间组织的关系？

（3）您认为应该如何规范和引导公民参与行为？

（4）您认为有什么好的机制可以推动公民参与社区建设？

（5）在下一步工作中，您建议政府应该做些什么来推动公民参与城市社区建设？

二、访谈提纲2

访谈对象：社区居民的访谈提纲

1. 您平时有参与到居委会组织的社区活动中去吗？或者，您有参加社区民间组织的活动吗？您参与的原因是什么呢？

2. 社区内很多公共事务，例如清洁卫生、治安、设施维护等，您平时都有留意吗？如果您发现了问题，您会怎么处理呢？对于社区内的公益活动、休闲活动，您参与吗？

3. 您觉得参加社区内的各项活动有什么好处呢？不参加的话，有没有什么损失？

4. 有没有什么社区事务或者活动是您想参与，但是没能参与的？为什么？

5. 对于自己参与社区建设，您有什么想法？

致　谢

拙著即将出版，感激之情满怀于心。本文是在恩师向德平教授的悉心指导与不断鼓励下完成的，在此表示由衷的感谢。同时，感谢郑杭生教授、杨敏教授、江立华教授、慈勤英教授、江山河教授、李雪萍教授、李亚雄教授、黄承伟教授等老师给本书的写作提出宝贵意见。感谢西南政法大学新闻传播学院的领导与同仁们对本书出版给予的支持。特别感谢佛山市南海区的有关领导和朋友们为本研究的深入调研提供的大力帮助。

作　者

2015 年 10 月于重庆

图书在版编目（CIP）数据

城市社区居民参与机制研究/申可君著．—北京：中国传媒大学出版社，2016.11
（新闻传播学丛书/李珮主编）
ISBN 978-7-5657-1648-5

Ⅰ.①城… Ⅱ.①申… Ⅲ.①社区建设—参与管理—研究—中国 Ⅳ.①D669.3

中国版本图书馆 CIP 数据核字（2016）第 047731 号

新闻传播学丛书
城市社区居民参与机制研究
CHENGSHI SHEQU JUMIN CANYU JIZHI YANJIU

著　　者　申可君
策划编辑　姜颖昳　司马兰
责任编辑　姜颖昳　司马兰
特约编辑　刘　英
封面设计　拓美设计
排　　版　楠竹文化
责任印制　曹　辉

出版发行　中国传媒大学出版社
社　　址　北京市朝阳区定福庄东街 1 号　　邮编：100024
电　　话　86-10-64450532 或 65450528　　传真：010-65779405
网　　址　http://www.cucp.com.cn
经　　销　全国新华书店

印　　刷　北京中科印刷有限公司
开　　本　787mm×1092mm　1/16
成品尺寸　185mm×260mm
印　　张　10.25
字　　数　251 千字
版　　次　2016 年 11 月第 1 版　2016 年 11 月第 1 次印刷

书　　号　ISBN 978-7-5657-1648-5/D·1648　　定　　价　48.00 元